养育多孩

父母如何平衡孩子间关系

Das gewünschteste Wunschkind aller
Zeiten treibt mich in den Wahnsinn
Das Geschwisterbuch

［德］卡特娅·赛德
［德］丹妮尔·格拉夫——著

郑启南
刘若愚——译

漓江出版社
·桂林·

桂图登字：20-2021-274

© 2020 Beltz Verlag in the publishing group Beltz · Weinheim Basel
Simplified Chinese Edition licensed through Flieder-Verlag GmbH, Germany

图书在版编目（CIP）数据

养育多孩：父母如何平衡孩子间关系 /（德）卡特娅·赛德,（德）丹妮尔·格拉夫著；郑启南，刘若愚译. -- 桂林：漓江出版社，2023.6
 ISBN 978-7-5407-9408-8

Ⅰ. ①养… Ⅱ. ①卡… ②丹… ③郑… ④刘…
Ⅲ. ①家庭关系—家庭教育 Ⅳ. ①G78②C913.11

中国国家版本馆CIP数据核字（2023）第046686号

养育多孩：父母如何平衡孩子间关系
YANGYU DUO HAI：FUMU RUHE PINGHENG HAIZI JIAN GUANXI

［德］卡特娅·赛德　　［德］丹妮尔·格拉夫　著
郑启南　刘若愚　译

出 版 人　刘迪才
策划编辑　杨　静
责任编辑　林培秋
装帧设计　杨　毅
责任监印　黄菲菲

出版发行　漓江出版社有限公司
社　　址　广西桂林市南环路22号
邮　　编　541002
发行电话　010-85891290　0773-2582200
邮购热线　0773-2582200
网　　址　www.lijiangbooks.com
微信公众号　lijiangpress

印　　制　香河县闻泰印刷包装有限公司
开　　本　880 mm × 1230 mm　1/32
印　　张　11
字　　数　240千字
版　　次　2023年6月第1版
印　　次　2023年6月第1次印刷
书　　号　ISBN 978-7-5407-9408-8
定　　价　72.00元

漓江版图书：版权所有，侵权必究
漓江版图书：如有印装问题，请与当地图书销售部门联系调换

致赫尔科 —— 我心目中最好的哥哥

—— 我亲爱的妹妹,这些可以给你。

—— 哦,谢谢你,你真是世界上最好的哥哥!

目录

引言 ……I

Chapter1 第一次心碎 ……1
01 新生儿引发的儿童情感危机 ……3
02 打人、咬人、抱怨
　　——这背后究竟隐藏着什么？ ……8
03 一场多面的危机 ……28

Chapter2 从长子入手 ……33
01 回应孩子的求救 ……35
02 我们都需要关注 ……37
03 阿莱莎·苏尔泰的游戏 ……41
04 托马斯·戈登的积极倾听 ……51

Chapter3　建立手足之情　……77

01 如何对待新生儿 …… 79

02 情感联结是如何形成的 …… 80

03 兄弟姐妹是依恋金字塔的一部分 …… 84

04 兄弟姐妹之间的情感联结 …… 87

05 重组家庭如何共同成长 …… 95

Chapter4　维护手足之情　……105

01 无条件的爱 …… 107

02 避免权力等级 …… 110

03 不要强加责任 …… 112

04 偏爱带来冲突 …… 113

05 权衡需求 …… 117

06 家庭和谐取决于父母 …… 127

07 竞争不是教育的一种手段 …… 131

08 避免角色归属 …… 133

09 家庭准则明确一切 …… 135

10 一起玩耍会有奇迹发生 …… 141

11 创造自由空间 …… 144

12 明确物品所有权 …… 146

13 允许负面情绪的存在 …… 147

Chapter 5　特殊的兄弟姐妹　⋯⋯ 149

　　01　陪伴特殊的孩子　⋯⋯ 151

　　02　父母可以做什么　⋯⋯ 157

　　03　亲情、爱和感激　⋯⋯ 169

Chapter 6　用爱处理兄弟姐妹间的争吵　⋯⋯ 171

　　01　兄弟姐妹可以为任何事情争吵　⋯⋯ 173

　　02　为争夺父母的关注而争吵　⋯⋯ 177

　　03　窗口的位置谁来坐　⋯⋯ 183

　　04　成为第一　⋯⋯ 192

　　05　"我是决策人"　⋯⋯ 197

　　06　"这太不公平了！"　⋯⋯ 201

　　07　认知或身体上的不成熟　⋯⋯ 211

　　08　完全不是这个意思　⋯⋯ 220

　　09　跨越界限　⋯⋯ 223

　　10　自卑感　⋯⋯ 231

　　11　我太太太无聊了！　⋯⋯ 235

Chapter 7　化解兄弟姐妹间的仇恨　⋯⋯ 241

　　01　兄弟姐妹间的欺凌行为　⋯⋯ 243

　　02　新式权威型教育：力量而非权力　⋯⋯ 256

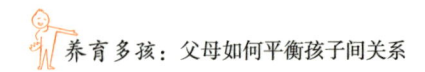

养育多孩：父母如何平衡孩子间关系

Chapter8　争端中很难做到公平　⋯⋯ 271

　　01　父母并不总是中立的　⋯⋯ 273

　　02　万年老二　⋯⋯ 285

　　03　过去的阴霾　⋯⋯ 293

　　04　在超市里发脾气　⋯⋯ 305

　　05　父母的焦虑和媒体的魔咒　⋯⋯ 314

　　06　世界上最好的兄弟姐妹　⋯⋯ 319

后记　你们真的知道我们有多爱你们吗？　⋯⋯ 322

注释　⋯⋯ 325

参考文献　⋯⋯ 327

引言

在我们的小儿子约祖亚出生几周后的一天，我们带着他一起去幼儿园，接我们三岁半的双胞胎女儿卡洛塔和海伦娜。接到她们后，我们走到了附近的游乐场。刚离开幼儿园不久，海伦娜就因为一件小事大哭起来。因为我怀中抱着熟睡的小儿子，所以只能由先生来安抚哭得伤心的女儿。尽管先生将她抱在怀里努力安抚，海伦娜还是哭个不停，一声高过一声。先生只能温柔地给她讲一些故事，想要转移她的注意力。

过了一会儿，海伦娜稍稍平静了一些。但下午的时候，她又不止一次地为一些小事而情绪崩溃。她一次又一次强烈地想要得到我们的关注。尽管她的哭闹声让我们两耳发颤，但我们还是对她的要求一一予以回应。虽然不知道她为什么哭得那么厉害，但我们仍旧耐心地安慰她。后来她终于平静下来，可以坐在沙池旁挖沙子了。而在这期间，她的姐姐卡洛塔一直忙个不停：她从这

1

儿爬过去，从那儿滑下来，又时不时地从远处看看被抱在怀里的海伦娜。正当海伦娜坐在那里玩着沙子，而我也准备抱着仍在熟睡的小儿子坐在长椅上松口气时，卡洛塔从架子上爬了下来，气鼓鼓地冲向她的妹妹，并向妹妹的方向踢沙子，还顺手偷走了妹妹的桶和铲子。作为成年人的我，对她这样的举动一头雾水。海伦娜立马哭了起来。我走到卡洛塔身边温言道，是妹妹先拿了沙桶，她想把桶和铲子要回来。但卡洛塔并不想听我说话，而是调皮地笑着，并拿着沙桶、铲子跑开了。不过，她并没有跑到沙池的另一边挖沙子，而只是跑了几米，然后与我们保持着一定距离，挑衅地挥舞着手中的桶。

我察觉到操场上其他家长的目光，我的心由于愤怒而狂跳起来。这时，我怀中的约祖亚也开始不安地扭动着身体。我对卡洛塔感到非常生气，但没有跟着她跑，而是站在原地不动。我没对她说什么，只是看着她。由于我没有回应她的挑衅，卡洛塔开始变本加厉。她抓起一把沙子向我们跑来，把沙子扔向妹妹，然后又迅速跑开，以免被我抓到。海伦娜用手捋着沾满沙子的头发大声哭叫。先生走到她身边安慰她。我胸前的婴儿也讶异地睁开了一只眼睛。我内心十分恼火，约祖亚本来还能再睡一个小时的，现在他却醒了！事情变成这样，我和他都无可奈何。这显然是我和卡洛塔之间的权力斗争。我们两个就像手放在枪套上蓄势待发的牛仔一样对峙着。究竟谁会先拔枪呢？我板着脸望着她，我能感到自己周身正散发着巨大的怒气。

我仿佛听到身后一对陌生父母吃惊的嘀咕声："天啊，难以置信……真是没礼貌……居然还咧嘴笑……"我的心率瞬间飙升到180。这时，卡洛塔居然再次发起进攻，她又向妹妹跑过去。可这次我和先生离得很近，保护了正在哭泣的海伦娜。一时之间，沙桶和铲子接二连三地向我们飞来，我用手接住。而卡洛塔又一次逃出了我的手掌心，紧接着又立马跑到海伦娜身边。这一次，她用尽全力把海伦娜建的沙堡踩得面目全非。在她意欲再次逃跑前，我紧紧地抓住了她的胳膊。我本来想与卡洛塔心平气和地交谈，但她表现得就像一只野兽。胳膊被抓住，似乎使她的愤怒值猛增三倍，她开始向我扑来。她不仅踢我，还用另一只手在我胳膊上捶来打去。哎哟，真痛啊！但我并没有放开她。此时，我瞥了一眼那对陌生的父母，我错误地以为我可以读懂他们的内心。我的心里有种似乎从未经历过的感觉，一阵怒气如同燎原之火般迅速蔓延开来，它将我的理性逐渐燃烧殆尽，留下的只有愤怒。我脑海里只有一个念头：我今天必须惩罚这孩子，她怎么能让我这样难堪！我粗暴地扯过卡洛塔，并将她丢给先生，然后咬紧牙关说道："今天你只能和爸爸一起待在家里！我要和海伦娜、约祖亚一起度过一个愉快的下午。我们肯定玩得很开心！"说完我就转身离开了。我心里清楚，这样做是在伤害我的女儿。

我猜她是想要和我独处，但那一刻，我只想伤害她，以此来惩罚她。虽然我曾下定决心，绝不使用惩罚的方式教育孩子，但她的行为让我在其他人面前颜面尽失。她欺负了妹妹,又吵醒了弟弟,我一定要惩罚她!我内心深处觉得这样做不对,但我还是暂时将这个想法放在一边,将理智和成熟抛在脑后。现在我只想做出简单粗暴的回应。我受到伤害了,所以我就要伤害这个伤害我的人。

"失宠"的老大

故事至此,是不是听起来就像普通家庭寻常的争吵?如果不是不久后,我恍然大悟,也许我会将此事就此尘封,并遗忘掉。在本书的第一章中,我将详细论述我两个女儿正在经历的一种危机,即新生儿引发的儿童情感危机。她们因为家中刚出生的小弟弟而"失宠"了。毫无疑问,她们心里肯定是爱他的。但除了爱之外,还有别的一些什么东西正呼之欲出。她们又气愤又伤心,感觉受到了伤害,没有安全感。她们觉得我们有了新的孩子,是某种程度上对她们的背叛。突然间,一个新的小生命被允许一直黏着我,被我抱在胸前,而她们与我共处的时间几乎都被他剥夺了。我再也不能随时给她们读书,也不能随时陪她们一起玩集体游戏。为人父母难免身心疲惫、心烦意乱,给儿子喂奶、换尿布,到了晚上,我还得和儿子在床上躺几个小时,哄他睡觉。女儿们则由她们的爸爸哄睡。我们的家庭结构发生了变化。突然间,我们都感觉手足无措,无所适从。这让我的女儿们十分不

引言

安，而她们的表现也证明了这一点。那天下午在游乐场，她们两个想通过各自的行动告诉我们，她们心里并不好受，她们需要我们无限的爱和关注。

我们当时还不知道真正的原因，当我们以安慰的方式回应海伦娜的哭泣时，却以绝对消极的方式对待了她的姐姐卡洛塔。在卡洛塔真正需要安慰的时候，我们却把她推开了。那时我就已经意识到，疏远卡洛塔，还对她说我要单独陪她的弟弟和妹妹一起玩，是不对的。但几周后，我才明白这一错误的严重性，因为我终于知道，她真正需要我做的是什么了。

挑衅行为总是有迹可循

我是一名特殊的教育工作者。我在研究中了解到，儿童的每一个（与众不同的）行为都有其意义。他们通常不会不分青红皂白就发脾气、闹别扭、动手打人或哭闹不休。孩子们的一切行为都是有理由的。如果你想要制止这类不好的行为，就要尝试破译其原因。如：我的女儿海伦娜正经历着新生儿引发的儿童情感危机，她通过大哭来表达内心的矛盾与焦虑，以此来换取父母更多的关注。另一个女儿卡洛塔也是同样的情况。但不同的是，她发泄内心矛盾与焦虑的方法是挑衅、打人和掐人，以此获得父母的特别关注。尽管不是积极的关注，但在那一刻，积极与否对一个孩子来说并不重要，她只想得到她想要的东西。

两个有着相同感受的孩子，一个得到了我们的安抚和拥抱，而另一个却得到了我们的愤怒与惩罚，这是我们为人父母可能会犯的最大错误之一。时至今日，我完全可以理解这一点。因为孩子们表达内心不悦的方式并非他们能选择的，而是取决于孩子们不同的性格。有的哭，有的打，有的与婴儿一般无二，有的抱怨不停，还有的通过咬指甲来舒缓压力。更重要的是，孩子们甚至没有意识到，他们的反应是缘于对新生儿的嫉妒和不安。他们只是感到内心有一种隐隐的不适，一种无法言明的折磨，他们想要摆脱这种不安感。他们不知道自己为什么哭、为什么打人、为什么掐人，也不知道自己为什么会突然把书本撕烂、把衣服剪坏，或是用笔把墙画个乱七八糟。他们不知道自己为什么这样做，只能跟着感觉走。他们使用了在我们看来错误的方法来宣泄情绪，并试着将其传达给我们，而我们却因此惩罚他们，可以说这样的行为是极其不对的。我们正因孩子们无法自主选择的事而怪罪他们，因他们的性格而惩罚他们，因他们没有成熟的自制力、同理心而惩罚他们，因他们不能成熟地理解他人而惩罚他们。简而言之，我们惩罚的是与他们的年龄绝对相符的行为。诚然，我们也明白，孩子们也有一些必须要学会的事，比如他们应该认识到，打人这种行为是不对的。孩子们必须学会遵守社会准则，必须学会以和平的方式化解争端。但他们也无须在自己的弟弟妹妹出生后，就立马学会这些。这种由新生儿引发的儿童情感危机，是家中长子①所面临的人生第一个重大情感危机，是一种夹杂着嫉妒的爱的苦恼。于孩子们而言，这种伤害是前所未有的，而我们的孩子也只是想以自己独特的方式来告诉我们，他正处于心痛中。他需要我们，需要我们的关注，需要我们的爱和安慰。

虽然人生中的这一重大危机会让孩子感到非常不安，但这也是他们与兄弟姐妹建立亲密关系的重要契机。在本书中，我们想要告诉各位读者：如何以充满爱的方式陪伴突然长大的孩子，以及有哪些必须规避的陷阱。我们还将探讨：如何让家中所有的孩子都能感受到同样的爱？为什么最好避免权力等级的出现？如何通过一起玩耍将孩子们联系在一起？除此之外，我们还会给多孩家庭的父母一些建议，告诉他们如何在日常生活中开发孩子们的自由空间，以及如何利用这种自由空间完成与每个孩子的亲密接触。对我们来说，与孩子们建立联结才是重中之重，重要的是让每个孩子都能体会被关注的感觉。同时我们也希望我们这些成年人，不要在日常生活的琐碎与喧嚣中迷失自我。

实际上，本书不仅涉及新生儿与兄弟姐妹之间的矛盾，还包括年龄稍大些的孩子们之间的冲突。我们将通过经典案例的剖析以及详尽的解答与说明，来帮助读者找到解决争端的方案。我们在自身经验、经历与反思的基础之上，还将我们的博客"梦寐以求的孩子却让我抓狂"中的许多投稿素材融入本书之中，并对案

---

① 本文中的长子，指家中最年长的孩子。——编注

例主人公的真实姓名稍做修改，希望通过这些整理后的案例来佐证我们的观点。

自2013年开博以来，我们一直与读者朋友们（目前每月20万人）保持着互动。他们将每日生活中大大小小的烦恼、五花八门的逸事、催人泪下的故事、发人深省的感悟，以及各式各样的家庭经历分享给我们，为我们的生活增色不少。从开博第一天起，我们就收到了不少关于多孩主题的投稿。在我们的第一本书《叛逆期关键养育（1～5岁）》中，就有一些关于叛逆期小孩的内容；紧接着的第二本书《盼星星，盼月亮，盼来的孩子让我发疯（5～10岁）》中，也有针对5～10岁换牙期叛逆小朋友的相关内容。在这以后，很快就有读者向我们提议，你们为什么不专门写一本关于多孩的书呢？我家现在的情况是，孩子们都没有得到应有的关注，他们几乎整天都在吵架。而且我们在家时也注意到，随着家里孩子的增多，问题显然越来越严重。想要分给每个孩子足够的爱，但时间和精力却跟不上，做父母的很难对每一个孩子都做到公平公正。

我（卡特娅）和我的工作伙伴（丹妮尔），两人的生活每天都因五个处于"最佳年龄段"的孩子而变得丰富多彩。丹妮尔有一个女儿（2009年生）和一个儿子（2011年生），而我有两个女儿（2010年生）和一个儿子（2014年生）。这些年来，我们两个人几乎每天都会联系，我们共同撰写了前两本书，当然也包括正在撰写的这第三本。这已经成为我们两个人生活中雷打不动、为生活增色添彩的部分之一。

在本书的一些章节中，我们详细论述了对于大多数父母以及笔者自己来说，都感到头痛的一个话题：兄弟姐妹之间的争端。我们曾向读者征询，哪些话题会一再成为家庭矛盾的导火索。通过与读者沟通并结合亲身经历，我们发现，争端的类型多种多样。从父母的关注、单纯的无聊，再到谁有决定权，针对每一种类型的争端选择不同的应对方法，对我们父母来说都是有意义的。关键问题在于：我是否应该进行干预？在本书中，我们将为各位提供一个简单易懂的指南，帮助各位在多种情况下决定，是否由孩子们自己来处理争端，从而让他们的社会技能得以发展，以及是否有必要对孩子们之间的争端采取行动。书中还会就"为什么父母有时很难公平地处理孩子的争端"这一话题进行探讨。因为有时会出现这样的情况：我们由于心中偏向某一个孩子，而不再公平地对待家中的其他孩子，这反过来又会直接影响到孩子们之间的和谐共处。

当你正期待家中第二、第三个孩子的来临，或是当你已经处于多个孩子冲突混乱的旋涡中时，本书便可以成为你的金牌指南。与多个孩子共度一生是个挑战，但除去那些痛哭流涕、鸡飞狗跳的时刻，请不要忘记最重要的事依然是：用爱，将每一个家庭成员紧紧地联系在一起。

Chapter 1
第一次心碎

01
新生儿引发的儿童情感危机

孩子们获得的最初的爱是父母给予的。他们从未让任何人如此亲密、毫无条件地走进他们的内心。这种本能与生俱来，无法抵抗。因为如果没有这样一个照顾他们的人与他们紧密相连，他们将无法生存下去。我们一度是他们眼中的超人。在他们看来，我们无所不能、无所不知——轻轻一吹，就能抚平他们的伤痛；轻轻依偎，便能驱走一切恐惧。在我们身边，他们就会有安全感和归属感，体会到被爱的感觉。甚至可以说，他们之所以存在，是因为有我们在爱着他们。

然而，这一切都随着另一个孩子的到来，发生了翻天覆地的变化。另一个孩子一出生，就分得了和第一个孩子同样多的宠爱。那么第一个孩子会做何感想呢？其实，大多数孩子都不会将自己的所想告诉父母。其中一些孩子，尤其是那些比新生儿年龄大很多的孩子，对新家庭成员的到来还是十分开心、激动和追切的。就像比我大6岁的哥哥，就十分开心地欢迎我的到来。

养育多孩：父母如何平衡孩子间关系

> 我出生的时候，哥哥已经6岁了。他们告诉我说，当时哥哥跟着爸爸一起来医院接我和妈妈，他将放在大枕头上的我抱在怀中。就是从那一刻起，他就爱上了我。自那时起，我们两人便形影不离。我们从幼时起一直到成年后，都相处得十分融洽。哥哥守护着我，给我安慰，一直陪伴在我左右，给我出主意，借我零花钱，还会帮我做作业。一到晚上，怕黑的我就爬到他床上，哥哥会轻声地给我讲童话故事，直到我睡着。或许是因为我出生的时候，他已经长大了，所以我们之间没有嫉妒之心，也没有竞争关系，就连争吵也很少。

然而，大多数孩子，尤其是那些年龄差距较小的孩子，还是会觉得很难接受。我的两个女儿卡洛塔和海伦娜，身上也有过同样的经历。这里可以打一个贴切的比方：你是否曾经被恋人欺骗过？[1]你还记得那是什么感觉吗？除了悲伤和愤怒之外，更多的是一种失去价值的感觉。你觉得自己作为一个人、作为一个伴侣没有价值，还会产生自我怀疑，认为自己有许多"不足"之处：不够漂亮、亲切、有趣，也不够聪明，无法让伴侣完全满意。这

Chapter1 第一次心碎

些想法最糟糕之处就在于，它会让人将原本如诗一般美好的过去通通否定。如果你现在仍有不足之处，是否就意味着你一直以来就存在许多不足？你的伴侣是否一直在这段关系中缺少些什么，而你记忆中所有的美好时刻，对于对方来说并非那样美好？

许多孩子在弟弟妹妹出生后的行为表明，弟弟妹妹的到来，让他们感觉受到了欺骗。父母似乎又爱上了他人，变得不忠。难道第一个孩子对他们来说还不够吗？

被欺骗却仍然爱着伴侣的成年人，经常会尝试"改过自新"。他们试图变得更风趣或是更活跃，并尝试去接受伴侣之前最有可能喜欢的个性特征。他们与原本的自己渐行渐远，为取悦他人而不惜"折腰"，而最终目的就是赢回伴侣的心。这种情况其实并不少见，我们的孩子最开始也会这样做。为了重新获得父母的关注，他们会表现得特别可爱、温顺和体贴。心理学家鲁道夫·德雷克斯（Rudolf Dreikurs）曾写道："孩子们不断需要新的证据，来证明自己没有被忽视和冷落。起初，孩子们可能会尝试通过一些社会认可的、令人愉悦的手段，如施展魅力、表现亲昵，或是通过一些早熟的言论及类似的手段，来达成目标。"[2]

当然了，孩子们也不是每次都能通过积极的方式来持续吸引父母的注意力。他们正在经历的背叛太痛苦了。任何被欺骗过的人都知道，即使你下定决心，也还是会对出轨的一方心存芥蒂。每当此时，心灵深处曾受到伤害的地方，就会要求你亮出锋刃，让对方也尝尝同样受伤的滋味。当然我们也清楚，这种行为只会

5

将对方越推越远,发牢骚毫无意义,甚至会适得其反。但怎么做才行呢?在这种时刻,我们无法控制自己,必须把自己受到的伤害大声喊出来,将内心的伤口在最不利的情况下暴露出来。我们没办法停止大大小小的争吵。我们深知这种做法不对,对解决问题来说亦是徒劳,但我们却一直在重蹈覆辙。我们对待自己的孩子时也是如此。痛苦、愤怒、悲伤、无价值感……这些负面情绪被一股脑儿地宣泄出来。德雷克斯继续解释道:"如果积极的方法未能产生效果,例如,由于弟弟妹妹是父母关注的焦点,或是由于成年人现在希望孩子们停止其'孩子气'的行为,孩子们将会使出浑身解数来吸引注意力。只要最主要的目标得以达成,那些如羞辱、惩罚,甚至体罚等令人不悦的后果,孩子们都可以全盘接受。"对孩子们来说,被忽视比被训斥、惩罚,甚至殴打更糟糕。[3]这是因为我们人类拥有社会性大脑,特别是当我们体验到关注和爱的时候,大脑会释放内源性阿片类物质。[4]这些阿片类物质作用于大脑的情感中心,使我们感到满足和快乐。特别重要的是,这些阿片类物质还有其他作用:它们能使杏仁核(杏仁核中导致人害怕与惊慌的大脑区域)以及大脑的最高级情感中枢平静下来,从而减少我们内心的焦虑和压力。[5]如果父母将对家中长子的注意力转移到新生儿身上,那么长子体内阿片类物质的释放量就会下降,杏仁核也不再受到激素的"抚慰"。这就意味着,长子会更易愤怒且更具攻击性。因此,人类会通过一系列明显的、挑衅的、厚颜的行为,来吸引他人对我们的注意,希望他们察觉到我们缺乏关注、缺少爱，以及缺少荷尔蒙的释放。这是人类与生俱来的一种策略。不幸的是，大多数成年人对这种行为的反应不是接受，而是拒绝。而拒绝又往往会加剧这种行为的产生，因为孩子们在被拒绝后得到的关注和爱更少，与此同时释放的阿片类物质更少。被背叛的配偶和被背叛的长子之间的区别在于，孩子们不知道自己正通过破坏性的行为与亲人越走越远。他们只是模糊地感觉到，与父母间的联系正变得愈加脆弱。在这样的恐慌中，孩子们的行为变得"越来越吵"。"孩子们只有在'检验了母亲无条件的爱'之后，才能重新变得更安静、更乖巧、更具适应力。'当我像小婴儿一样哭泣时，你还会爱我吗？即使我不安安静静，你也会依然爱我吗？'这种对抗可能会持续很长时间。而孩子们这种隐秘的痛苦，则会一直牵动着他们的灵魂。"伊琳娜·普雷科普（Jirina Prekop）在她的《家中长子》一书中这样写道。[6]孩子由于失去父母关注而产生不当行为，父母对这种行为进行否定，由此导致父母对孩子进一步的忽视，和孩子对这种缺失感更加强烈、更具破坏性的反应……这种恶性循环，只能由作为成年人的父母来打破！我们的孩子用自己的行为向我们发出了响亮的"SOS"，我们必须以爱的方式回应这一求救信号。因为他们已经坠入人生的第一个重大危机中——孩子们最初获得的爱背叛了他们。[7]

02
打人、咬人、抱怨
——这背后究竟隐藏着什么？

在我们家，由新生儿引发的情感危机所带来的混乱局面，在第三个孩子出生前几周就已经悄然而至，而我们作为父母，并没有立即意识到这一点。

我儿子出生的前几天，卡洛塔和海伦娜在入睡前，突然开始在床上跳来跳去。即使叫她们停下来，她们也不听。相反，她们似乎很喜欢做一些我们成年人不喜欢的事情。两个人推来搡去，逐渐进入了喧闹模式，以致我们这些成年人在这两个混乱的小矮人中间，感到有点无所适从。我们到底能做些什么呢？"动口"是绝对不行的，"动武"——按住这两个疯狂的小东西，也不是我们想做的。我像一个

Chapter1　第一次心碎

> 生气的猪肝肠①一样冲出卧室,把战场留给孩子们,只留下一句:"我不想让你们两个这样入睡,这对我来说一点也不好玩!"我希望这只是因为两个小家伙积蓄了太多能量,她们会在狂欢之后把自己累垮。但显然,这样的方法并不奏效。每隔一会儿,其中一个就会大叫、扑通一声从床上掉下来,然后两个人又开始争吵,最后,其中一个就会跟跟跄跄地走过来,向我们抱怨。这种情况的确不能接受,尤其是她们很晚才能睡着。除此之外,她们俩的胆子也变得越来越大:第一晚她们俩的狂欢场地还仅限于卧室,但接下来的第二晚,她们就扩大了活动范围,两人首先占领了育婴房,而后又一路推进,几乎将整个屋子都变成了她们的娱乐场。

我们两个做家长的完全呆立一旁、无计可施——不使用武力的话,怎么处理这种情况?我感觉我的情绪在愤怒、悲伤、无助和委屈之间来回切换。我希望随着约祖亚的出生,她们的这种亢奋感能够消退,我们也会像之前那样,重新进行惬意的睡前仪式。但不幸的是,我错了。约祖亚出生后,夜间的混乱状况愈演

---

① 生气的猪肝肠(beleidigte Leberwurst),一句德国俚语,通常用来形容那些容易被冒犯,为了不值得的事情而生闷气的人。——编注

愈烈。

我们试图把这对制造麻烦的双胞胎分开，让她们分开睡。本来就喜欢睡觉的海伦娜让人相当放心，她在育婴室里顺利入睡，隔壁床是她的小弟弟。可另一边的卡洛塔没有那么容易就放弃。我和她一起待在床上，但她根本没想让我松口气。她从床上一跃而起，大喊大叫，还试图从床上下来，跑去她妹妹身边。她开始打我、掐我，因为我挡住了她的路。当对我发泄完足够的愤怒，她就会突然放松下来。而这时，我就可以把她抱在怀里，搂着她睡觉。

通过将她们两个分开，情况得到了些许改善，入睡时间不再那么漫长。海伦娜能够睡得很好。我们和卡洛塔的斗争还在继续，这也让我们筋疲力尽。白天，她就像往常一样乖巧可爱、神采飞扬，对待小弟弟也非常亲热。但每晚只要我一读完睡前书，她的"挑衅"行为就又开始了。作为父母，看到她这样真的很难高兴起来。我们也绞尽脑汁，认真思考女儿究竟想告诉我们什么。很明显，她的行为是出于嫉妒。后来我们逐渐明白，晚上的"斗争"与时间本身完全无关，因此我们必须在日常生活中，找到她这种行为的真正原因。后来，身为成年人的我们终于明白了：我们的两个女儿，觉得妈妈对她们在日常生活中的关注不够多！只不过其中一个的需求多一点，另一个少一点而已。

也许这一解释不够权威，但足以说明我们家的问题了。虽然我们都十分努力地为孩子们创造大量的亲子专属时间，带她们参加精彩的活动，比如去动物园、农场、剧院等，但当我在脑海中回顾日常生活时，我注意到自己经常在白天不假思索就拒绝女儿们的请求。当海伦娜要求我帮她穿衣服时，我会说我正在给约祖亚喂奶，然后要求她自己穿衣；当卡洛塔想让我给她读本书时，我就开始疲惫地呻吟，因为我更想在沙发上拿着手机放松一会儿，过后再找个时间敷衍她；当海伦娜早上问我是否可以给她刷牙时，我让她自己动手，因为我想先给婴儿换尿布。当然，这些都是非常小的事。可当它们一桩桩一件件地加在一起，这些无休无止的小拒绝，就会让女儿们感到非常沮丧，以至于她们只能选择在晚上向我展示她们的痛苦。我努力想要改变，但其中的部分情况我确实是有心无力。孩子饿了，我就得喂奶，此时家里稍大些的孩子就只能靠边站了。但在另外一些情况下，对大孩子的敷衍只是我为自己创造的一个避风港，毕竟带孩子真的很累。可这些拒绝根本不应该发生——我的女儿们想要得到更多的关注！

在新生儿引发的儿童情感危机中，儿童会通过许多不同的方式，来表达他们需要父母更多的关注。不同脾性的孩子，会选择不同的策略，来传达他们希望被父母看到的愿望。

我的孩子打人、咬人或掐人

从我们家的"睡前程序"可以看出，卡洛塔不自觉地选择了具有攻击性的方式，来向我们展示她内心的痛苦。她攻击的主要目标是身为父母的我们。可以说，她这样做也没有错，因为毕竟是我们把她的小弟弟带进了我们的家庭。拥有另一个孩子是我们的愿望，而不是她的愿望。所以她可以将愤怒发泄在我们身上。我们也有足够的能力，对她的愤怒照单全收，见招拆招。在日常生活中，她的攻击性经常表现为：当我做了什么她不喜欢的事情时，她就会跑过来打我；当我告诉她我不会再给她买第三个冰激凌，或是告诉她天晚了该去睡觉时，她就会生气；也发生过她掐我或是喊我"笨妈妈"的情况。我小心翼翼地为自己辩护、抵挡她的攻击，并将她的行动化为文字："你生气是因为我……（不买冰激凌）。你现在想……（吃冰激凌），但不行，所以你现在除了……（打我），无法用任何其他方式来表达。我不希望你……（打我）！因为这样做会让我很伤心！你可以改为……（推推我）来发泄你的愤怒。"但这样做通常没有或仅有很小的帮助，而其他的提议（如推人、咬枕头、跺脚、喊叫、打拳击袋等）也很少被采纳。其实这也可以理解，因为人在神经紧绷的情况下，需要进行大量此类替代行为的练习，直到古老的"战斗"神经指令被覆盖为止。只有通过这样的攻击性行为，孩子们才会从内心的痛苦中得到解脱，即使这些行为只是替代行为而已。

从属于一个群体、与他人建立可靠的联系、被认可为一个有价值的成员，这些都是人类的基本需求。它们作用于我们大脑的奖励系统，并使我们感到快乐。人类会在被排斥和关系受到威胁时做出攻击性反应。[8]因此，孩子们希望通过攻击性行为，来引起父母对家庭内部出现矛盾的注意。这种攻击性行为表明,孩子们不愿意不做任何反抗就接受来自父母的拒绝。我们应该将这看作是他们送给我们的礼物。攻击、退化和我们即将阐述的所有其他策略,都是孩子们内心焦虑的直接表达。他们担心得到的宠爱不如新生儿那样多。他们如此强烈地表达自己的痛苦,我们不能对此视而不见。从这点来说,他们真的很有办法。

然而,攻击性行为的交流功能只有通过适当的方式,即在合适的地点、合适的时间,以合适的行为表达出来时,才能达到其目的。举个例子:一个蹒跚学步的孩子用尖笔在布娃娃脸上乱画,只因为母亲正在给别的孩子喂奶,而不能如他所愿地陪他玩耍。他的行为就是典型的攻击性行为,这类攻击性行为很容易解读。但更常出现的情况是,孩子(和成人)将他们的痛苦进行了推迟:就像卡洛塔,她总是在晚上快睡觉时才清楚地表达她的愤怒。因此,我们需要更长时间来解读她究竟想告诉我们什么。问题的关键在于,许多成年人都认为孩子们的攻击性行为是突然出现的。成年人找不到合适的理由来解释,便认为孩子们具有攻击性。这其实并不奇怪,因为任何威胁到我们与他人关系,或是试图通过其行动来破坏群体的人,都会被我们的社会性大脑视为一种危险,必须予以阻止。[9] 就这点而言,我们成年人承担着极其重大的责任。我们必须认识到,孩子的攻击性行为既不是因为他们"没有教养",也不是因为他们"性格糟糕"。攻击性行为包含着沟通的目的。这意味着我们既不能惩罚,也不能压制孩子的攻击性行为——尤其是新生儿引发的儿童情感危机。约阿希姆·鲍尔（Joachim Bauer）在他的书《疼痛阈值——从日常暴力到全球暴力的起源》中写道："无论出于什么原因，如果攻击性行为不被允许，那么攻击系统的组成部分——尤其是焦虑中心的组成部分，仍然会进行神经生物学中所说的'充电'行为，并将取代实际应有的攻击性表达，从而可能导致焦虑症或抑郁症的产生。根据神经生物学理论，此时的焦虑系统、压力系统仍在高负荷运转，因而由内而外积极解决问题的方法并不可行。不能恰当表达自身攻击性的人，不仅会遭受精神上的痛苦，还会增加患上身体疾病的风险。"[10]

那么，如果家中的大孩子将攻击的矛头对准了家中的新生儿，情况又会如何呢？这种情况并不罕见，也很容易理解。从心理学角度来讲，长子必须维护心爱的母亲的形象，于是就不会将自己的沮丧归咎于母亲，而是归咎于"把母亲抢走"的婴儿。当家中的大孩子出现这种反应时，母亲更是难上加难，因为她们绝不能让婴儿与大孩子单独待在一起。我们在家长咨询时经常会听到这样的事：在妈妈不注意的时候，小宝宝经常会被故意踩一脚、捏一下、打一下，或是被粗暴地从沙发上推下来。还有一位母亲告诉我们，她自己在婴儿时期曾被她的姐姐推入湖中，幸好路过的人反应及时，救下了她。孩子们其实还不懂，当他们以这种方式来表达自己的痛苦时，究竟是在做些什么。所以父母必须时刻保持警惕，避免婴儿可能会被大孩子伤害的情况出现。这样很累人，因为母亲即使上厕所的时候，也必须带着其中一个孩子。与此同时，父母要允许长子表达愤怒，教会他抵御悲伤，这一点非常重要。关键要让他知道妈妈仍然爱他，他并没有完全失去妈妈的关心与宠爱。最好的办法就是疏导长子的怒气，让他们远离新生儿，将注意力转移到父母身上。这种疏导可以通过游戏的方式来很好地完成。父母可以发动一场枕头大战，或是让孩子佯装推自己一下。孩子们则可以尽情地吓唬父母，打败他们。这样就能保证孩子们在不伤害新生儿的情况下，将攻击性冲动安全地发泄出来。在本书"阿莱莎·苏尔泰的游戏"这一节中，我们还会详细探讨这类游戏的可行性。

我的孩子又变回了婴儿

除攻击性行为外，退化行为也可能是长子为得到父母关注而采取的策略。突然之间，他们就什么事都不能独立完成了，需要别人帮着穿衣服，重新穿回尿不湿，或开始吮吸手指。我的女儿海伦娜在她的弟弟约祖亚出生后，就有了这样的表现。当我们全家正因约祖亚的哭泣而神经紧绷的时候，海伦娜也十有八九会因为一点小事，就躺在地板上崩溃大哭，让人十分头疼。尽管她的行为让我们筋疲力尽，但比起姐姐的攻击性行为，海伦娜已经算好很多了。其实，这种寻求关注的行为很容易满足，只要让家里的大孩子再做一次婴儿即可。这种现象会在一段时间后自行好转。因此，父母无须担心孩子会永远想穿尿不湿、吃母乳，或不能自己睡觉。当孩子们意识到自己拥有与兄弟姐妹相同的权利时，退化的行为就会随着时间的推移而消失。像"你已经是个大孩了！""你不再是个小宝宝了！"这样的话，完全不应该从父母的嘴里说出来，应该直接从我们这些成年人的词典中删除。

父母也可以针对孩子的这种退化行为，采取角色扮演的方法。这也是儿童心理治疗师会采取的方法，只不过心理治疗师更专业一些。家长和孩子之间的角色扮演满足了同样的需求，对孩子十分有益。游戏开始后，假设家中的长子仍然是一个小婴儿，把他抱在怀里或背在背上，当他渴了就递给他水杯，当他饿了就用勺子喂他吃饭；哄他睡觉时，给他唱古老的摇篮曲，或是拿出他婴儿时期的音乐盒。我家的大孩子们在和我们嬉戏打闹时，总是特别高兴。当妈妈和爸爸佯装生气地吵架，争着去喂孩子或给孩子洗澡时，她们大都开心地傻笑起来，并假装推开对方。[11] 一起欢笑是治疗心碎的良药。

防止嫉妒的另一个有效措施就是共同哺乳。如果家里的大孩子仍然保留着吃奶的技能，那么妈妈就可以再次为他哺乳。当然，这种情况的前提是孩子们年龄差距不太大，或大孩子的母乳喂养时间比较长。如果母亲有机会采用共同哺乳的方法喂养孩子，并且对她自己来说不会感到不舒服或是奇怪的话，就可以这样做。能够喝到妈妈的奶，是给孩子最权威的证明，证明了新生儿并没有夺走任何属于他们的东西。即使大孩子只是想尝试一下母乳，如果母亲觉得可以的话，就可以采取共同哺乳的方法。因为大多数孩子只是想知道他们是否享有和新生儿一样的特权，而不是真的对母乳感兴趣。

我的孩子倒退了

当大孩子分外安静，异常频繁地退缩，或是一个人安静地玩耍时，父母往往会松一口气，为家中儿童情感危机的顺利解除而高兴。通常情况下，当大孩子比较安静时，甚至没有人会注意到他们的存在。父母忙于照顾刚出生的婴儿，确实无暇关注大孩子这种无声的痛苦。如果你沉默寡言、不够突出，就会被抛在脑后——不仅在学校如此，进入社会后也将一直如此。当然，也有一些孩子生来就很安静，或是毫不介意新生儿的存在，又或是兼具两者，他们甚至可以明确表示自己对此很高兴。然而我们希望大家认识到，对长子来说，度过家中的产后阶段可能会非常困难。因此，我们要时刻注意孩子发出的压力信号，比如经常挖鼻孔（直到流血）、咬手指甲、撕碎纸巾、拔掉头发等。但如果父母忙于其他事情，这些小细节往往就会被忽略。有的父母看到孩子抠鼻子或咬指甲会出言责备，并把带有苦味的东西（如苦瓜汁）涂在孩子的手上作为应对之策。但就算禁止孩子们这样做，也不会对孩子们有任何帮助。孩子们想做什么就让他们去做吧！不仅要允许他们这样做，还要允许他们做更多别的事情！孩子们需要与一个善解人意的伙伴进行对话，敢于向他倾诉一些不敢说出口的话。而这往往无法通过父母实现，但或许一位擅于倾听的幼师，或者专业的儿童及青少年心理治疗师可以为孩子们提供帮助。如果父母想自己尝试与孩子对话，可以尝试用布娃娃、玩具人偶、毛绒动物或玩具汽车，来邀请孩子一起玩象征性游戏，通过这些东西来重现家庭现状。当然，父母还要密切关注孩子是否愿意参与，一味地逼迫他们玩象征性游戏，结果可能会适得其反。另外也不要将自己对游戏的分析强行灌输给孩子，父母对游戏的解释对孩子是没有帮助的。其实，在游戏过程中，父母的细心聆听足以让孩子自己找到渡过危机的方法。[12]

我的孩子在抱怨

如果孩子在弟弟妹妹出生后，总是满腹牢骚、抱怨不停，那么这便是他的策略，想要以此来吸引父母关注他内心的痛苦。这种策略与"无声地对抗"类似，只不过在这种情况下，它并不是无声的。与其他策略一样，孩子之所以会采取这样的行动，都是因为新生儿的到来，使得他们失去了父母心中第一的位置，他们除了用这种方式表达内心巨大的悲伤，别无他法。

对于听的人来说，这种无休止的抱怨真的会让人抓狂。如果有人不停地抱怨，家里的气氛很快就会变得乌烟瘴气，搅得每个人都心神不宁。而对于孩子的"抱怨"，父母采取的对策往往只是不断地告诉孩子，让他们用友好的语气说话。更有些父母对孩子的抱怨充耳不闻，只有在孩子鼓起勇气、好声好气地询问时，才做出回应。虽然在正常情况下，这种方法行得通，但笔者认为，在弟弟妹妹出生后，如果还继续使用这种方法，就会出现问题。因为孩子别无选择。抱怨是排解痛苦的出口，是孩子无意识表达痛苦的方法，它的作用与一怒之下打人或掐人类似。孩子在被父母训斥时，可能短时间内会停止抱怨，这就像家里的大孩子努力控制自己不打人一样。但是，痛苦最终还是会找上门的。因此，在痛苦真正得到排解之前，抱怨也无法停止。

如果父母一直训斥孩子的话，孩子最终会陷入自我怀疑之中。他会觉得父母不喜欢他这个样子，会因此丧失信心。因为孩子很难意识到，自己的行为其实只是发泄内心痛苦的一种策略。如果家长因孩子无意间做的事而斥责孩子，这样的处理方法不仅不恰当，还非常错误。而恰当的做法是，无视孩子们恼人的行为，继续尝试与他们沟通。尽管非常困难，但还是要试着去忍受孩子的抱怨。在你觉得孩子的情感危机还没解除之前，也就是在产后约12至16周的时候，不要把孩子的抱怨当作问题。如果在这段时间里，长子能够得到母亲足够多的关注，那么大多数情况下，家庭结构会重新洗牌，家里的每个人都会找到自己的新定位。如果这种情况持续时间过长，也不要惊慌，这都是正常现象。有时候家长觉得孩子的低谷期已经过去了，但孩子还在继续抱怨，那么家长可以温和地提醒孩子，让他们以友好的方式讲话。在情感危机期间，长子需要的是与父母的联结，而不是来自父母的说教。

我的孩子在向我挑衅

你是否注意到，自从家里的新成员出生后，大孩子做了越来越多你刚刚告诉他不要做的事？不仅做了，做完还会挑衅地看着你，等待你的反应——简而言之，他在挑衅。其实，这也是孩子们最常选择的策略之一，因为这样做，通常能立即得到父母的关注。比如，母亲正在沙发上给孩子喂奶，而大孩子手里拿着花瓶向她挑衅，并扬言要把花瓶扔掉，几乎没有母亲可以保持安然不动。有一件事是肯定的：父母不一定要对这种挑衅予以回应，可以选择保持冷静。这个花瓶非常重要吗？如果没有，那就让它英勇献身吧。父母表现得越是波澜不惊，孩子的挑衅就越会落空。可说起来容易做起来难，成年人毕竟也是人。如果我们看到公寓的墙壁或沙发被乱涂乱画，孩子剪掉自己的头发，或故意尿在裤子里时，可能真的就笑不出来了。

在约祖亚出生后，我们也遇到了大孩子们向我们挑衅的情况。

Chapter1　第一次心碎

那是一个下雨的周末,家里每个人都闲着没什么事做,心情也都不太好。我刚给约祖亚喂完奶,回到孩子们的房间,就看到卡洛塔和海伦娜正一起玩着剪刀,两人已经从头上剪下来好几缕头发。虽然我心里清楚,自己剪头发是一件再正常不过的事,几乎每个孩子都会在某个阶段想要尝试一下,但我有些反应过激了。我骂了她们两个,还把剪刀都收走了。卡洛塔立刻进入了反击状态。她挑衅地抓起一支彩笔,拔开笔盖,目光炯炯地看着我。我已经可以预见墙纸要遭殃了,所以借助身体优势,从她手里夺下了笔,还以迅雷不及掩耳之势把其他笔也一并收了起来。但平时并不是这样,平常孩子们可以随便拿到剪刀、胶水和笔。不出我所料,卡洛塔还是设法拿到了一支笔,并笑着跑开了。这次她躲到了桌子底下,再次用咄咄逼人的眼神瞪着我。作为妈妈的我要怎么做呢?

我站在那里想:"如果我继续这样做,就会把她们推到一个我不希望的角落里。"如果说我在和行为出现问题的儿童打交道的过程中学到了什么,那就是:我们的孩子并不在乎他们得到的关注是积极的还是消极的，他们只要自己能够得到关注就够了。如果我和她争吵，接受了她的挑衅，骂了她，或是把她从桌子底下拖出来，把剩下的铅笔从她手里拔出来，我就会给她贴上"那个总是胡闹的调皮鬼"的标签，从而无法信任她。如果这种情况经常发生在母亲和孩子之间，孩子的"角色"就会变得根深蒂固，亲子间也只能以这样的模式相处。有时候，孩子们会认为自己是坏孩子，觉得自己不够可爱。这是因为母亲的负面看法已经潜移默化地影响了孩子对自己的看法。思考片刻后，我做了一件让卡洛塔吃惊的事：我放松下来，把所有的剪刀和笔重新放回桌子上，并向她发出了邀请："来吧，卡洛塔！拿上伞，我们带着海伦娜一起去游乐场。"突然间，我的孩子就放松了下来，从桌子底下爬了出来。我则带着她们走到外面，让风吹走我们的坏心情。也就是从那时起，我们家再也没有发生过"剪刀事件"，因为我们已经看到了孩子们行为背后隐藏的动因，认识到并满足了她们的需求。就这样，孩子们的不良行为自动消失了。但其实，整个过程对我们来说并不容易。

因此，在新生儿引发的儿童情感危机爆发期间，家长要尽量保持冷静，不要轻易被孩子们的行为激怒。如果过去的经验告诉你，你不想让孩子不把你放在眼里，说点自己事后肯定会后悔的话，那么就采用"无声地自我对话"这一方法吧。我们在第一本书中，详细介绍了这一方法：首先，在脑海中咆哮，在脑海中把你想说的都说出来，对外则尽可能保持沉默；然后再做一次深呼吸，保持冷静；最后，你可以告诉你的孩子，你并不认为他的行为很酷。你们也可以一起安静地思考一分钟，被打破的东西可以用什么来代替。不是作为惩罚，而是作为一种促进双方团结、加强双方关系、将双方联结在一起的补偿行为。

另一个更好的方式就是，以游戏的方式来引导越界和挑衅行为。阿莱莎·苏尔泰（Aletha Solter）在她的书《游戏创造亲密关系，亲密关系解决冲突》中，建议家长用眨眼和俏皮的声音，制定一些特定的规则，然后用玩游戏的方式确保孩子们严格遵守这些规则，如："不允许有人向爸爸扔枕头！"或者"我希望没有人趁我不注意时拿走我刚切开的苹果块！"等。如果孩子们无视这些规则，或当他们明白这只是一个游戏时，他们还是继续挑衅，这时就可以用夸张的方式责备他们，并再次指明这些规则。[13]

我的孩子说："笨妈妈！"

孩子们挑衅父母的另一种方法，则是向父母大喊："笨妈妈！""蠢爸爸！"许多父母觉得自己的尊严受到了侵犯，或是担心孩子不把自己放在眼里，于是勃然大怒。然而，如果家长将孩子所说的"笨妈妈"看成孩子此刻表达自己感受的唯一方式的话，那么当然要允许孩子这样说。父母要谨记，孩子们在任何情况下的任何行为，都是他们此刻能使用的最佳方式。孩子们只是还不懂得用别的方法来表达自己的感受，因为他们不知道还能通过哪些方法来表达，或是在情绪激动的状态下，没法使用其他方法。如果孩子的这种行为不合规矩，那么我们的任务就是给孩子提供其他的表达方式。只有当孩子们了解并实践了许多不同的行为方式，他们才能以更合规矩的方式行事。那么，"笨妈妈"做些什么才能帮助孩子呢？像往常一样，用语言表达出孩子内心真正所想："你现在真的很不开心/很生气，因为我不让你做……这我可以理解。下一次你可以试着跟妈妈说：'妈妈，我真的对你很生气，因为……'你也可以边说边跺脚发泄，这样会不会对你有点帮助呢？"

如果可以的话，千万不要用"有笨妈妈就有笨孩子"或"笨妈妈才不给你读睡前书"这样的话来回应。因为这意味着用挑衅来回应挑衅，相当于在孩子的愤怒上火上浇油。这往往会使事态升级，并让孩子感觉和父母之间的联结已经变得脆弱了。

我的孩子总想争第一

并不是只有长子才会有竞争意识。实际上，几乎所有孩子从3岁起都会陆续产生竞争的想法，这让父母十分头痛。我想大家都很清楚，我们生活在一个充满竞争的社会。但在儿童情感危机中，特别是当家中的兄弟姐妹稍大一些时，长子想要永远成为最佳、成为第一的愿望，则会走向极端。心理学家伊琳娜·普雷科普对此的解释是，一些孩子倾向于用替代性满足来弥补自己在父母心目中失去的第一位，以便独自修复已经失去平衡的内心。这样的替代性满足，要么选择无生命的东西（如可爱的玩具、布娃娃、奶瓶），要么就是在所有行动中都去争取第一——由此而产生的赞美，会给人一定的安全感和安慰，例如祖父母对孩子的每件小事都会加以赞扬（他们会赞扬孩子"吃得真好"）。但由于替代性满足毕竟只是一种替代品，孩子们真正的需求，即父母的关注，仍然没有得到满足。在情感没有真正得到满足的情况下，孩子们只能重复这些行动。[14]

如果孩子想通过争取第一名来获得认可与关注，那么重点就在于向孩子表明：无论如何你都是爱他的。父母不要吝啬自己的赞美，还要让祖父母也一起来夸奖孩子。父母要时时刻刻给予孩子关注，而不仅仅在孩子做得特别好或特别差的时候才品评一二。要努力给孩子积极的反馈，不是针对他的行动结果，而是针对他为此付出的努力。与其说"真棒！你这次数学又得了A"，不如说"哇！你一定为了这次考试努力准备了吧"。除了最重要的父母的关爱之外，给大孩子布置他喜欢的任务，让他得到家庭真正的认可也是有帮助的。这种任务并不是指让孩子自己整理房间，因为很少有孩子喜欢这样做。这种任务是为了让孩子真正地为社会做出贡献，以确保自己在家庭中的社会地位。[15]例如，我家的儿童情感危机爆发期间，我在做饭时就会让女儿们帮我削胡萝卜，或是处理其他蔬菜。她们觉得自己帮到了我，认识到了自己的价值，这比我和她们玩任何游戏都更能增强她们的信心。想要找到这样的任务是比较困难的，因为这类任务难度过低或是过高都不可行，而且还要能够带给孩子快乐。然而，在当今社会，人们普遍对孩子们不够信赖。当我告诉我的听众，我家三岁半的两个孩子会在星期天一起结伴去买面包时，他们吓出一身冷汗。可这条路只有250米长，而且好心的面包师夫人也知道这件事。尽管我没有直接陪着孩子们一起去买面包，但也会让她们一直在视线范围内。在所有育儿指南中都有提及的"帮助照顾婴儿"，也是一项重要的任务。很重要的一点就是，这些任务必须要有实质性的意义，而不能只是作秀而已。当弟弟独自躺在房间里，而我正在忙时，海伦娜就会主动请缨，陪在弟弟身边。弟弟也会仰着小脸，听着海伦娜轻声的安抚："你并不孤单呀，还有我陪着你呢。你知道吗？这儿可没有吃人的大灰狼哦。"而我的另一个女儿卡洛塔则热衷于捡树上掉下来的李子、苹果和梨，她通过自己的劳动，为我们家晚餐的甜点锦上添花。这种行为不是替代性的，而是提供了真正的满足，又何须赞美呢？光是一家人幸福地坐在一起享用美味时的满足，和一旁开心地手舞足蹈的小婴儿，就足以成为最大的褒奖。

我的孩子变成了"破坏者"

经常有母亲一脸崩溃地找到我们，告诉我们：自从家中的弟弟妹妹出生后，长子就不再正常玩耍了，而是不停地搞破坏。他们把书撕得七零八落，用玩具车把地板砸得坑坑洼洼，用彩笔在墙上乱涂乱画，或把自己的头发全部剪光。而我们通常会用祝贺来回应这样的求助："祝贺你！你的孩子已经有能力用安全的方式来发泄自己的愤怒了。事实上，他真正想破坏的对象是家中这个新出生的小对手。可现在他找到了替代方案，这难道不值得祝贺吗？弄坏的物品可以被替换，剪掉的头发可以再长回来，但受到伤害的兄弟姐妹却很难恢复如初。"

原则上，儿童会使用玩具或其他物品，来进行带有疗愈作用的象征性游戏。家长可以借助这种象征性游戏帮助孩子发泄情绪，并在此基础上延伸出各种玩法。例如，让孩子撕毁或揉碎代表婴儿的图画。如果要进行枕头大战的话，家长可以将一个很小的枕头命名为"宝宝枕头"，并为游戏制定一个特定的规则，比如说不许扔这个枕头。如果孩子真的扔了，你就可以煞有其事地插句话，然后把大家逗笑。当然，婴儿玩偶也很适合用来玩象征性游戏。虽然玩偶会受到伤害，但毕竟它们只是无生命的物品而已。关于这种游戏，阿莱莎·苏尔泰曾写道："如果你要求孩子将愤怒发泄在一个象征着家庭新成员的物体上，就不必担心这样会强化孩子的攻击性行为。正相反，这种游戏的形式为孩子提供了一个发泄愤怒和焦虑情绪的渠道，减少了他在现实生活中的攻击性冲动。"[16]

03
一场多面的危机

正如本章开头所描述的那样，当然也有一些孩子完全可以接受家里新成员的诞生。他们非常开心自己成为温柔的大哥哥或是大姐姐。我们想强调的是，新生儿引发的儿童情感危机，并不是一定会出现，就像下文中塔尼娅的例子所描述的那样。但是，也正如后文展示的那样，在新的家庭成员出生前、出生后，以及若干年后，那些问题反应让作为父母的我们面临着特殊的挑战。这就是为什么我们在本书中用了这么多篇幅来介绍。

亚历克斯在我怀孕期间，就已经对新生儿的到来充满了兴奋和期待。当孩子出生时，我仍然非常紧张。由于亚历克斯只有3岁，他正处于典型的开始产生嫉妒心的年龄，因此我十分担心。当他出现在医院时，突然间他对我来说

> 就像一个巨人！大大的头、大大的手……他看起来也太大了吧！他爬到我旁边的床上，我们把弟弟放到他的怀里。他上下打量着怀里的小生命，当尼科握住他的手指时，亚历克斯看着我说："妈妈，我们留下他吧！"他亲吻了弟弟的额头，还给他轻轻地哼了一首歌。现在他们俩一个11岁，一个8岁，两人仍然很亲密。他们不仅是兄弟，也是朋友！

迟来的儿童情感危机

有的孩子刚开始会完全平静地接受家庭新成员的诞生，顺利渡过情感难关。只要新成员安静地待在婴儿背带里，或乖乖地睡在摇篮里，他们就可以相安无事。只有在几个月后，新成员逐渐长大，并开始向大孩子的玩具爬去时，大孩子心中的妒火才会就此点燃。这种儿童情感危机虽然来得有些迟，但也是完全正常的。父母同样应该进行应对，关于这一点，我们将在下一章中进行详细介绍。父母应该帮助家里的大孩子，给他提供一个受保护的空间。如果大孩子没有自己的房间，那么一个小小的游戏围栏也足够了。在这里，大孩子可以不受干扰地建立起自己的积木世界。通常在这种情况下，大孩子已经达到可以自己爬过围栏的程度了。

多重儿童情感危机

在专业文献中，新生儿引发的儿童情感危机通常也被称作"废黜阶段"。我们其实对这一说法并不满意，但由于缺乏替代词，也只好一直使用至今。这一概念有两个层面的含义：一方面，它表明长子曾被父母捧上宝座，可现在却被新生儿粗暴地拉下宝座；另一方面，它似乎在暗示每个孩子只会经历一次危机。因为如果头胎已经被二胎"废黜"过一次，等到第三胎出生时，就不会再有任何问题。但事实却并非如此，每个孩子的出生，都会让家庭结构重新洗牌。而每一次的变化，都会让已经出生的孩子或多或少地再次经历新生儿引发的儿童情感危机。

持续的儿童情感危机

根据定义，危机是暂时出现问题的一种状况，这种状况与某个转折点紧密相关。每场危机都会在某一时刻结束。然而，在父母看来，自己的孩子似乎一直停留在新生儿引发的儿童情感危机中，因为他们的一生都在相互争吵中度过。这是真的——有些兄弟姐妹，即使到了90岁，仍然经常会为谁才是母亲最喜欢的孩子，或谁最受父母宠爱这样的问题而争吵不休。这些孩子一生都没能战胜危机，而这种危机已经演变成了长期的兄弟姐妹斗争。孩子们仍然活在嫉妒的刺痛中，仍然为自己被赶出母亲的怀抱而耿耿于怀。年幼的孩子通常会在成长过程中，对自己的哥哥姐姐有着深深的爱和崇拜，但如果他们一再被哥哥姐姐拒绝和伤害的话，这种爱意就无法继续增长，甚至会因为不断被拒绝，而演变成愤怒和仇恨。因此，兄弟姐妹其实一直处于永恒的冲突中，甚至有时会希望，要是对方从未出生过就好了。

这肯定是个坏消息，但好消息是，即使是在二胎、三胎出生几十年后，也仍然有机会解决这种不良情感。当然，最好是在二胎、三胎到来后，尽快帮助家中的大孩子渡过情感危机。这种情感危机持续时间约为一年，前三个月最为重要，之后到每个人都平静下来，可能还要花费几个月时间。但是，如果关键的阶段已经结束，父母就不需要焦虑了。如果父母觉得自己无法独自应对，就需要向儿童和青少年心理学家或是心理治疗师寻求专业帮助，以及接受系统的家庭治疗。

Chapter 2
从长子入手

01
回应孩子的求救

如果父母想在由新生儿引发的儿童情感危机出现的时候教育大孩子，告诉他们不能"踩在父母头上"，这可不是明智之举。我们非常确定，当大孩子完全失去自制时，父母的脑海中肯定萦绕着这种想法。在约祖亚出生时，我也有过这种感觉。但一定不要被这种感觉牵绊！要清楚，小宝宝正在夺走父母对长子的注意力，而这种情感的损失，则会直接影响长子大脑的激素平衡。如果现在执意让长子听话，就会让情况变得更糟。长子可能会认为你更喜欢小宝宝，因为你对小宝宝的关照明显更多。如果你现在还因大孩子表达他的不安和悲伤而责骂他，就会间接证实了他的猜测是正确的。

当然，我们也不希望家长因为害怕会给大孩子带来更大的伤害，而选择放任自流。不能让他逃避一切，不能让他为所欲为，或是无限制地满足他的购买欲。也许这样会让大孩子更加恼火，但父母要心平气和地告诉孩子，这样的行为有多么愚蠢。切记不要惩罚他们，也不要责骂他们，不要在这时约法三章，更不要因为自己的愤怒而把孩子推开。切记，孩子之所以会有这样的举动，是因为他觉得你有了新的孩子，这是对他的欺骗；同时也是为了引起父母对他痛苦的关注，才会这样做。因此，观察孩子行为背后隐藏的动因，努力了解并满足他的需求，才能重新赢得孩子的信任。父母可以主动接近他，并要求和他一起玩，对孩子不得体的行为稍加忍耐。否则，孩子的这种行为模式可能会变得根深蒂固，而父母也会永远被困在这场不知何时开始的亲子大战中。如果父母用爱和耐心去抚慰孩子心中因嫉妒带来的刺痛，那么这场由儿童情感危机引发的闹剧就只是暂时的。牢牢抓住精神上的救生圈，无条件地给予孩子爱意，其他事都可以先放一放。

在新生儿引发的儿童情感危机中，我们的孩子用自己的行为向周围环境发出了求救信号。正如我们在上一节中所强调的那样，这种求助方式会因孩子的脾气和性格而有所不同。作为父母应该及时认识到孩子的求救信号，及时解码，并以ASA——关注（Aufmerksamkeit）、游戏（Spielen）和倾听（Aktives Zuhören）的方式来做出积极回应。

02
我们都需要关注

———

亲人的关注是人类的一种基本需求。每当人们获得关注，大脑就会释放相应的阿片类物质。罗马大学脑研究所的两位科学家安娜·莫莱斯（Anna Moles）和弗朗西斯卡·达马托（Francesca D'Amato）对新出生的啮齿动物进行研究，发现关注的积极效果，会在无思想或自我意识的情况下显露出来，甚至在婴儿身上也能看到。[1]显然，对于孩子的呼救，家长的第一反应必须是加倍的关注。但有时，想要给予孩子关注似乎也并不容易。父母觉得自己已经给了家中的大孩子无尽的关注了，但他为什么还是不快乐呢？这可能是因为父母给予孩子关注的方式，与孩子期望的方式并不一致。

美国婚恋辅导专家盖瑞·查普曼（Gary Chapman）指出，每个人都有接受好感和关注的偏好方式，就像每个人都有表达爱的习惯方式一样。如果在一段关系中，两个人接受和给予的方式相契合，通常就不会产生什么问题，因为这时发送者和接受者处于同一频道。接受爱与关注的人感到满足和平衡，而给予爱与关注的人则轻松又快乐。然而，如果二者接受和给予的偏好方式不同，就可能会导致两个人中的一个觉得自己给予了很多，而另一个却觉得自己接收到的太少。这不仅是恋人之间可能产生的矛盾，同样也是亲子关系中可能出现的问题。尽管各式各样的关注，都会填满孩子对爱和关注的需求，但往往每个孩子都会对某种特定类型的特别受用。如果孩子没有得到他喜欢的类型的爱和关注，那么他对爱和关注的需求，就需要很久才能填满，而且会经常处于"储备中"的状态。

　　查普曼博士归纳了五种类型的关注：身体接触、积极反馈、全神贯注、小礼物和帮助。[2]通常，这五种类型的关注都广受孩子们的喜爱，每一种关注也都会对孩子们有所帮助。但在这之中往往有一个是最重要的。父母要确保孩子能够持续得到关注。孩子们只有在得到的关注低于临界水平时，才会做出反应，他们会做出不恰当的行为，以引起父母的注意。如果父母在此之后给予孩子短暂的关注，虽然可以解燃眉之急，但从长远角度来看，孩子对于关注的需求很快又会达到临界值，他们很快又会不高兴了。家长们心想："该死的！为什么我的孩子已经得到了足够多的关注，但还是不满足呢？"这样就会陷入上述的无限循环。相反，如果水箱被填满了，孩子可以在很长一段时间内解决口渴的问题。对于拥有多个孩子的家庭来说，这是一条值得采纳的好建议。

专属关注

可惜的是，多次被提及的"给予专属时间"的建议，往往被父母误解为他们必须带孩子做一些与众不同的事情。因此，父母会开上车带着老大去游乐场玩、去看电影，或允许他每天多吃一个冰激凌。虽然这些事情孩子们本来就喜欢做，但很遗憾，即使做了这些事，也并不能完全满足孩子们渴望得到关注的基本需求。事实上，在弟弟妹妹出生后，孩子其实更希望在日常生活中得到父母更多的关注。我们要知道，在新生儿出生之前，家中的长子能够得到父母100%的关注。所以现在，即使父母用尽全力，将大量时间分给大孩子，而只拨很少的时间给新生儿，对于大孩子来说，这仍然是一桩亏本买卖。无论父母如何努力弥补，新生儿还是从大孩子那里分走了一些关爱。尽管父母特意为大孩子创造了专属时间，但由于大孩子的需求仍未得到满足，所以还是会做出挑衅或是其他明显的行为。自然而然，大孩子就会受到父母的责备，让父母感到失望。"喂！我们特意带你来游泳，现在你又在胡闹些什么！"很明显，专属时间是给予了，但孩子的情绪并没有得到好转，反而更糟了。父母的责备和孩子自己的小心思，往往会使他的行为变得更糟，随之而来的是父母的责骂、惩罚和孩子再次挑衅的恶性循环。并且，父母每次都觉得他们自己是对的，因为他们已经给孩子提供了专属时间。

父母应该改变一下自己的想法。创造专属时间固然很好，但不是解决问题的最好办法。孩子们真正需要的是日常生活中的许多高光小时刻，是与爸爸妈妈一起开诚布公地对话，是一家人一起尽情地欢笑，还要看谁是目前孩子更依恋的人。

尤为重要的是，爸爸或妈妈应该尽可能地以孩子的时间为主开展亲子活动，不能指望孩子一定遵循父母的安排，等到新生儿睡着以后，才能与父母拥抱。孩子们也有自尊心，他们并不想要施舍。因此，这种情况下，孩子们最初可能会躲着父母。但别被这种表象迷惑了，不要想："好吧，不要就不要吧！"要试着向孩子表达你想和他们共度时光的迫切。孩子其实也想和你待在一起，但他也想让你明白，你对他造成的伤害有多大。这就是为什么需要你来对他发出邀请。

03
阿莱莎·苏尔泰的游戏

孩子们在玩耍时，喜欢让周围的人也参与进来。无论是他们周围的成年人，还是他们自己的兄弟姐妹，都会被孩子们拉入游戏。在游戏中共同成长，是多孩家庭的一大优势。阿吕在她的博客中讲述了这样的故事：

"哥哥让我把收音机拿给他。"才2岁大的老三站起来，把收音机递给比她大6岁的哥哥。她本想听着收音机睡觉，但哥哥说的一定是对的。当她刚闭上眼睛准备睡觉时，毛躁的哥哥一下子又跳起来，想去拿点东西喝。老三也跟着一起，光脚站在厨房里，让哥哥给她一杯水。哥哥是家里的老二，三个孩子里最大的大姐姐是他们的榜样。老二是一个小麻烦不断的男孩，但他得到了所有人的爱。对于老

> 三而言，他是年龄最相近的孩子，是可以和她一起胡说八道的盟友，是经常鼓励她的人，也是她最好的抱枕玩具。她可以对他做别人不能做的事，也可以摆弄他的长头发。她在胡闹时不小心踩到了他的长发，他会一声不吭地忍受着。她可以把脚小心翼翼地搭在他身上，但其实他不喜欢别人碰他。自从我们发现，他们在一起对彼此都有好处，他们俩便开始共用一个房间。从那时起，我们终于不用和孩子一起睡了。偶尔我们会通过婴儿监视器听听他们之间的对话。他们在讨论和考虑是该躺着不动，还是再玩一会儿。这个经常在社会上惹麻烦的大男孩，现在是老三的榜样，是她可以依赖的人。老二并不是一个复杂的孩子，而且他似乎比家里的其他人更了解他的妹妹。无论是玩耍、聊天还是胡闹，他都和她形影不离。此刻他们也生活在一起，他一直都在她身边！最幸运的事莫过于家中有兄弟姐妹。

但有时兄弟姐妹需要一定的时间，来找到对彼此的爱，父母可以帮助他们让他们更容易地找到。阿莱莎·苏尔泰在她的经典著作《游戏创造亲密关系，亲密关系解决冲突》中，向我们展示了成年人如何借助一起游戏，来解决家庭中的矛盾与冲突。

胡闹游戏

胡闹游戏是一种故意而为之的荒唐的、"错误"的行为，其目的是勾起人们的笑意。笑是释放压抑的愤怒或是消极紧张情绪的绝妙方法。通常情况下，孩子们会主动提出要玩胡闹游戏，而我们成年人应该了解这种游戏的玩法。[3]例如，在吃晚餐时，我的女儿们喜欢把面包片塞进水杯而不是放在盘子里，塞进水杯后，还会冲我调皮一笑。除此之外，她们还会故意穿错鞋或是把内裤套在头上，也就是会在一些已经掌握了很久的事情上出现明显的"错误"，而这种"错误"是孩子用来诱导父母和他们一起胡闹的策略。抓住这个机会！这对我们成年人来说也是一种解放，我们也可以"不守规矩"，也可以真正地开怀大笑。如果某天我没有压力时，我也会在餐桌上回应孩子们胡闹的要求。比如我会把一块奶酪咬出眼睛和嘴巴的形状，然后像戴面具一样把奶酪盖在脸上，或者用手举着一个切好的辣椒，假装这是水杯，用它来喝水。

胡闹游戏也可以由成年人发起。家长可以把孩子的袜子当作手套戴在手上，或者把两条腿都塞进一个裤腿里，保证能逗得孩子们哈哈大笑。我小的时候，父亲在帮我穿衣服时，通常会把毛衣的一只袖子捏住，这样我的胳膊就出不来了。现在，他又开始和我的孩子们一起玩这个游戏。甚至有时，我们在餐厅吃完饭后，他在帮我穿外套时，还会像以前一样和我这样玩。胡闹游戏是亲子依恋游戏中的万能方案，可以解决很多冲突。特别是在新生儿引发的儿童情感危机中，爸爸妈妈与孩子的这种"胡闹"，可以化解孩子们强烈的负面情绪，从而加强亲子关系。

以儿童为中心的非指导性游戏

在以儿童为中心的非指导性游戏中，孩子们可以自己决定要玩什么、玩什么玩具；家长们只需坐在一旁，带着关注、认可和理解的态度，观察孩子的行为。如果孩子希望家长参与到游戏当中，家长就可以顺着孩子的意思行动。这种类型的游戏基于弗吉尼亚·梅·亚瑟兰（Virginia M. Axline）的治疗模式而诞生，而该治疗模式又基于卡尔·罗杰斯（Carl Rogers）的以病人为中心的心理治疗。[4] 亚瑟兰建议为孩子提供简单且具有刺激作用的素材，如服装、玩具屋、小汽车或动物模型、积木、橡皮泥，甚至铅笔和纸。但无论如何，都不要将自己的意愿强加在孩子身上。通过这种方式，孩子们可以自由发挥想象力，通过游戏来处理他们的烦恼和需求。非指导性游戏允许孩子们做自己，不让任何人对孩子们的行为进行评判。作为家长，如果游戏过程中的某些情况触犯了你的道德感，也千万不要进行干预。孩子们会偷偷打量你，所以你无论如何都要在游戏过程中，保持价值中立和包容的态度。如果孩子把小娃娃从玩具屋拖出来，扔到垃圾桶里，让大娃娃和娃娃的父母单独生活在一起，父母也不要进行干预，因为这并不意味着孩子会在现实生活中，对他的弟弟妹妹做出同样的行为。恰恰相反，人际关系游戏是帮助孩子摆脱攻击性的一种安全方式。当然，父母可以为游戏设置一个安全界限。例如，当孩子想把娃娃扔出窗外时要加以阻止，不是因为娃娃本身或其象征意义，而是为了保护孩子和路人。如果各位读者朋友想了解更多关于非指导性游戏疗法的知识，可以阅读亚瑟兰所著的《非指导性儿童游戏疗法》一书。

象征性游戏

象征性游戏与以儿童为中心的非指导性游戏非常相似，对受过创伤的孩子特别有效。如果孩子曾亲眼看到母亲在分娩前被救护车带走，或母亲在生产后被迫要在医院待上一段时间，针对这种情况的孩子，父母就可以在家里准备一些与这类问题相关的玩具（比如救护车、医生、医院、医生的工具包等）。孩子们通常会欣然接受。研究发现，创伤性记忆与中性记忆、积极的记忆分别储存在大脑的不同区域。[5]显然，边缘系统中的创伤经历，会直接触发大脑中与战斗或逃跑反射相关的机制。[6]因此，孩子可能会被一个看起来完全没问题的事件激发创伤，变得惊恐，并通过攻击性行为表现出来，如救护车经过。在安全环境下逐步开展象征性游戏，通过反复面对创伤经历，应激情况可以得到一定程度的改善（即"脱敏"）。[7]在这种游戏的帮助下，大脑学会了不必对旧的创伤做出恐惧或攻击性反应。如果孩子接受了你的游戏邀请和你准备的相关道具，就要敏锐地关注孩子的行为。如果孩子看起来紧张、退缩或失去兴趣，请停止游戏。如果孩子开怀大笑，或是认真专注，且无所畏惧地投入游戏，请继续游戏，但不要对游戏做任何解释，因为这对孩子没有任何帮助。从游戏开始的那一刻起，父母能做的就是把话语权交给孩子，把思考和联想留给自己。

分离游戏

我相信各位家长一定遇到过这样的情况：孩子会咯咯笑着将脸躲在手后面，或是把一块薄布拉到头上让自己消失，稍微大一点的孩子则喜欢玩捉迷藏。这些其实就是分离游戏，因为这种游戏在玩家之间创造了视觉或空间上的距离，而游戏的重要环节就是再次找到对方。分离游戏主要是为了克服分离焦虑，所以对孩子来说，最重要的便是与亲人团聚的那一刻。因此，在游戏过程中，家长应该注意：不要消失得太久，也不要让孩子们在藏身处等待太久。孩子越小，游戏中的分离时间应该越短。[8]当家里的新成员出生时，母亲和长子会经历短暂的分离。有时这种分离会给孩子带来创伤，这就是孩子事后会出现分离焦虑反应的原因。通常在这种情况下，长子会拒绝上幼儿园，或是变得特别黏人。如果此时，父母作为孩子依恋的人，反复消失又重新出现，这样的行为就可称之为分离游戏。在分离游戏的帮助下，孩子的分离焦虑就可以得到积极缓解。[9]父母应尽可能多地与孩子们玩捉迷藏一类的游戏；也可以尝试在送孩子上幼儿园时，站在玻璃门的外面，一次又一次从孩子的视线中短暂消失，然后再大张旗鼓地现身。三到五个回合后，当孩子还在门里望着门外傻傻发笑时，父母早已逃之夭夭、走在上班路上了。分离游戏最重要的一点是，孩子们要意识到他们正在玩游戏。如果只是为了减轻说再见的痛苦，家长不经意的突然消失，往往会加剧孩子的分离焦虑。因此，请各位家长千万不要这样做。这样会破坏孩子的安全感，因为孩子会觉得父母随时都有可能消失不见。

权力倒置游戏

权力倒置游戏，顾名思义，就是在游戏的时候颠倒权力关系。孩子们强壮、高大、聪明、有力量，而父母则假装弱小、胆怯、笨拙、愚钝或顺从。[10]如果孩子扮成鬼，而父母假装很害怕，那双方就已经置身于一个具有治疗效果的权力倒置游戏中了。当然，也可以来玩捉人游戏。父母假装"平地摔"，或是假装自己跑太慢抓不住孩子，又或是假装"手无缚鸡之力"，总是在最后一秒让孩子逃脱。如果在玩耍时，再配合上"捶胸顿足"或"热泪盈眶"的滑稽表演，那么你肯定会收获孩子们的笑声。

退化游戏

退化游戏，即让孩子退回到较早的发育阶段，并重新给予他们当时所需的关注，这是一种唤起孩子在家庭生活未受到干扰时记忆的方式。如果允许孩子们退化，他们就能从无微不至的关注中汲取足够多的力量，来应对新的家庭状况。[11]从专业的角度来看，父母确实没有什么理由来阻止退化游戏的进行。这种游戏具有治疗作用，对孩子们有极大的帮助。然而，当孩子们突然咿咿呀呀地像婴儿一样说话，而不说完整的句子，把较小的玩具放在嘴里吮吸，吃饭时上手抓来抓去，甚至想完全让父母喂食时，许多父母都会对此感到惊恐或恼怒。他们担心孩子可能会"一直这样"，担心孩子会"变懒"，担心孩子会过度依赖父母。事实上，情况可能完全相反。如果父母试图阻止这种退化行为，那么退化游戏就会失去其治疗效果。这种退化阶段将会因此持续更长的时间，其特点是父母的唠叨和孩子对婴儿行为的坚持。相反，如果父母允许孩子再次积极地感受或是表现得像个婴儿，那么孩子们甚至可以克服较小的创伤，而且与父母间不够稳固的关系也可以在此之后得到强化。

有身体接触的活动

身体接触是人类的一项基本需求，无论是刚出生的婴儿，还是年迈的老人，都需要通过肢体接触得到满足感。通常情况下，新生儿通过紧贴母亲的身体，就可以满足对身体接触的需求。因此，母亲可能不太想回应大孩子，甚至是伴侣的拥抱请求。这是可以理解的，但存在许多弊端。苏尔泰曾写道："身体接触让孩子们感觉自己得到了重视，给孩子们带来了安全感和归属感。触摸使他们能够感知自己，并可以积极地审视自己的身体。然而，如果大孩子想要获得身体上的关注却被拒绝，他们可能会认为自己的身体不够完美，或是会因为母亲拥抱婴儿的次数过多，而感觉比起自己，母亲更爱婴儿。"[12]任何涉及身体接触的游戏，都有助于修复受损的亲子关系，或处理创伤性分离，比如和孩子一起打闹、一起狂舞，或是给孩子轻轻地梳头、和孩子牵手散步等。例如，我家的孩子从婴儿时起就喜欢被我紧紧地抱在身上散步。虽然在外人看来，9岁的孩子还这样做可能有点奇怪，但我们并没有拒绝和孩子们进行身体接触。只要在我力所能及的范围内，且不会对自己的健康造成影响，我就会认真对待孩子的需求，不管别人怎么想。

挠痒痒是一种很常见的肢体接触游戏，但我们不太建议父母和孩子玩这样的游戏。我们希望父母能够意识到，挠痒痒游戏存在一定风险。一般情况下，孩子们都喜欢玩挠痒痒游戏，但是一旦玩得过度，就会让他们产生无力感。[13]所以父母要在游戏的过程中，密切关注孩子发出的信号。当父母想玩挠痒痒游戏时，可以每次都以相同的仪式开始游戏，要向孩子表明你是可靠的。但如果孩子说停，游戏就必须立即停止。

正如上文所见，仅通过亲子依恋游戏，就可以在新生儿引发的儿童情感危机中，为孩子们可能出现的反应提供一系列完美的解决方案。然而，当孩子在哭泣或愤怒时，就不要玩这样的游戏了。可以理解，父母想用美好的东西来转移孩子的注意力，但这样做，却阻碍了孩子了解和控制自己感受的机会。大多数时候，在童年时不被允许整合自己感受的人，在成年后往往无法从愤怒或悲伤中抽身。这种糟糕的方法可能会导致肠胃溃疡、职业倦怠，甚至过度依赖。我们不需要保护孩子不受所谓的"坏"情绪影响。当他们被允许用语言来表达所有的感受，并学会在我们身边充分体验和承受这些感受时，他们会变得更强大。讨论和命名感受是认清使自己愤怒的诱因和学习控制自己冲动的重要步骤。然而，很多时候，我们并没有真正意识到到底是什么在困扰着我们，或者我们的愤怒究竟来自哪里。在这种情况下，就可以使用上文提到的ASA策略，即关注、游戏和倾听，也就是托马斯·戈登博士所倡导的积极倾听策略。

Chapter2　从长子入手

04
托马斯·戈登的积极倾听

　　积极倾听描述了两个人之间这样一个对话过程：倾听者试图以非评判性的方式，使用自己的语言来重现对方所说的内容。这种重新措辞可能会引起说话者的两种反应：一种是同意，一种是拒绝。两者都会推动说话者进一步进行理解与思考，说话者的脑海中会进一步闪过新的想法。说话者继续发言，发言内容会越来越接近问题的核心。如果倾听者只是倾听，而不对说话者进行引导或给出判断，那么说话者最终也可以认识到自己的问题，并找到可行的解决方案。这不仅给了说话者自我价值的满足感，同时让他体会到被理解的快乐。我们认为，如果父母想学习如何改善自己与孩子的关系，那么这应该就是一种非常有效的沟通技巧。我们已经在我们的第二本书中详细介绍了戈登所说的积极倾听策略，还讨论了新生儿引发的儿童情感危机中长子和母亲之间的对话方式，因此在这里不再过多介绍对话技巧。在此，我们想要指出可能使父母和孩子之间的对话陷入僵局的十种错误示范。我们

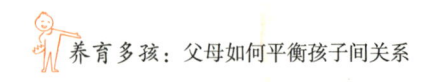

将解释这几种错误中存在的问题,并继续探讨积极倾听的对话。

我们在倾听孩子们说话时,大多数情况下,会对他们所说的内容做出回应,由此对话得以展开。这些回应会对孩子产生影响,并决定对话的最终走向。如果我们的回应起到了很好的作用,那么谈话就会起到放松和鼓励的作用。如果回应的反馈是消极的,就会导致孩子不再向我们敞开心扉,因为我们的这种反馈会让他们感到内疚或不足。我们在专业治疗师的培训中学到的正是如何避免这种错误。

1. 命令、规定、指挥

在许多情况下,父母中断谈话是因为他们害怕自己的感情。这可能是因为,他们在童年时被什么人以某种方式遏制了这些感情,而且从未学会如何承受这种感情。通常情况下,孩子的无理取闹会导致我们用命令或指挥的方式进行回应。

孩子: 小宝宝应该滚蛋!
父母: 嘿!闭上嘴!别再让我听见这样的话了!
孩子: 不,他应该滚蛋!滚蛋!滚蛋!滚蛋!

孩子的内心想法: 我希望你只有我一个孩子,就像以前一样!

父母的内心想法：多么畸形的想法啊！你怎么能说这种话呢？你是冷血动物吗？你不能盼着别人滚蛋啊！这种想法多么卑鄙啊！

父母命令孩子再也不要说、不要谈这样的事情，类似这样的回应会让孩子认为他的愿望和感受不被接受，意识到某件事是一个禁忌。而根据脾气和内心愤怒状态的不同，他可能会选择一次又一次地用语言打破这个禁忌，也可能会认定他的感受和愿望是错误的、是被禁止的，并会尽力压制它们。[14]第一种情况下，孩子会与父母一次又一次地争吵；第二种情况下，当"这些不好的想法"再次出现时，孩子会因为内疚感而自责。两者对孩子来说都是不利的。而通过积极倾听，可以使谈话得以顺利进行，因为父母在这一过程中，既不会妄加评判，也不会百般阻挠。

孩子：小宝宝应该滚蛋！

积极倾听的父母：你希望小宝宝滚蛋，是不是因为这样你就可以再次独自拥有我了？

孩子：是的。自从有了他，你就没有和我拥抱的时间了……

积极倾听的父母：你觉得我和小宝宝一起度过的时间更长是吗？

孩子：他总是黏着你。你甚至都没时间陪我玩……不能把我从攀登架上举起来，也不能和我玩接球游戏了……

通过积极倾听，父母很快就会明白孩子需要从自己这里得到什么：想和父母更亲近，想和父母拥有更多的独处时光。如果父母能够努力满足孩子的需求，那么孩子在语言上的挑衅就会停止。

2. 警告、训诫、威胁

孩子： 我恨你们！你们只爱卢卡斯！我要离家出走，找一个新家！

父母： 没有家长陪着的小朋友一个人上街会被警察带走，送进收容所！

孩子： 那又怎样？也许他们会爱我呢！

孩子的内心想法： 我觉得你不再爱我了，所以我想试试看，如果我说我要离开你，你会告诉我你爱我吗？

父母的内心想法： 请不要逃走，我的孩子！我担心你在外面遇到危险。我没办法忍受这种强烈的恐惧，因此才会尽一切手段防止你逃跑，而我现在能想到的唯一方法，就是让你害怕，这样你就不会逃走了。

警告、训诫和威胁是旧式专制教育的典型代表。这种教育方法的目的是吓唬孩子，使他服从。然而，如果将威胁作为教育手段，那么这种手段很快就会失效。这意味着父母不得不根据冲突的情况，采取更为强烈的警告，最终达到让孩子屈服的目的。如今这一代孩子在不同的环境中长大，威胁在他们身上并不奏效。从上面的对话中可以看出，许多孩子倾向于试探父母的威胁。虽然他们内心害怕父母可能会将威胁变成现实，但他们也不能偏离自己的立场，因为他们想利用绝望的力量，引起父母对他们内心痛苦的关注。他们也为此承受了很多，但结果往往是局势的升级。这样做并不能让父母和孩子更靠近问题的本质，这也就意味着用这种方法处理问题，是无法找到解决方案的。相反，情况只会越来越糟。下面，让我们来看看积极倾听对这种情况能起到什么作用。

孩子： 我恨你们！你们只爱卢卡斯！我要离家出走，找一个新家！

积极倾听的父母： 你感觉我们只爱你的弟弟是吗？

孩子： 是啊！他什么事情都可以做！他是家里最漂亮的、最好的，也是最聪明的。卢卡斯这个，卢卡斯那个……而你们却只会唠叨我！

积极倾听的父母： 你认为我们对你太严格了，对卢卡斯却比较宽容。

孩子： 是是是！我知道，你们总说他还小，我已经长大了……但这还是不公平呀！我不想一直一个人做所有事。

积极倾听的父母： 你希望我们把任务更平均地分给你们两个人，对吗？

孩子： 没错。卢卡斯也可以做一些事情啊！比如，他可以把垃圾倒了。

父母没有威胁和警告，而是积极倾听。他们发现这个大男孩觉得自己受到了不公平的待遇。因为在他眼里，他不得不接管太多任务。这种不公平的分配，让他对父母的爱产生怀疑。通过父母的积极倾听和孩子非常具体的建议，问题的解决便指日可待。

3. 劝告、说教、劝诫

孩子： 我讨厌我的双胞胎妹妹。我恨她！她太蠢了！

父母： 你最好再和她相处一下。她毕竟是你的妹妹，你们是骨肉血亲，你们必须得成为朋友！

孩子： 哼！我才不呢！她是一坨屎，我再也不想和她扯上任何关系了！

孩子的内心想法： 我要和她保持距离，我是一个独立的个体！

父母的内心想法： 我无法忍受你不喜欢妹妹的这种想法。这不正常，你们是双胞胎，大家都说双胞胎有着斩也斩不断的联系。我做错了什么吗？我必须找到一种让你们俩相亲相爱的好办法。

我们通过说教或是劝诫的方式，表面上是在解决问题，但实际上是在教孩子不要听从自己的感受，或相信自己的判断。换而言之，我们是在尝试向孩子输出我们的价值观，这样我们自己就不会感到不舒服，也不用再理会孩子的感受了。我们会让他们没有安全感。这可不是一个好主意。没有人可以说清楚什么是"好"、什么是"坏"，解释自己的感受的主动权必须保留在当事人身上。将说教作为一种教育方法似乎也不太行得通，因为它通常会使人们更加坚定地捍卫自己的立场。让我们看看如何以不同的方式进行解决。

孩子：我讨厌我的双胞胎妹妹。我恨她！她太蠢了！

积极倾听的父母：你认为安妮卡真的很蠢，是吗？

孩子：是的！她把我的东西都弄坏了。

积极倾听的父母：安妮卡弄坏了你的东西，而你不希望这样。对吗？

孩子：不，不是我的东西。（停顿，思考，深呼吸）哦，没关系。

积极倾听的父母：嗯……

孩子：（沉默）

积极倾听的父母：（等待）

孩子：（悄悄地）她把我在学校的一切都搞砸了。我……我必须……（叹气，中断）

积极倾听的父母： 因为安妮卡，所以你在学校并不好过。你……嗯……你觉得她对这事有责任吗？

孩子： 她是我的妹妹……

积极倾听的父母： 你觉得要对她负责，因为她是你的妹妹，但这常常让你感到很麻烦，所以你不想照顾她。

孩子： 嗯……是的……她很容易被男孩们惹生气。休息的时候，她一直在哭，我想安慰她，也想揍一下那群男孩……呃……我的意思是跑去质问他们，为什么要欺负我妹妹。但有的时候，我只想赶紧离开，然后和朋友们一起玩，不再保护安妮卡了。如果她不那么容易生气就好了！

如果我们不对孩子"苦口婆心"地说教或劝诫，事情往往可能会出现意想不到的转机。当我们用典型的父母式思维来阻止孩子打开话匣子时，双方很有可能就会产生误解。上面的例子就可以很好地反映出这一点。孩子说讨厌自己的双胞胎妹妹，父母因此就怀疑他的能力，觉得必须要采取些行动，让两人和好如初。但孩子需要的恰恰相反。正是由于他与妹妹有手足之情，所以他在学校需要承担的责任就更多。孩子会感觉，他不再是一个独立的人，不可以做自己想做的事，而是永远被一个他不得不保护的

"弱小"——双胞胎妹妹束缚着。现在,父母无论是从外部施压,还是通过内部的亲情纽带来绑架孩子的思想,都会将其转化为排斥和仇恨的温床。这也就可以解释,为什么孩子会说出讨厌妹妹这样的话了。因此,父母通过积极倾听找出了孩子的问题所在,这是件好事。这样,父母就可以对症下药,减轻孩子身上的重担;也可以动员老师,确保双胞胎都能在空闲时间得到足够的个人空间。

4. 咨询,给出解决方案,提出建议

孩子(抱怨道): 乔纳斯又把怪兽卡车从我这儿抢走了,但我就想玩这个,他总是把我的东西都抢走!

父母: 那你为什么不拿另一辆车给他玩呢?那样他肯定会和你交换。

孩子(抱怨得更厉害): 如果他不愿意怎么办?

孩子的内心想法: 我知道我是老大,不应该和乔纳斯争怪兽卡车。这种情况我真的不知道应该怎么做,希望爸爸妈妈能帮助我。这种事经常发生,能不能请让他别再这样了。

父母的内心想法: 哦,那你可以自己完成啊!你是个大孩子了。我给你提个我认为很好用的建议吧,你之后肯定用得到。

大多数成年人对善意的建议也会有"过敏"反应。当我们晚上和伴侣吐槽讨厌的老板时,我们不希望他给我们提供如何处理的建议,只是希望他能耐心倾听我们的感受。同样,孩子可能会觉得父母对他们没有信心,认为他们没有自己找到解决方案的能力,或者认为他们可能会变得依赖父母,不再自己动脑思考和解决自己的问题。在我们所举的例子中,展示了发生在孩子们之间的典型情况。通常情况下,父母会首先向大孩子提供可行的替代方案,这一点也确实很重要。当父母说给他另一个玩具时,这不算是"错误"的反应。重要的是要区分孩子说的话究竟是为了和父母更深入地交流,还是孩子真的找不到替代方案。父母经常会遇到这样的难题,因此可以从孩子的反应中,判断他需要什么样的帮助。如果他接受了你的建议并使用,那么他其实只是想让你给他一个处理问题的方法。但是,如果孩子不断向你提出同样的要求,那么他的抱怨就是打开他内心的钥匙,你应该积极倾听孩子的内心。

孩子(抱怨道): 乔纳斯又把怪兽卡车从我这儿抢走了,但我就想玩这个,他总是把我的东西都抢走!

积极倾听的父母: 你真的不喜欢乔纳斯把你的东西拿走吗?

孩子(更大声地抱怨): 不不不不不!我不喜欢这样!乔纳斯真讨厌!

积极倾听的父母: 你希望乔纳斯不要再拿你的玩具了,是吗?

孩子： 他不可以这么做！那是我的！我的！

积极倾听的父母： 对你来说，重要的是让他明白这是你的东西。

孩子： 就是这样！他绝对不能碰，不然玩具会被他弄坏的。

积极倾听的父母： 你害怕乔纳斯会弄坏你的东西吗？

孩子： 他什么都咬，不准他咬！有一天，他还把我的车扔了出去，其中一个轮子都摔断了。

积极倾听的父母： 因为你已经有了这样不好的经历，所以你现在才会保护自己的玩具。

孩子： 是的。（孩子认真思索了一下）我可以为乔纳斯整理出一些我不再需要的东西。当他下次再在我的怪兽卡车上流口水时，我会给他拿一个别的汽车来让他咬。好主意！（孩子跑去整理东西）

大家可以看到，尽管两个对话结果相同，结果都是大孩子给小孩子找了一个替代玩具。但是在第二个对话中，是孩子自己想出了这个办法。孩子可以感受到父母的理解和支持，同时也因为自己解决了问题，从而获得了一些自信心的提升。

5. 责备、教导，给出逻辑性论证

孩子： 妈妈妈妈，我不想一直照看这个小家伙。这样真的很烦人。我的朋友们都不需要这样做。

父母： 只有现在经常承担一些小任务，你将来才会成为一个负责任的成年人。

孩子的内心想法： 我觉得我的自由被这个小家伙限制住了。我好羡慕自由的朋友们啊！

父母的内心想法： 你这孩子不要这么不知好歹，你应该高兴啊！毕竟这才是成为一个优秀成年人的唯一途径。

其实，孩子们在发表这样的言论时，通常对事实一清二楚。因此，家长没有必要把事实摆在他们面前，对他们说教。如果用这种方式来暗示孩子们无知，只会让孩子们更加恼火，甚至可能会导致他们无视事实，为自己的立场辩护到最后。这样，父母和孩子就会一直深陷于不必要的冲突之中。我们还是应该多多倾听孩子们的心声。

孩子： 妈妈妈妈，我不想一直照看这个小家伙。这样真的很烦人。我的朋友们都不需要这样做。

积极倾听的父母： 你希望像你的朋友一样自由，对吗？

孩子： 是呀，就是这样！他们也有兄弟姐妹，但不需要他们一直照看。我的朋友们可以随时去看电影，还可以到城市的另一边去逛街。只有我才有这样的烦心事。

积极倾听的父母： 那么，你朋友的爸爸妈妈是自己照顾这些孩子的喽？

孩子： 嗯……更像是互惠生或保姆吧。（顺从地）他们只是比我们有更多钱。

积极倾听的父母： 哦。父母有能力聘请保姆，所以你的朋友们有更多的时间留给自己。

孩子（体贴地说）： 是……嗯……我不可能经常去电影院，因为我没有他们那么多钱。但至少当我去购物时，我可以站在旁边看点别的东西，而不是照顾文森特。

积极倾听的父母：（等待）

孩子（想了想）： 也许那时我会有点嫉妒，因为我不能给自己买东西……那我还不如待在家里呢。哦，好吧，你说得对，原因不在文森特。我想我只是嫉妒他们更有钱吧。

梳理自己的感情并不容易，即使对我们这些成年人来说也是如此。从这两个例子可以看出，积极倾听的作用不容小觑。女儿起初认为她总是要照顾弟弟，觉得很讨厌。但最后她意识到原因不在弟弟，而是因为她羡慕其他家庭更有钱。比起总带着对弟弟不明的厌恶，她可以做些别的事来解决自己的问题。自己动手，丰衣足食。她可以想办法自己赚钱，比如说送报纸。

6. 赞扬和支持

孩子： 我比汉斯聪明多了。他只是个小婴儿！他甚至还不会数数，而我已经可以数到100了。

家长： 没错，你比小汉斯厉害多了。真聪明呀，我的乖孩子！真是数学小天才呢！

孩子： 没错，汉斯只是一个傻小孩罢了。

孩子的内心想法： 我必须将我的自信心建立在牺牲另一个孩子的自信之上。

家长的内心想法： 这是个好办法。

我们不想阻止各位家长表扬自己的孩子。在你觉得合适的情况下进行表扬，这无可非议。只是要记住，支持、表扬或滔滔不绝的积极评价，并不适合用来保持开放的对话。通常情况下，孩子们会用说出的第一句话发出一种测试信号。如果得到了父母的称赞，他们就不再敢于透露自己的真实意见。如果父母的反应保持价值中立，孩子就有机会说出自己的真实想法，而不必担心会被拒绝。如果父母所给的积极评价不符合孩子的设想，那么这种情况就会引起孩子的敌意。除此之外，在一个经常表扬孩子的家庭中，如果某次没有得到表扬，孩子就会将其解读为批评。赞美常被人们视为操纵对方的一种手段，让对方按照自己的意愿行事。在这种情况下，包括孩子在内的大多数人，都会产生防御心理。

孩子： 我比汉斯聪明多了。他只是个小婴儿！他甚至还不会数数，而我已经可以数到100了。

积极倾听的父母： 做得好！你真应该为自己感到骄傲！

孩子： 是呀，我在学校总是很受关注。穆勒老师说我是她最好的学生。

积极倾听的父母： 你很喜欢穆勒老师认可你的努力，对吗？

孩子： 嗯。但她总是责骂亨德里克。他经常溜号，总是说悄悄话，还惹恼了其他同学。

积极倾听的父母： 哦？

孩子： 他的作业总是出现许多问题，上面全是红色的"×"。他的爸爸妈妈总是要在下面签字。亨德里克总是不遵守纪律，所以他的名字总是在黑板的红色笑脸旁边。但我和约瑟芬总是在绿色笑脸旁边，我们从来没有被挪到过黄色或红色的笑脸那里。做到这样真的很难，因为总是要保持安静，注意听讲，还要积极发言。

积极倾听的父母： 在学校一直认真遵守纪律真的很难。你认真遵守了规则，也做出了很多努力，就像约瑟芬一样。

孩子： 是呀。不像亨德里克，他只做些他想做的事。而且……在休息期间，他还会打我和约瑟芬呢！

孩子最初的陈述有时与真正的问题相去甚远。在这种情况下，看起来好像是孩子正试图通过贬低小弟弟来获得自尊。这也是一个令人相当不舒服的特质，但还是得到了父母的声援。可以这样说，家长是在鼓励孩子通过贬低他人来抬高自己。在积极倾听的相关对话中，事情最初也是朝着类似的方向发展。但在父母没有对他与弟弟的比较做出回应之后，孩子又将自己与同学亨德里克进行比较。而此时，父母依然没有对比较做出回应，而是将话题进一步拉近。孩子一直在谈论这个同学……最后发现，亨德里克惹恼了他，还打了他。如果父母在这个时候仍然积极倾听，孩子会在进一步的谈话过程中，思考自己可以做些什么来对付同学的攻击。其实，解决问题的办法通常掌握在自己手里。我们往往不需要来自外界的建议，而父母也只需深深地信任自己的孩子，让孩子学会应对自身感受，掌控自身感受，并从危机中得到成长。

7. 阐释、分析、诊断

孩子： 我讨厌哥哥！

父母： 你讨厌他只是因为你意识到他各方面都比你厉害。他算数比你快，读书读得好，运动能力强。你觉得自己比他差，你不喜欢这种感觉，对吗？

孩子的内心想法： 我对哥哥有着强烈的负面情绪。

父母的内心想法： 你有这些感觉，只是因为和他比起来你是如此失败。

家长在分析孩子的行为时左右为难。一方面要看清孩子行为背后的动因，对孩子的行为进行分析与解释，但另一方面又不能把这种推测当作既定的真理来认知。寻找行为背后的原因当然很好，因为这样我们就不会将其归咎为个人行为，从而迁怒某个人，而且也很有可能碰巧对行为的解读是正确的。但尽管如此，也并不意味着我们应该将内心的怀疑宣之于口。一旦将内心的怀疑表达出来，和孩子之间的对话就会戛然而止。再者，孩子会有一种自己被看穿的感觉。不同年龄的孩子都害怕家长知道他内心中最阴暗的想法、感受和秘密。如果我们的推测是错误的，孩子则可能会因为不公平的指控而变得愤怒。无论何时，一旦孩子们觉得父母想"诊断"他们，就会立刻停止向父母分享自己真正的问题。

孩子： 我讨厌哥哥！

积极倾听的父母： 哦？听起来你很认真啊！

孩子： 是呀！他是个坏蛋，总是让我生气！

积极倾听的父母： 你想让他不再烦你，对吗？

孩子： 他应该让我一个人待着，别再到我的房间来了！

积极倾听的父母： 你希望你的房间对他来说是禁区，对吗？

孩子： 没错！这是我的房间，这些都是我的东西。而他不应该出现在这里！

积极倾听的父母： 你不希望哥哥进你的房间、碰你的东西，对吗？

孩子： 是的！而且我也不会动他的东西，这些都是私人物品。

积极倾听的父母： 你尊重他的隐私，而且你也希望他尊重你的隐私。

孩子： 如果我偷看他的日记，并因此取笑他，他会开心吗？他肯定会抓狂的！可他就是这样对我的。只因为他比我强壮，我就不能反击。他真是个坏蛋！

当孩子们向我们透露他们内心最深处的感受时，作为听众的我们，要真的能够接受他们的感受。不管这些感受有多么"极端"，与父母的感受存在多大的差异，我们必须"允许"孩子们以不同的方式看待事物，以不同的方式感知现状，或以不同的方式表达感受。因为每个孩子都是一个有自己生活方式和身份的个体。通过重复我们所理解的内容，让说话者确认我们是否听懂了他们说的话，我们从中了解到的东西会比自己推测的要多得多。

8. 安抚、共情、安慰

孩子： 卡尔今天和我大吵了一架。我觉得我们再也不会和好了，情况真的很糟糕。

父母： 哦，小可怜儿！别担心，你们之间的事情肯定会解决的。你们是兄弟啊，只是有时会吵架而已。

孩子的内心想法： 哇，我以前从来没有和我的兄弟吵得这么严重。我真的很担心。

父母的内心想法： 最好别想这事了。反正你们是兄弟，也离不开对方。兄弟姐妹之间吵架很正常，不可能那么严重。我认为你的判断是错误的。

用言语安抚孩子，告诉他们一切都会好起来，这是父母的一种自然反应。当孩子感到不舒服时，我们会觉得很糟糕，想尽快改变这种状况。但是把孩子的感受说出来，其实并不能给他们以安慰。相反，他们可能会认为，我们不够了解他们真正的问题，或者我们希望他们不要再有这种想法。孩子们的感觉非常敏锐，能够察觉到我们内心固有的一些禁忌，并且会因为爱我们，而选择对此类事情闭口不谈。当成年人试图劝说孩子，不要对情感伤害做出个人评判时，一部分孩子会感到愤怒。在任何情况下，轻描淡写地对待孩子的痛苦，都会终止这一问题的进一步交流。如果我们真想知道孩子正在经历什么,我们必须以非评判性的方式承认他们的痛苦。仅仅是积极倾听,就能更有效地起到安慰和安抚的作用,而不是轻描淡写或避而不谈孩子的感受。

孩子:卡尔今天和我大吵了一架。我觉得我们再也不会和好了,情况真的很糟糕。

积极倾听的父母:你们大吵了一架,以致你害怕卡尔再也不跟你说话了?

孩子:这好严重,我真的不知道为什么我们会吵起来。

积极倾听的父母:(等待,注视着孩子)

孩子:最开始我们俩只是互相取笑。但后来他说了一些话让我非常生气,我就想给他点颜色瞧瞧。可是最后,我们真的大吵起来,他说我不再是他的兄弟了。

积极倾听的父母:你们的争论升级了。

孩子:是呀。我不知道我们怎么才能和好,他真的生气了。

积极倾听的父母:你想知道自己做些什么,卡尔才能原谅你,对吗?

孩子:是的,但不是只有我一个人有错!他也说了过分的话!卡尔也应该向我道歉才对!

积极倾听的父母:好吧。你们俩都说了同样的话,你想知道怎样做,才能防止这种情况再次在你们俩之间出现。

孩子:没错。(转身,走开)

针对这一点，我们想再次强调认真对待孩子感受的重要性。孩子永远不会无缘无故地发牢骚、抱怨，也许原因在我们看来微不足道，但无论如何，这个原因对孩子们来说都很重要。不认真对待这一原因，就意味着不认真对待孩子们，从而伤害我们与孩子们的关系。

从上面的对话中可以看出，积极倾听有时会非常突然地结束。例如，孩子简单地转身离开。作为家长，你可能会感到自己的话还没说完，并想要追上去继续问话。但是，家长一定要克服这种想要"刨根问底"的冲动。当说话者结束对话时，就意味着对话结束了，在这个例子中，是孩子结束了对话。其实，并非所有的问题都要找到解决办法，有时和孩子之间的对话也会不了了之。然而，父母的一些话会在孩子的内心生根发芽。也许在一段时间后，孩子们自己就能找到解决冲突或问题的办法。

9. 探究、询问、审问

孩子： 哇！我弟弟真烦人，看他那张臭脸。

父母： 为什么这样想？你是什么意思？是什么让你这么烦恼？你什么时候开始有这样的感觉的呢？

孩子： 哇！我真是什么都不能和你们说。

孩子的内心想法： 我对我的弟弟非常恼火，这肯定是有原因的啦。

父母的内心想法： 我现在就要扮演精神分析师，我想深入你的内心找到原因。来来来！快让我进去吧！让我进去呀！

孩子的内心想法： 走开！

在我们的社会中，在对话中能够兴致勃勃提问的人，往往被认为是好的倾听者。刨根问底确实可以使谈话继续下去，但它们会把说话人的思想带偏。这样一来，自由联想就会被切断，真正的问题也就无法显现出来。提出问题的人往往是出于好意，但获取的信息却远不及预想的那样多。被问题轰炸的孩子往往会产生一种不舒服的感觉，有种正在被审问和指控的感觉。这就可能导致他们在下次遇到问题时，宁愿不向我们开口，自己解决问题，也不想要再次被这样审问。

孩子： 哇！我弟弟真烦人，看他那张臭脸。

积极倾听的父母： 呃……听起来你真的很烦他。

孩子： 是的！他总是跟着我，就像个学人精，还一直和我唠唠叨叨说个不停。

积极倾听的父母： 他不尊重你的底线……

孩子： 没错！即使我已经告诉他别来烦我了，他还是不肯善罢甘休。有时我只想一个人静静！我爱他，但我不想身后经常跟着个跟屁虫。

积极倾听的父母： 那你就要让他明白什么时候可以待在你身边，什么时候不可以。

孩子： 我一直都有这么说！但他很少听我的话。我真的对他很生气。

积极倾听的父母： 你觉得只有冲他大吼，这样他才能明白你想独处。但你认为这样做愚蠢，对吗？

孩子： 这样做我就会变成恶人，他就会哭着跑来向你们告状！

积极倾听的父母： 啊！他没有立即倾听你的诉求，所以你感觉很累。然后，你就变成了他眼中的坏人。

父母不是治疗师，也不需要成为治疗师。我们需要做的，只是好好倾听。积极倾听不需要刨根问底，你只需用自己的话重复你所听到的内容。我们向说话者保证，我们作为接收者已经正确解码了我们所听到的内容。然后我们就会像例子中的父母一样，发现我们的孩子到底在想些什么。如果孩子愿意，我们就可以和孩子一起寻找解决方案。

10. 暂时逃避、转移注意力、打起精神、打消想法

孩子： 有这样一个比我大的姐姐可真糟糕，如果她不在就好了。

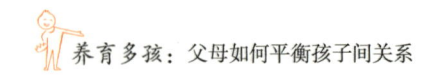

父母（眨眼）： 你可以把她送给你的好朋友，她一直都希望能有兄弟姐妹！

孩子（干笑着）： 哈哈，非常有趣呢！

孩子的内心想法： 我的姐姐让我很困扰。

父母的内心想法： 哦，这不可能。如果现在我提出一个荒谬的建议，你就会意识到你其实是爱她的。

孩子的内心想法： 不错，可以试试。

分散孩子的注意力并打消他们的想法，当下看来可能是成功的，但这些感受并不会那么容易就消失，它们通常还会在以后的某一时刻重新出现。我们还要教导孩子最好不要钻牛角尖，不要总是想一些负面的东西，而是用一些美好的、积极的东西来转移注意力。但如果只把问题推到一边的话，问题最后很少能够得到解决。所以，用讲笑话或吃冰激凌的方式来逃避问题是没有意义的。而且作为听者，父母做出这种行为是对孩子的不尊重。如果你的反应只是一笑了之，那么你就无视了孩子想要认真倾诉自己感受的需求，他可能会感到受伤，感到自己遭到了拒绝。更有针对性的做法是，家长和孩子一起审视问题。

孩子： 有这样一个比我大的姐姐可真糟糕，如果她不在就好了。

积极倾听的父母： 你对西奥多拉很恼火吗？

孩子： 你不在的时候，她总是对我指手画脚。早上我得"走快点，再快点"。放学后，我想和朋友聊天，她就对我发牢骚，因为她得等我，可我也没少等她啊。

积极倾听的父母： 你不希望被她牵着鼻子走，而是按照自己的节奏做事。

孩子： 她表现得好像是我妈妈一样。我自己可以安排好自己的时间，根本就不需要她来指手画脚。

积极倾听的父母： 你可以保证早上准时到学校吗？

孩子： 当然！我可以在手机里调好闹钟。然后约乔西一起上学。

积极倾听的父母： 你想在早上自己出发去学校吗？

孩子： 是的！下午也自己回家。

孩子极度绝望时，也会引起父母的极度恐惧，这样就会促使父母去干预、转变孩子的感情。但我们可以相信，孩子的这种感情只是暂时的，而不是永久的。在孩子身上，爱转变成恨，就和恨转变成爱一样快。今天还心灰意冷的孩子，明天又可以重新开始充满希望的一天。因此，父母不需要过多担忧孩子的感受，无论这种感受有多么强烈，孩子们都不会一直沉浸在这些感受中，这只是短时间内的情绪激动。由于我们这一代人，没有被我们的父母和祖父母"允许"这样做，因此我们自己也不会处理这些强烈的感受。我们中大多数人的反应都是逃避它们、忽略它们，自嘲或自责。这些都是我们曾经学到的自我保护策略。强烈的感觉，特别是一些负面的感觉，常常让我们感到害怕。因此，如果要我们与孩子一起承受这些更是难上加难。如果我们能够做到这一点，新一代人就会成长起来，他们不必费力地"掌控"自己的情绪，而是能够将其视为与生俱来的，将其作为他们在某种情况下，或与某些人在一起时是否感到舒适的信号。

例子中的孩子想要自由和责任。他不希望依赖姐姐，不希望和姐姐一起步行上下学。因为姐姐会将照顾幼子的负担转化为坏脾气。因此，这种被迫一起上下学的情况，给家中的兄弟姐妹关系带来了压力。通过积极的倾听，父母能够弄清楚这一点，并放手让年幼的孩子自己对自己负责。

我们在这里列举的案例，几乎涵盖了新生儿引发的儿童情感危机中可能会出现的所有情况，我们提出的ASA策略可以顺利解决这些问题。如果父母设法通过关注孩子、与孩子玩耍和倾听孩子的心声，来抓住孩子的心，这一危机应该在一年内就可以结束。如果各位读者朋友正处于危机中，或许会被长达十二个月的时长吓倒，但我们可以向你保证，儿童情感危机中的紧张状况会在使用ASA策略后很快消失。此时父母就可以稍稍放松下来，多多关注一下自己。

Chapter 3
建立手足之情

01
如何对待新生儿

到目前为止，本书讲的主要内容都是关于长子的。那么新生儿呢？我们建议，尽可能把新生儿交给父亲来带。婴儿通常不会关心他们究竟躺在谁的胳膊上、谁的襁褓中，卧在谁的胸口上睡着。他们所需要的是一个可靠的、敏锐的、对自己需求能及时做出反应的依恋对象，而这个人的性别或家庭身份并不重要。我们知道，大多数育儿书中的说法都是：新生儿归母亲，长子归父亲。但我们认为，除非父亲一直是大孩子的第一依恋对象，否则这种组合就是不利的。我们这一建议的好处显而易见：一位地球的新公民很快就获得了两个同等地位的依恋对象。而与此同时，长子也不会由于新生儿的出现，而感到失去了母亲的宠爱。在多数情况下，母亲都是最先具有依恋优势的人，母亲怀胎十月，婴儿能够了解她的声音和她心跳的节奏，再加上母乳喂养，就算是新生儿归父亲，母亲和宝宝也不会被剥夺任何亲近的机会。在新生儿吃母乳的时候，父亲可以和大孩子一起玩，这种情感联结也会进一步加强。

02
情感联结是如何形成的

依恋是一种情感纽带,以一种特殊的方式将两个人联系在一起。依恋理论的创始人约翰·鲍比(John Bowlby)认为,世界上所有初生的婴儿都有寻求依恋对象的遗传倾向。因为只有当婴儿成功说服一个人来照顾他时,他才能生存。托马斯和安妮卡向我们讲述了他们与孩子在一起的最初几天。

> 我们是五个孩子的父母。几天前,最小的孩子苏珊娜出生了。昨天我们才刚从医院回家。回到家后,小家伙几乎没有一分钟是清静的。她的哥哥姐姐们一直想摸摸她、抱抱她。殊不知这样却引起了家中的混乱!莱奥妮(6岁)轻轻抚摸着苏珊娜,拉着她的小手。到目前为止,情况还算温馨。但后来她睡着了,开始做起了环游世界的梦,她

的手也在不知不觉中越捏越紧。茱莉亚（6岁）想摸摸小婴儿的脚和肚子，开始仔细检查她的全身上下。当然了，她本不应该碰的，因为这样有可能导致细菌感染。罗尼亚（4岁）也尝试着拉拉小婴儿的耳朵，想要抓住她的舌头，还扒了扒她的脑袋。我知道他们并没有恶意，但这样的行为给作为父母的我们带来了很大压力。费力克斯（2岁）拿起苏珊娜的手，按住她的眼睛或鼻子，试图"偷走"她的鼻子。他们都凑上前来想给小婴儿甜蜜一吻，同一时间几个人都嘟起了小嘴亲向同一个地方……也就是这时，矛盾爆发了。几个人互相推搡，每个人都指责对方伤害了苏珊娜，并不分青红皂白地拉着小婴儿的四肢，以此来让她远离其他兄弟姐妹的"保护"。他们试图把对方的手推开，或抓或打，完全没有注意到中间的苏珊娜。特别是费力克斯一脸认真地试图用"哔哔！哔哔！"来抵御来自大姐姐们的攻击，以便自己能趁机摸一摸小婴儿。最后场面终于失控，每个人都哭闹了起来。

原始时代，祖先的孩子们就已经表现出了依恋行为，如哭泣、依偎和相互追逐，只有这样做，他们才能在部落前进时不被遗弃。对我们的孩子来说，无论是过去还是现在，发出依恋信号都是一种重要的生存策略。由于人类婴儿在出生时生理上极不成熟，他们不能像小马等动物那样跟着母亲跑，[1]因此，当一个人出现在他们的视野中时，他们会微笑、踢腿，保持目光接触，伸展或挥舞手臂，发出可爱的吱吱声或咕咕声，想要以此打动对方，让对方在情感上接受他们，从而帮助他们生存。

婴儿选择的依恋对象不一定与自己有亲缘关系，他只是选择最可靠、能最敏锐地照顾到他基本需要的人而已。在这种情况下，敏锐意味着能够正确解码婴儿发出的信号，并及时做出反应。这些信号有的代表饥饿，有的代表疲惫，有的代表疼痛，有的代表尿布该换了，还有一些表达了渴望身体接触、需要温暖和保护。新生儿的父母和兄弟姐妹最开始必须要经过摸索，才能明白婴儿哭声的含义。虽然"育儿团队"还没有准备就绪，但这其实并不重要。因为在父母和新生儿或长子和新生儿之间的相互碰撞中，双方都会逐渐学会准确解码彼此的信号。通常情况下，兄弟姐妹往往可以更好地同新生儿建立情感联系，也能够更快地理解新生儿的需求。仅需几个星期，大多数的依恋对象就能判断出婴儿是累了还是饿了，是无聊还是沮丧，也知道小婴儿是想抬起头来看看，但现在还做不到。这种解码工作做得越好，父母与新生儿或兄弟姐妹与新生儿之间的联系就越牢固。[2]皮娅在博客中就讲述了她的两个儿子在父母"刻薄"时互相关照。

Chapter3　建立手足之情

　　尤斯图斯（2岁）对睡前故事在某一时刻结束感到不满。当我想和他一起晚祷时，他就开始发牢骚。所以我就告诉他，如果他今天还想和上帝对话的话，就应该单独祷告。他的下唇向前努了努，仿佛是在告诉我，他并不打算这样做。我得到了一个吻和一句"晚安"，然后就离开了他的房间。我把游戏室整理了一番，又折回孩子们的卧室。平常，我都会在这里，听这些叽叽喳喳的小家伙说一会儿话，他们会互相讲述当天的新鲜事，还会一起唱歌。可今天却不太一样。今天我听到尤斯图斯要求他的哥哥杰伦（3岁）和他一起祷告。于是，大哥哥杰伦说了我经常说的祷告词，小家伙尤斯图斯磕磕巴巴地列举了他今天要感谢的事情：麦变（麦片）、面刀（面包）、大素（大树）、玩球……然后他们两个人一起说出了最后一句话："让我们今晚睡个好觉，希望明天又是美好的一天！阿门！""尤斯图斯，我爱你。""哦也爱李（我也爱你），杰伦。""睡个好觉！""对个好掉（睡个好觉）！"听完这一番话，我蹑手蹑脚地走下楼梯，眼眶不禁湿润了。我的心肝宝贝，可爱的小人儿，真是一对可爱的兄弟。

03
兄弟姐妹是依恋金字塔的一部分

依恋行为主要发生在孩子1岁这年，在此之后也不会突然停止，而是会在接下来的几年里，陆续发展出其他的依恋对象。首先，孩子会有一个最主要的依恋对象。这个最主要的依恋对象在大多数情况下都是孩子的母亲，这也是一种刻板的印象。其实，父亲甚至哥哥姐姐成为头号依恋对象的情况并不少见。处于依恋金字塔顶端的人可以让孩子以最快的速度平静下来，在经历恐惧或痛苦时，孩子会更倾向于求助自己的主要依恋对象。而其他依恋关系则从属于这个最主要的依恋对象。如果主要依恋对象不在，孩子可以通过第二、第三或第四位的依恋人物得到有效的安抚，但往往需要更长的时间。[3]然而，这并不意味着头号依恋对象应该迅速将哭泣的孩子从他们身边带走。正相反，重要的是要让其他依恋对象能够有机会找到适合孩子的安抚策略，并以此加强与孩子的联系。在照顾婴儿时，让头号依恋对象以外的人参与进来会更有益处，因为这能让婴儿与其他人也建立起强有力的联系，并从中受益。雅斯敏在她的Instagram上讲述了她两个女儿的一些小故事。

> 由于要接种疫苗，克莱尔今天没怎么笑。尽管在哭泣，她还是勇敢地准备注射疫苗。我可以看出来，她特别想从桌子上跳下来。我老公将她紧紧地抱在怀里，而我的怀里抱着瓦莱丽。现在轮到瓦莱丽了，医生走上前来准备注射。就在这时，已经注射好的克莱尔从爸爸的手臂上跳了下来，走到妹妹身边，紧紧地握住她的手。"我在这里！"克莱尔对瓦莱丽说道。这一刻，她忘记了自己的眼泪，满心满眼都是她的妹妹。妹妹被针戳了一下，哭喊得很厉害。"嘘……你能做到的！"克莱尔安慰她说。我的天哪，这一幕真是太感人了！

接下来这一节的内容是关于兄弟姐妹之间的依恋。关于父母和孩子之间依恋的研究结果，也可以套用到兄弟姐妹之间的依恋上。因此，兄弟姐妹也不一定要具备极其敏锐的洞察力，他们也可以犯错！在解读兄弟姐妹的需求时，也有可能产生误解。只要带着善意接近新生儿，并在对待他或她时，做到与年龄相当的"最好",他们也可以偶尔自私一下,把自己的幸福放在首位。一段好的依恋关系并不需要多么完美的父母,或是多么完美的兄弟姐妹。正如精神分析学家唐纳德·温尼科特(Donald Winnicott)所言,足够好就够了。[4]

04
兄弟姐妹之间的情感联结

父母有时会忘记,兄弟姐妹之间的依恋关系也要先建立起来。这种依恋关系与成人和婴儿之间的依恋关系类似。当然,学龄前的兄弟姐妹们对新生儿的敏感度不如我们成年人。他们还不了解状况,通常不能修正自己的观点,对自己冲动的控制力也不足。这一点,我们已经在第一本书中进行了详细讨论。当我们要求一个两岁的孩子安静下来,以便让新生儿安睡时,他会感到不知所措。由于他大脑中的神经元连接还未完全发育成熟,这种"克制"对他来说还不能很好地完成。因此,在本章第二节的案例中,苏珊娜的兄弟姐妹会相对"粗暴地"对待她也就不足为奇了。很明显,他们的这种行为完全是出于关爱。他们想要了解最小的妹妹,因此,他们出于本能地使用了自己已经掌握的方法:拥抱、触摸、观看、交谈。托马斯和安妮卡夫妇的行为堪称典范,一方面可以让孩子们增进相互的了解(尤其是身体上的了解),另一方面又保护了新生儿免受过多攻击。这正是为兄弟姐妹之间的感情和爱打下良好基础的方式。让我们看看都有哪些可以通过儿童来实现的促进依恋的因素。

敏感的兄弟姐妹

学龄前的兄弟姐妹可能会比较敏感,但他们很少会为了满足婴儿的需求而把自己的需求暂时放在一边。父母应始终牢记:为他人放下自己的需求是一个复杂的过程,需要经过多年的学习。但父母还是可以通过让兄弟姐妹了解婴儿的信号和需求来提高他们的敏感性。作家朱迪·邓恩(Judy Dunn)和卡罗尔·肯德里克(Carol Kendrick)通过研究发现,如果父母向孩子们解释小婴儿为什么哭、可能有什么感觉、是否饿了,稍大一点的孩子就会欣然接受家中新成员的来临。在婴儿14个月后的跟踪研究中,恰恰是这些对婴儿的需求有敏感认识并有参与感的孩子,对待比他们小的弟弟妹妹的行为方式,明显比对照组的孩子更友好、更亲切。反过来,长大后的这些弟弟妹妹,也会对这些比他们大、敏感察觉他们感受的哥哥姐姐特别友好。[5]

眼神接触和婴语

孩子们也会主动与他们的小弟弟、小妹妹进行眼神交流。他们之间的交谈有时安静,有时大声。有的孩子会尝试用婴儿语

("Atta Atta")和他们的"小伙伴"说话,他们还没有意识到小婴儿并不能理解。小婴儿其实并不关心我们用什么词来称呼他们,他们还不懂,但会对面部表情、手势、语音和语调有反应。即使是孩子们一些无意义的话语,也可以成为双方情感联系的有效组成部分。一些成对的双胞胎,甚至会创造出专属于他们二人的双胞胎语言。大一点的孩子往往能出人意料地破译他们弟弟或是妹妹的第一声呼喊,有时甚至比他们的父母更清楚小婴儿的心思。

学习理解身体信号

学龄前儿童无法做到解码婴儿的身体信号,他们需要来自成年人的指导:"看!你的妹妹正往旁边看呢。这意味着她需要休息了,我们现在就不要抱着她了。"

温暖的拥抱是兄弟姐妹之间进行情感联结的最好方式,这就是为什么家长一定要支持孩子们进行所期望的身体接触。让孩子们与小宝宝拥抱在一起吧!"婴儿图式"[1],如温暖、柔软、胖乎乎的身体和散发的体味,也会对孩子们产生影响,他们会在拥抱中

---

[1] "婴儿图式",即婴儿身上一些比较典型的特征,比如圆脸、大眼睛、小鼻子、高耸的额头等。这个概念最早是在1943年,由奥地利动物行为学家康拉德·洛伦茨(Konrad Lorenz)概括并提出。洛伦兹认为,"婴儿图式"可以触发人们的积极情感,产生照顾婴儿的冲动。——编注

爱上自己的弟弟或妹妹。以下是葆拉的经历：

> 曾经有一段时间，我们的孩子必须分开洗澡。这意味着小孩子（4岁）要比大孩子（6岁）提早半小时上床。可她只想躺在大哥哥的身边入睡。因此，我们就在家中布置了一个"兄弟姐妹床"。孩子们共同躺在同一张床上入睡，没有一个孩子会在半夜醒来，也没有一个孩子会来找我们。有时他们还会手牵着手睡着，看起来是如此甜蜜！

然而，通常情况下，身体接触在父母看来似乎过于粗鲁，他们想要加以干预以保护婴儿。我们可以理解这种反对意见！我们可能都有过这样的经历，当有人粗鲁地触摸婴儿时，会激发我们强烈的保护本能。当然，对我们来说，尊重婴儿用非语言方式表达的"停止"非常重要。这就是为什么在拥抱孩子时，父母也需要遵守许多注意事项。从上文苏珊娜和其兄弟姐妹的例子中，可以清楚地发现，兄弟姐妹即使是出于善意的做法，也很容易失了分寸。对新生儿来说，身体接触存在太多的感官刺激，也潜藏着太多危险。比如孩子们把小手放在婴儿的眼睛上，就是比较危险的情况。但尽管如此，做父母的还是要放手一搏。父母要允许兄弟姐妹之间进行身体接触，同时也要保证大孩子对婴儿的信号具有一定的敏感度。如果大孩子因情绪激动而伤害了婴儿，请不要责怪他。请记住：孩子的本意是好的，他们只是想以其有限的神经、身体运动技能，用自己所能做到的方式来和婴儿进行肢体接触，并建立情感联系。如果因此而责骂孩子，结果将会适得其反。当然，我们此处所列举的行为，不包括故意掐人等行为。我们真正想要告诉各位读者朋友的是：如果大孩子在无意间用略显笨拙或鲁莽的方式对待小宝，那么请你安抚和保护好你的小宝，同时还要把大孩子抱在怀里。

通常会有这么一个阶段：当小宝能够独立坐下时，大一点的孩子很喜欢"抱"着小宝到处走，但在大人看起来，通常是大孩子用胳膊夹着宝宝，拖着他在房间里费力地走来走去，步履蹒跚。尽管看起来极具侵略性，但大多数情况下，这是一种积极的互动形式。如果你的小宝不想被人"抱"着走，那么他肯定会让你知道，这时你就可以进行干预，并向大孩子解释，小宝现在不想被人"抱"着走。

一起玩耍

一起玩耍也是兄弟姐妹间建立情感联系的主要方法之一。现在一般认为，年龄较小的孩子不会"真正"地一起玩耍，更多的时候他们只是各玩各的。有多个孩子的父母可能会对这些说法嗤之以鼻，孩子们怎么可能会不在一起玩耍呢？也许不是以成年人定义的玩耍方式，但孩子们一起玩耍的意义却是如此之大。

> 有一次，我有幸目睹了一个4岁的孩子和她大约6个月大的妹妹之间的游戏过程。她妹妹和我们这些成年人在一起待在客厅，小宝宝躺在爬行毯上，我们坐在沙发上聊天。大孩子不停地从走廊跑出来，疯狂地跑进我们的房间，把爬行毯转过来后，又立马跑出去。我吓得都不敢看，因为我怕她会踩到妹妹或是摔倒，但我还是克制住了。当大孩子跑来跑去的时候，地上的妹妹开心得不得了，她大声地笑着，高兴地尖叫着。妹妹的视线紧紧地跟随着姐姐。当姐姐一溜烟地消失在门后，妹妹就睁大眼睛看着她消失的门后。当姐姐再次出现的时候，妹妹就又笑了起来。她不停地挥舞着手臂，疯狂地踢着腿，而这些举动又再次刺激了大孩子，大孩子又会再一次更疯狂、更有趣地闯进门内。尽管她们两个没有身体上的接触，没有互相交谈，也没有交换玩具，但她们确实是在一起玩耍！这种情况持续了大约10分钟，直到大孩子终于玩累了，回到自己的儿童房间才结束。

父母绝对应该放任孩子们去享受这样的自然时刻。正如所见，她们二人的互动反应加强了两人间积极的情感联系。宝宝被逗乐了，因为大孩子在为她胡闹。而大孩子认为，宝宝觉得她所做的事情特别有趣，这很好。通常情况下，我们不需要教导孩子们要一起玩，因为这对他们来说是自然而然的，而我们这些成年人只会打扰这一过程。我们能做的就是为他们的游戏创造时间和空间，并了解游戏的情况。即使游戏会扰乱我们一天的日程，也不要插手缩短游戏时长。

无条件地接受

在无条件接受方面，兄弟姐妹走在了父母的前面。孩子们往往对朋友和兄弟姐妹的特质表现得非常淡定。只有当成年人给这些特质加上负面的含义时，情况才会发生变化。在那之前，大自然早已安排好了一切，孩子们只是按照他们的样子去爱他们罢了。比如弟弟在幼儿园待了一天后，要发脾气，他们不会多想这究竟是为什么，因为弟弟一直都是这样做的。一直发生的这一切，都被大脑的镜像神经元视为"正常"。只有社会（教育者、家长）的反应，才会将这种特质变成人们应该感到恼怒、叹息、生气或翻白眼的闹剧。小一些的孩子注意到这一点，他们感觉到，他们被允许向兄弟姐妹展示全面的自己，而且也会被全盘接受。

上面例子中苏珊娜的父母安妮卡和托马斯，努力想让第五个孩子苏珊娜被其兄弟姐妹们积极地接受，并融入家庭中。他们让每个大孩子都能轮流拥抱苏珊娜，还允许他们和苏珊娜一起玩，同时又能保证让这个最小的家庭成员得到休息。如今，苏珊娜已经快两岁了。她喜欢被大姐姐莱奥妮和茱莉亚拖着走，或是和罗尼亚在花园里玩。和她关系最亲密的要数费力克斯，她出生时费力克斯只有两岁。他们两个人可谓心有灵犀。下面，我们将要谈一谈父母们无法施加影响的一点，即兼容性。费力克斯和苏珊娜就十分"兼容"。

父母无法影响什么？兼容性

特别是在那些多孩家庭，很容易就可以看到，有些兄弟姐妹从一开始就相处融洽，而有些则不是。兄弟姐妹的自然兼容性是父母无法影响的。因此，如果孩子们之间根本不适合，父母不应该为此感到苦恼，因为这是一个先天因素的问题，比如气质和个性。如果这些因素之间不能相互补充，那双方想要拥抱或是玩耍，就更难了。但这并不意味着不相容的兄弟姐妹永远都在争吵。或许他们彼此之间的联系根本没有那么牢固，或许成年后他们会分道扬镳，但在此之前，他们至少可以建立友好的中立关系，而这一点可以得到成年人的支持。

05
重组家庭如何共同成长

2007年，加利福尼亚大学的研究人员想弄清楚兄弟姐妹是否可以仅凭本能，就判断出彼此的血缘关系。研究结果发现，血缘关系并不是人类的首要关注点。这个结果令人吃惊，不过对重组家庭来说算是个好消息。因为研究人员发现，一个人如果亲眼看到自己的父母如何日复一日地照顾另一个人，就会自动假设这个人是自己的兄弟姐妹。因此，人类的本性似乎并不太关注彼此是否有共同的基因，而是关注彼此是否共同成长。[6]直到今天，还没有证据表明，人们能够仅凭本能识别彼此具有血缘关系。唯一可以证明的是，当人们认为对方是自己家庭的一员时，他们的行为是无私的，有时甚至是牺牲性的。[7]这意味着我们对兄弟姐妹的看法主要是由文化形成的。血缘关系只是使子女成为兄弟姐妹的一个因素，甚至不是最重要的因素。但是，父母要如何把孩子们变成互相接纳的兄弟姐妹，甚至是相爱的兄弟姐妹呢？

在米歇尔的重组家庭中，事情就并不那么顺利。

我们的儿子芬恩20个月了,他还有一个同父异母的姐姐菲奥娜和一个同父异母哥哥费力克斯,一个11岁,另一个快13岁了。这个13岁的孩子也有一些问题:他的脾气相当暴躁,喜欢把父亲据为己有。他经常问父亲,谁对父亲而言更重要,并希望得到的答案是他。费力克斯对我总是很刻薄。他对我做的食物喋喋不休,声称他在他妈妈那里吃的要好得多,并试图让爸爸给他买新家具等。尽管我知道这是怎么回事,但我对这种事的反应还是相当敏感。他是一个活在对比中的人。我认为这与他的亲生母亲在他3岁时离开一段时间有很大关系。他的亲生母亲那时被母亲的角色压得喘不过气来,因此选择了离开。所以我很理解他的境况,实际上对他也感到非常同情。

但是他对我快2岁的儿子芬恩的所作所为,让我失去了所有的同情心。他经常对芬恩说:"你真笨!""哦,兄弟,你真的什么都不会啊!""看!他一个字都听不懂!""别这么笨好吗,你这个榆木脑袋!"等等。我认为这完全是错误的行为!我不知道我有如此强烈的感受,是否是因为其中一个是我自己的孩子,而另一个不是。总之,我非常担

> 心，如果我的小儿子一直被说蠢，他就会因此变得一蹶不振，产生自卑感。而我的丈夫则认为我在夸大其词，他觉得这只是大孩子的玩笑话，更像是兄弟之间亲昵的戏谑。嗯……我不知道兄弟之间通常是什么样的情况，但我真的不认为这样的行为是恰当的。

市面上有许多关于重组家庭如何能够和睦相处的好书，例如杰斯珀·尤尔（Jesper Juul）在2010年出版的《重组家庭的机会与挑战》。书中主要关注如何在继父母和孩子之间建立良好的关系。因此，这一点在我们的书中不会做过多赘述。我们更感兴趣的内容是，重组家庭的兄弟姐妹如何能够更好地适应彼此。

重组家庭的兄弟姐妹如何走到一起

◆ 不要以继母的身份对待孩子

正如我们在上文中所述，人类儿童把那些在童年时期频繁受到父母照顾的人视为兄弟姐妹。就这点而言，与继父母建立联系并获得照顾，是与重组家庭的兄弟姐妹建立联系的重要基础。过去，当人们主要出于经济而非浪漫的原因选择结（再）婚时，继子或继女很少有开心的。他们通常会被新妈妈责骂，像童话故事

《灰姑娘》中的辛德瑞拉那样，接管困难的家务，甚至像童话故事《汉赛尔与格莱特》中那样被"遗弃"。万幸的是，重组家庭的孩子们如今的状况没有过去那么糟糕了。

当父母双方都把自己的孩子带入新的家庭时，可能很难会让"陌生"孩子感到自己得到了另一份爱。一般情况是，人们总是自觉或不自觉地对自己的亲生子女更好一点。也许是因为我们想弥补旧家庭的破裂，也许是因为我们不想让"自己"的孩子嫉妒新的孩子，也可能是因为多年来堆砌起来的爱比对新孩子的爱更强烈。重要的是，我们作为成年人，要有足够的反思能力，要认识到这一点，并且如果有可能，还要尽量改变。任何一个孩子都不应该认为自己比别人差。当然，这也并不意味着所有的孩子都能得到应有的绝对平等的对待。儿童是具有不同需求和不同条件的个体，如果能准确地预测并给予他们所需要的东西，对他们来说就再好不过了。因此，这不是在早餐桌上到底要不要给孩子们的碗里放同样多的玉米片的问题，也不是确保究竟哪个孩子先喝牛奶的问题。重组家庭的父母应该注意的不是平等本身，而要看到并回应每个孩子的个人需求。而在这一点上，不应该区别对待！

上面的例子中，费力克斯的需求显而易见，而米歇尔自己也发现了问题所在。这个男孩在蹒跚学步的时候，由于家庭关系破裂而缺乏安全感，可能至今仍然带着这种感觉。这就是为什么他经常会问他的父亲最喜欢谁，以及为什么他试图通过口头上贬低最小的芬恩，来使自己看起来"更好"。米歇尔可以认识到这一点，但在她心中已不再怀有对费力克斯的爱意，因为她被他对待芬恩的方式伤害到了。她问自己，如果费力克斯也是她的亲生孩子，事情是否会有不同。我们不能责怪米歇尔在这种情况下，不能以爱的方式接近她的继子，但不幸的是，她激化了兄弟姐妹之间的问题。尽管费力克斯已经13岁了，但他依然需要被接受的安全感。他将自己的不安感发泄在弟弟身上，这种行为并不可取。但他还只是个孩子，他在那一刻的表现可能就是对他来说最好的行为。缺乏关爱、不良行为、失望和惩罚的恶性循环，以及由此导致的更加缺爱，始终要靠成年人来打破，也许像爱护亲生子女一样爱护继子继女仅仅只是空想，但孩子们应该始终能够感受到重组家庭的父母对他们的善意、支持和积极的态度。

◆ 给予时间并允许自愿

正如继父母和孩子之间的关系一样，兄弟姐妹之间也需要时间、安宁和自愿，这样才能够拉近彼此的距离。在本书的开头，我们写道，婴儿出生后，家庭结构需要大约一年的时间来进行调整。以此类推，在重组家庭中，若想把两边的兄弟姐妹撮合到一起，也至少应该留出同样多的时间。有些文献中甚至将这一时间预测为两到五年。兄弟姐妹之间若要相互适应，最好是要彼此建立起一种联系。[8]根据经验，孩子越小，对新的依恋伙伴的包容性就越强，也就是说，他们接受新的兄弟姐妹的速度就越快。但如果孩子处于过渡期或已经进入青春期,他们接受新的伙伴和新的兄弟姐妹就有些困难,费力克斯的情况就是如此。[9]其实最终这一切还是取决于每个家庭结构的类型。重组家庭的一个特点就是:在新的家庭结构中找到自己的位置,既是特殊的困难,同时也是个机会。在这类家庭中,孩子可能突然有了年长的兄弟姐妹。在核心家庭中,老大总是老大,老二也总是老二。即使在收养家庭中,通常也会有意确保新收养的孩子年纪小于家里的孩子。因此,当家庭中出现新生儿时,只有最后出生的孩子的地位才会改变。在一个重组的家庭中,情况不一定如此。在重组家庭中可能发生的情况是,母亲带来的女儿可能会突然拥有一个同父异母弟弟。一方面,这种地位的变化可能会导致孩子们之间爆发强烈的等级斗争。这种斗争往往会在性别相同、年龄相仿孩子中间爆发,这也解释了为什么重组家庭需要长达五年的时间,才能彻底安定下来。另一方面,兄弟姐妹顺序的改变,也为孩子摆脱核心家庭中根深蒂固的角色提供了机会。当"懂事的大孩子"不再是孩子中的老大时,他也许就可以尝试一下卸下责任的感觉。"性格安静的排行中间的孩子"也许会有一个同龄的兄弟姐妹在他身边,一起玩耍。童年时期的这些角色变化是十分有利的,这就是为什么在今天的幼儿园中,会特别注意确保群体年龄上的差异化。随着时间的推移,每个孩子最开始都属于最小的,后来又属于中间的,最后属于较大的。他们可以先接受大孩子的照顾,然后再去照顾小孩子。

尽管孩子们通常以好奇和开放的态度欢迎新的兄弟姐妹，但要让友谊和爱在他们之间生根发芽，则要求孩子有高度的自愿性。强迫的团聚和强迫的友好根本没有结果，它们只会使情况变得尴尬。在共同生活一段时间后，感情会自己发展，所以父母不需要在这个方面施加压力。

◆ **让孩子们玩耍和争吵**

"人类幼崽"总是时刻准备进入一段新的关系。对他们来说，最好的方法就是自由游戏。"一起玩"不仅仅是指一起在地毯上堆积木、玩汽车，或是在外面玩捉迷藏。众所周知，新媒体对儿童产生了巨大的吸引力。殊不知新媒体也可以被孩子们用来玩共同游戏，所以孩子们可以在"一起玩"的时候，慷慨地将时间分配给新媒体。孩子们在《我的世界》中相遇，在虚拟汽车比赛中相互竞争，或与《超级马里奥》一起探索世界，这些都可以让他们紧密地联结在一起，创造亲密体验。

除了一起玩耍的时间和空间外，兄弟姐妹也需要有争吵和摩擦的自由。争吵和摩擦也是了解对方的过程的一部分。5到10岁的时候，争吵甚至是社会习得所必需的，因此争吵是很正常的现象。日常生活中产生摩擦的原因，不仅可能出于重组家庭情况，也可能出于一定年龄阶段的一般学习过程。矛盾不会立即显露出来。最开始的时候，一切都很新鲜、令人兴奋，每个人都试图对新的家庭成员尽可能地给予友好和包容。但这种社会调整实际上是非常累人的，也不可能永远保持下去。因此在某些时候，可能就会出错。正如所说的那样，这也是了解对方的过程的一部分。

父母的工作就是要知道何时干预、何时放手。父母必须对兄弟姐妹欺凌的迹象保持警惕，这一点是绝对不可容忍的。米歇尔希望她的丈夫和她一起训诫费力克斯，她的做法是正确的。应该一遍又一遍地告诉费力克斯，家庭中不允许有贬义的绰号。与此同时，成年人也必须要满足这种行为背后未被满足的需求——费力克斯需要大量的关注和爱。他需要得到父母的保证，保证在家里还有一个男孩子的情况下，他仍然占有稳固的位置。特别是在他童年经历了剧烈的关系破裂后，他需要得到保证，保证他在新家庭中受到欢迎。

家庭新成员

当重组家庭成员走到一起时，母亲可能会把她以前的孩子带在身边，父亲也是如此。因此，继兄弟姐妹们通常同时拥有两个父亲和两个母亲。有关重组家庭的权威文献给出的一致建议是：亲生父母应该负责孩子的养育，而重组家庭的父母应该承担起朋友般的父母角色。这是因为孩子们在重组家庭之外，还有自己的父母，父母（希望）无条件地爱着他们，并在与他们相处的时候关心和养育他们。因此，继兄弟姐妹们通常发现，他们处于相同的起点上，即同时拥有亲生父母和继父母。这使得他们能够以轻松的方式来处理彼此之间的关系,而没有过多的嫉妒之情,同时这也是和谐地共同成长的最佳先决条件。但当重组家庭的夫妇决定再要一个孩子时,情况就有些不同了。这样的话,这个孩子就可以和亲生父母双方生活在一起,仍然拥有完整的家庭,而且不必在周末离开家庭与亲生父母的另一方一起生活。所以在某种程度上,这个新生儿拥有的正是他的兄弟姐妹们在原生家庭中失去的东西。即使他的兄弟姐妹喜欢他,也有可能会由于这种不公平的差异而产生嫉妒。[10]孩子们可能会觉得新生儿的到来,是对这个核心家庭幸福的侵犯。重组家庭家长应该牢记这一点:不要用惩罚来应对孩子们的这种行为,而是要像"一场多面的危机"一节中所叙述的那样,给予他们更多的关注。如果重组家庭在正要走到一起的紧张阶段又面临着新生儿的出生,那么产生的混乱可能会让每个人都无法承受。因此,重组家庭的父母至少要等两年,才可以让新生儿为你们的爱情加冕。只有这样,所有已经出生的大孩子才能找到他们在家庭中的角色和定位。

我们在上一章中讲过,兄弟姐妹之间的感情和依恋既不是理所当然的,也不是纯粹的打赌游戏。正如我们所说,父母可以做一些事情,为孩子们在幼儿期建立良好的关系铺平道路。

在下一章,我们将继续探讨在孩子们成长的过程中,父母可以做些什么,来保持兄弟姐妹关系的轻松,让兄弟姐妹之间友爱。

Chapter 4
维护手足之情

01 无条件的爱

如果家长想要了解怎样才能让兄弟姐妹之间的感情和爱向着最好的方向发展，可以向年龄稍大一点或已经成年的孩子们咨询，了解他们与自己的兄弟姐妹之间，拥有哪些积极或是消极的经历，对他们进行观察也是一个有用的方法。这就是瓦妮莎在她的推特中向我们介绍的方式：

> 3岁的孩子想让他的哥哥和他一起睡双层床。这个将近两米的少年，勇敢地蜷缩进了小小的儿童床。

如果你让一个成年人回忆一下自己童年时兄弟姐妹关系的消极方面，他们往往会回答，他们"总是"因为要照顾年龄比他们小的弟弟妹妹，或者总是被年龄比他们大的哥哥姐姐指手画脚而感到恼火。他们的兄弟姐妹似乎更受父母的喜爱，因此总是被优先考虑。即使到了老年，许多人还对这种不公平的待遇记忆犹新。然而，还是存在一些方法，可以帮助家长在孩子童年时期就为兄弟姐妹间的和谐关系打下良好的基础。

其中一个重要但极具挑战性的方法就是，无条件地爱所有孩子。埃尔菲·科恩（Alfie Kohn）是以关系和需求为导向的育儿方法的创始人之一。他认为，家长对孩子无条件的爱不是因为他们做了什么，而是因为他们是谁。这种爱与孩子做了什么毫无关联。孩子不必以某种方式去获得父母的爱，不必费尽心思去赢得父母的爱，而且即使他们行为不当，也不会失去这种爱。[1]"我更喜欢你，当你……"，像这种就不是无条件的爱。孩子现在的样子就很好。我们对他们的发展充满信心，并认为他们每一个行为背后都有一个很好的理由。但这并不意味着，我们可以为他们所有的行为开脱，或让他们随心所欲地与他人打交道。无条件的爱肯定也带有一定限制，像是个人和社会的限制。这有时会让人很痛苦、很矛盾。无条件的爱并不意味着没有冲突，只是这种爱是没有被操纵的爱而已。无条件的爱不会要求孩子改变自己或是改善自己。这也是其广受欢迎的原因之一。一味执着于过去（"他小时候总是咬人……"）和迫切地想知道未来（"如果他继续这样，会变成什么样子"），会阻碍孩子们获得无条件的爱。

当论及无条件地爱所有孩子时，家长也必须解决这样一个现实问题，即一碗水端不平的情况。不可否认，大部分父母都试图将爱平等地分给每一个孩子，但无论如何，总是会有父母最喜欢的一个孩子。造成这种情况的原因五花八门，且因人而异。杰斯珀·尤尔在他的《维持爱意》一书中写道："有时父母和孩子之间存在着一种直觉上的联系。"[2]在"争端中很难做到公平"一章中，科内利亚将会通过亲身经历告诉我们，她更喜欢儿子而不是女儿，以及她的这一想法对这两个孩子造成的影响。父母一旦意识到自己存在这种偏爱时，必须采取一定的应对措施。多伦多大学的珍妮弗·詹金斯（Jennifer Jenkins）在2013年对加拿大近400个有2~4个孩子的家庭进行研究得出结果：当父母偏爱一个孩子而冷落另一个孩子时，对家中所有孩子的心理健康和发展都会产生负面影响。而在此之前，科学家一直认为，只有被冷落的孩子才会出现心理障碍。[3]这种情况对更受宠爱的孩子来说，不会造成负面的影响。但如果他们爱自己的兄弟姐妹，就会长期饱受忠诚冲突所带来的煎熬。他们往往会在一段时间内，尝试用自己的方式来弥补父母的这种不公正。例如，他们会表现出反抗的行为，想以此受到父母的训斥，甚至是打骂，从而将父母的注意力从兄弟姐妹身上转移开来。[4]总体上宽松仁慈、积极向上的家庭氛围，会促进兄弟姐妹关系的积极发展。因为在这样的家庭氛围中，每个孩子都被视为一个独立的存在，都能得到鼓励和爱。

02
避免权力等级

我们在回忆童年时，会发现一个人的出生时间往往已经具有权力等级的特点。而在家庭中，父母享有绝对的话语权。在大部分家庭中，"男主人"在权力等级上会高于"女主人"。但无论在哪个家庭中，成年人的权力等级都高于孩子。原因显而易见——成年人已经有半辈子的经验，且更富有远见，因此他们的决定更加明智。相应地，家庭中只有由父母，尤其是父亲所决定的事情，才会被家庭成员所接受。孩子们越大就越有发言权，因为他们已经积累了一些经验，在大人们的眼中不再那么无能。这就意味着家庭等级的不断增加：首先是父母，其次是长子，最后是幼子。家中的孩子们单独在一起时，年龄最大的孩子就会被赋予管教年幼孩子的责任，而问题也通常就是从这时开始产生的。由于要"服从"别人，年幼孩子的大脑就会产生混乱，从而产生不愉快的感觉。每个人都希望能够避免这种情况的发生。因此，如果一个人还没有被"打垮"，即还没有接受自己无法与强大的他人相抗衡的事实，那么出于对专制的反抗，他就会违抗这些指令，有时甚至也会反抗自己实际上赞同的指令。[5]因此，当哥哥或姐姐试图执行规则和指令时，弟弟妹妹给哥哥姐姐出难题的情况十分常见。弟弟妹妹会认为，被父母和哥哥姐姐呼来喝去是不公平的。如果无法撼动父母的权威，那么至少要削弱哥哥姐姐的权力。而对大孩子来说，尽管对小孩子发号施令能够带给他巨大的权力感，但要确保这些"折磨人的小家伙"听话，已经将这种胜利感冲淡了。

这本书其实是为我的哥哥赫尔科创作的，他比我大6岁。有趣的是，在我们生活的20世纪80年代的童年时期，他从未对我行使过这种所谓的权力。当我在操场上被大孩子欺负时，我可以给他打电话；有时我和朋友玩耍忘记了时间，下午6点还没有按时回家，他就会非常着急，然后就开始在附近的操场上找我。不过，虽然我的行为让他很恼火，但他除了在找到我时翻了个白眼外，连训都没有训过我。我的朋友们经常会被他们的大哥哥打一拳或是掐一下，而与我的朋友们不同，我和赫尔科在一起则是完全安全的，我也一直对此心怀感激。如今，我终于明白了：我们之间的这种爱，很大程度上是由于我们家庭中没有明显的权力等级。哥哥觉得对我有责任，但这不是父母强加给他的。另外，我也不是迫于哥哥的权力而听他的话，而是因为我爱他。在我眼中，他是我见过最聪明、最睿智、最有远见的人。因此，这也是我成了Nena[①]粉丝的原因。

---

① Nena，德国的老牌摇滚乐队。

03
不要强加责任

家长不要强迫家中的大孩子去做父母的帮助者。你可以请他们在大人不在的时候照顾小家伙，但你也要允许他们的拒绝。这样一来，也许家中的日常生活会变得复杂。因为10岁的大孩子不想照看熟睡的婴儿，你就可能来不及去面包店买面包，然后你就不得不去寻找另外的解决方案——要么带着小宝宝一起出门，要么让大孩子去跑腿，要么就干脆不做新鲜的面包卷了，因为这些事情都行不通。不过，你的日常生活也会变得更轻松，因为你再也不会生活在由胁迫引发的兄弟姐妹的争吵中。家里虽然失去了一个能干的小助手，却获得了和谐的氛围。任何形式的胁迫都会引起大孩子的不悦。这并不是他们的错，但这种不悦通常会在争吵中爆发，也会在故意惹恼兄弟姐妹的过程中爆发。强加责任根本不是一个好主意。当然了，孩子们也不一定总会对承担短期责任说不。我的孩子只有在理由充分的情况下，才会做出反对的决定。

04
偏爱带来冲突

众所周知,父母对某个孩子的偏爱会不可避免地导致孩子之间的矛盾。我们将在"父母并不总是中立的"这一节中,对这一现象做更加详细的解释,此处我只想做一个简要的说明。父母应避免故意偏袒或冷落某一个孩子。你觉得对某一个孩子更有感情,但这也不应该成为你对这个孩子比对其他孩子更好的理由。如果你毫无理由,就想特意捉弄或惩罚某个孩子,只因为你看他不顺眼,那么我们建议你及时接受谈话治疗。

在育儿过程中,父母最大的误解就是,为了公平起见,必须平等地对待所有孩子。虽然这并不是一个坏主意,但在实践中却很难实现。比如,为了达到公平,你要和每个孩子都拥抱相同的时间。尽管如此,仍然会有孩子觉得不满足,也会有孩子觉得这太过了。因此,平等对待不一定意味着公正。

作为一名特殊教育者,我在一个包容性很强的班级工作。班里经常会有几个孩子和年轻人,由于不同的原因觉得学习很困难。我作为孩子们的"外援",希望可以尽可能地帮助他们。刚开始,全班同学并不明白,我的行为不是优待某人,而是为了弥补现有的不利条件。因此,当我给个别孩子提供帮助时,嫉妒和不悦的声音并不少见。简而言之,同学们的反应与指责母亲偏袒某一个孩子类似。所以,我养成了一个习惯:在我工作的班级中首先开展讨论——平等待遇不一定意味着公正。为了做到这一点,我向全班展示了一张海报,画面上有三个孩子正试图翻过一堵墙。我向他们解释说,在墙的后面,是他们在学校里应该学到的所有知识。要想看到这些知识,翻墙是必不可少的技能。但海报上的三个孩子身高不同,其中一个孩子因为足够高,可以自己翻墙了,第二个孩子还差一点点,第三个孩子则太小了,根本翻不过去。因此,这三个孩子能够学习的前提条件极为不同。现在,我作为一名特殊的教育工作者,要扮演一个重要的角色。我手里有三个黄盒子作为资源,可以分发给海报上的孩子们,这样他们就可以站在上面,都能够翻墙获取知识了。在第二张海报上,这三个盒子是按照学生的要求公平分配的。每个孩子都得到了一个盒子,并站在上面。最高的孩子变得更高了;中间的孩子受益匪浅,终于第一次看到了墙外;而最矮的孩子尽管站在了盒子上,却仍然看不到墙的边缘。这个画面常常让学生们大为震撼,有人直接脱口而出:"那个高个子不需要盒子!他应该把盒子交给最矮的那个。这样他们三个人就都可以看得到了!"其实,这就是我在现实中帮助学生的方式:有些学生几乎没有得到帮助,因为他们并不需要;有些学生从我这里得到的帮助很少,有些则很多。这样一来,每个人都能平等地获得知识,这正是第三张海报所展示的内容。我把它钉在黑板上,画面中最小的孩子站在两个黄盒子上,高兴地举起手臂,因为他终于可以翻墙了;中间的孩子继续站在一个箱子上,最高的孩子脚下则没有箱子。他们现在都处在同一高度。[6]

父母能平等地对待所有的孩子吗?不,这是不可能的。因为孩子处于不同的年龄阶段,有不同的喜恶,不同的力量水平和不同的抗挫折能力。加拿大发展心理学家珍妮弗·詹金斯(Jennifer Jenkins)在2013年的一项研究中发现,只要孩子理解父母行为背后的需求,就能很好地应对家庭中的不平等待遇。开诚布公地讨论孩子们的不同需求,具有十分重要的意义。因为孩子只有在感受到父母的不同待遇是不合理的情况下才会感到压力。如果不给孩子一个合理的解释,这样的情况还是会经常发生。[7]无论是婴儿的需求难以延迟满足,还是身体残疾的兄弟姐妹需要更多的支持,其实孩子们都能很好地理解。人类本来就是合作性的物种,而非竞争性的物种。因此,只要孩子们不觉得自己总是被排斥在后面,他们就很乐意让别人走在自己的前面。只有当他们发现自己总是首当其冲,或得到的关注总是最少时,他们才会开始争吵。如果你的孩子总是因为觉得兄弟姐妹得到的更多而嫉妒,可能就是由于父母关注的不足,以及怀疑自身付出过多的主观感觉而导致的。而这恰恰就是父母的入手点,同时也是以关系和需求为导向的育儿方式的核心要素。也就是说，父母要权衡当下谁的需求最重要，帮助他，满足他的需求；在解决了这一需求之后，也应该再给予其他的孩子关注。我对我的学生也是这样做的：谁最需要我的帮助，谁最不能忍受挫折，我都有大致的了解，然后为他们提供帮助。一旦这些孩子得到了帮助，我就会继续照顾其他25个孩子。有时他们只需要我的一个小暗示或一个眼色，有时一句"干得好"就足以让他们信心倍增。但如果整堂课都得不到我的暗示，那对他们来说该是多么不公平和不幸啊！看到他们的需求并给予反馈，不仅是我在教学中的基本准则，也是我在家庭生活中的黄金定律。

05
权衡需求

在一个拥有多个成员的家庭中,每个人的需求都必须得到平衡和权衡。克劳迪亚在推特上,对这种困境(只是夸张了一点点)进行了精彩的总结。

> 家里有了第一个孩子后,母乳喂养的情况是这样的:婴儿呜呜叫着想要吃奶,我马上把他抱起来,在沙发上给自己放一杯水,拿好读物、手机和哺乳枕头后,舒服地坐下来,开始给孩子喂奶;孩子惬意地喝着奶,打个嗝儿,然后换到另一边喝奶,喝着喝着就睡着了。我们两个人可以有一下午的时间,在沙发上发呆。但有了第三个孩子后,母乳喂养就有点不同了。婴儿在发"牢骚",而我正想把洗碗机清理一下,但孩子1和孩子2想去花园,于是我把小

玩偶放进婴儿的床里，放好音乐盒，再把各种小工具拿进花园。这时，婴儿的"抱怨声"更响了，但我还需要打开花园门，抬出自行车。孩子1找不到他的太阳帽，我就去找。婴儿此时也似乎想要表达些什么，正在大喊大叫。我告诉大孩子们，我正在喂奶，没有时间。好吧。婴儿在沙发上开始咆哮，我跑到旁边给他喂奶。但孩子2又来了，他说需要他的头盔，他想骑自行车。我冲他喊道："我现在正在喂奶！"婴儿又受到惊吓，蹬掉了袜子，并开始大叫。孩子2则一脸愤怒地站在露台门口，他想要知道他的头盔到底在哪里。婴儿受到惊吓，开始哭喊。我跑到柜子那里，顾不得胸部还露在哺乳衣外面，就去拿头盔。可是很不凑巧，邻居正站在她的花园里，友好地向我招手。孩子2终于走开了。我刚躺在哭闹的婴儿旁边，外面就突然传来一声撕心裂肺的嚎叫。孩子1喊道："弟弟从自行车上摔下来，已经流血了！"于是我又放下婴儿，一路疯跑，去检查孩子2的伤势。"呼！太好了！只是膝盖有点出血。"我边安慰边给他贴上了创可贴。此时，我注意到我的胸仍然挂在外面。而邻居已经取来了一些爆米花，正在静静享用。婴儿也在哭着，仿佛是在忿忿不平地说："那个一吃就能让他们安静的'安眠药'去哪儿了？"我找出冰激凌，给大孩子们每人嘴里塞了一个。世界终于清静了！我让他们保证在我喂奶时不

Chapter4 维护手足之情

> 打扰我。一切就绪，我再次抱起婴儿，他已经在打瞌睡了。也许此时的他暗自希望：如果自己是个独生子女就好了。

我们都清楚，一个人最重要的基本需求，如吃、喝、上厕所，以及关注和亲近，必须得到满足。但是家庭成员越多，同时出现的需求就越多。以关系和需求为导向的育儿方法中，最困难的任务之一就是在几秒钟内，迅速做出决定，哪个需求才是最重要的。尽管这种方法并不总是奏效，但也不是毫无用武之地。养育子女的过程中，难免会做出一系列的错误决定。这时就需要开诚布公地对话，做出补偿，并重新调整方向。所谓生活，就是这样。在通常情况下，某一瞬间做出了不好的决定，其实并没有什么问题，也许只是忽略了其中一个孩子的重要需求，像这种不危及生命安全的情况总是可以纠正的。因此，如果一个孩子被父母无意间忽视了相当长一段时间，并因此变得叛逆，表示他需要得到关注，那么父母仍然有时间扭转局面并修复关系。我们的孩子是有弹性的，我们与他们的联系也很紧密。当然，如果我们设法注意到包括自己在内的所有家庭成员的需求，并让他们感到高兴，就会使日常生活更加轻松。这说起来容易做起来难，但一些比较简单的基本规则，可以帮助我们解决一部分问题。

1. 如果有个孩子正在流血，那么其他事情必须往后放一放。

这一点同样适用于严重的疼痛，但小型伤口不包含在内。

2. 基本需求（饥饿、口渴、疲劳、需要拥抱和关注等）是第一位的。

3. 孩子越小，他的需求应该越早得到满足。

4. 一个孩子越是经常不自主地退缩，父母就越应该及时关注这个孩子的情况。

在我们看来，满足基本需求最重要的手段，就是创造与孩子独处的时间。然而，这需要一些时间和准备工作，也不是一件容易的事。

创造大人时间和专属时间

作为一名教师，我在备课时，主要关注的不仅是课程内容和教学方法，还有各阶段学生不同的先天条件。当我计划让孩子们安静地阅读十分钟，而其中一个孩子如果只能集中注意力五分钟而不是十分钟，那么很可能会出现这个孩子扰乱后续课程的情况。所以我事先就仔细思考了一番，怎样才能避免这种干扰呢？也许我可以密切关注他的注意力何时开始减弱，让他在剩下的5分钟内，到院子里呼吸一下新鲜空气，简单地伸展一下四肢。然后当他神清气爽地返回教室时，班上其他同学也已经读完了，这时我们就可以继续接下来的课程安排。同理，父母如果想教孩子学会等待或独自玩耍，也可以采取同样的策略。我们建议父母首先在家里设置一个大人时间或单独玩耍时间，然后再给家里的每个孩子都安排一个专属时间。这样做是因为，如果安排了专属时间，但在专属时间内，还会不断被其他兄弟姐妹打扰，那又有何意义呢？况且，如果孩子们还没有学会让别人独处，或者给自己找点事做，那么专属时间的设置很可能会失败，这样大家都会感到沮丧。

在我女儿大约3岁的时候，我们家实施了大人时间和单独玩耍时间的策略。在那之前，我们家的晚餐一直是这种情况：先是一家人坐在一起吃饭，女孩们吃完饭后，我们中的一个大人会到育婴室和她们一起玩一会，而另一个人则继续安静地把晚餐吃完；当后者吃完晚餐后，就会与陪玩的那个人交换，而刚刚陪玩的那个人，又回到餐桌上继续吃晚餐。这种情况持续了相当长的时间，每个人也都很满意。但突然有一天，我们产生了一起安静用完晚餐的想法。因此，我们告诉卡洛塔和海伦娜，晚餐后的时间将会有些调整，将变成单独玩耍的时间。这一方法施行后，最初几天的情况是这样的：女孩们一如既往地吃完后起身，这时我们就会说"看！我吃完我的蔬菜，然后就去陪你们"；此时，孩子们能够忍受等待的时间还十分有限，不超过一分钟，女儿们就会站在我们旁边，目光灼灼地盯着我们的盘子；一旦我们吃完了蔬菜，我们中的一个人就会和她们一起到育婴房玩。接下来的几天和几周里，我们会把等待的时间越延越长，情况就变成了："我喝完茶就来""我把盘子里的东西吃光了就来""我还想再吃一个,你为什么不先去把玩具收拾好,等我过去呢"。我们为了延后亲子时间也是用尽招数。现在,女孩们习惯了独自去育婴室,很快就能投入到游戏中。重要的是,我们作为父母真的遵守了自己的承诺。有时,当她们都在全神贯注地玩耍时,我们就在房间门口静静地等待,但只要她们抬头,我们就立刻到位。这样一来,我们很快就有时间安静地吃饭,甚至还有时间单独谈话。由于我们坐在厨房的餐桌前讨论事情,所以便把晚饭后的那一个小时命名为大人时间。对孩子们来说,这是独处的时间,她们在没有大人的情况下玩耍;同时,孩子们也为与父母一方独处做好了准备。

各位家长可以等全家一起坐在桌前的时候,来正式宣布引入专属时间。我们家就没有那么正式。我们只是在玩的时候顺便提了一嘴,说我们想试试,若是其中一个孩子和父母单独相处半小时,会感觉如何。孩子们可以在30分钟内,选择自己想玩的玩具;父母在这30分钟内必须听令,毫无怨言。有时这对我们父母来说很难,因为这些游戏往往让我们感到厌烦,但我们依然要坚持:孩子喜欢什么,我们就玩什么。

重要的是,没有任何人,也没有任何事来干扰这30分钟。父母应该将手机放在一旁,忽略固定电话,把门铃交由另一半来回应。这半个小时是否总是在每天的同一时间进行并不重要,重要的是它要一直稳定地存在。如果你不能保证每天都给每个孩子30分钟的关注,那么就请根据你的现实生活,来适当地调整时间。也许15分钟，也许10分钟，就算你没办法每天都坚持这样做，但每周都给每个孩子一次专属时间应该还是可行的。还有一种可能情况是，家长在一周内，被其他任务压得喘不过气，根本没有任何空闲时间。但这也没问题，因为现实就是如此。各位家长只要记住，在自己有空的时候恢复与孩子的专属时间即可。在一天结束时，这便是对每个人的幸福投资。由于羡慕和嫉妒的情绪减少了，需求得到满足的孩子们，争吵的次数也会减少很多。

来自双胞胎的挑战

让我们再来回顾下，父母需要迅速决定哪个孩子的需要优先考虑的情况。我们给出的例子是关于多胞胎的，但家长朋友也可以思考一下，如果换成一个婴儿和一个幼儿，情况又会如何。

当两个孩子想同时接受母乳喂养时

如果孩子们的年龄相同时，例如多胞胎，那么这个决定就显得特别困难。当一个孩子想吃母乳，而另一个孩子需要换尿布时，我们会建议先进行母乳喂养。饥饿在这个年龄段并不是那么容易忍受的，那种感觉排山倒海，就像世界末日要到来一样。然而，如果家长知道另一个孩子很快就会感到受伤，那么就优先考虑另一个孩子吧。但即便这样也无济于事，总是有一个孩子要经历等待。而对家长来说，无论选择哪种方式，都会感觉自己在抛弃其中一个孩子，但请不要担心，良好的亲情是不容易被打破的。没有必要总是要求一切完美。好就够了，而且即使是达到平均水平也足够好了。

当一个孩子想吃母乳，另一个想被抱着时

试着将一个婴儿绑在背后，将另一个绑在胸前。这样你就可以在背着一个的同时，也不耽误给另一个喂奶。如果有两个大人，那事情就简单很多——一个人抱着孩子，另一个人喂奶。一对身经百战的双胞胎父母给了我一个很好的建议：把饥饿的婴儿放在婴儿座椅上，并借助卷起的纱布毛巾放置奶瓶。这样婴儿就可以先喝奶，在吃饱后顺利把奶瓶推开。没错，这种情况缺乏母乳喂养时亲密的眼神接触。但还是让我们面对现实吧，你现在已经够难了，还是不要再给自己任何压力了。当两个宝宝都吃饱喝足的时候，你们就可以看着对方的眼睛，弥补眼神接触了。

双胞胎的母乳喂养姿势

现在已经研究出了专门针对双胞胎的母乳喂养姿势，市面上也有带支撑功能的母乳喂养枕头，可以保证同时给两个婴儿喂奶。然而，当两个孩子还小得不能扶着头时，这就非常困难了。就像上面所说的那样，大多数多胞胎的父母都会使用婴儿座椅。可以让婴儿躺在座椅上，上半身略微直立，然后放置好奶瓶，这样孩子只需要吮吸就可以了。如果是两个人同时照顾孩子，可以妈妈采用母乳喂养，另一位大人用奶瓶喂养另一个孩子；然后下一轮再进行互换。互换母乳进行喂养的方式很少奏效。

双胞胎、三胞胎，甚至四胞胎，才是真正的挑战。因为他们是同龄人，所以父母想要平衡需求就变得更加困难。在超市里，躺在地上撒泼打滚的孩子往往不止一个，很可能是两个或三个。当一个孩子在墙上涂鸦时，家长也阻挡不了其他孩子的加入，孩子们为自己的这些恶作剧欢呼雀跃不已。三个臭皮匠顶个诸葛亮！只要两三个孩子聚在一起，总能想出让人难以置信的玩法！我们不能打包票，什么建议才是正确的。也许坚持到底就是答案吧！最初的几年，父母与多胞胎相处的时间是非常紧张的。父母往往要超越自己的极限，才能勉强挨过平常的一天。以下内容也许会对各位家长有所帮助。九年前，我特别喜欢浏览一个有关双胞胎的论坛。那里的孩子都和我女儿年龄相仿。每天都有人提问，也有不少人回答。在那几年，这个网站就已经有了规范的组织，点击量也很可观，大家相互支持。在准备撰写这本书的过程中，我突然想起了这个网站。于是，我在几周前再次访问了这个论坛，但非常惊讶地发现，已经有一年多没人在那里发帖了。最后一条帖子是："姑娘们，不知道为什么，已经没有人在这里写东西了……难道你们都没有什么问题和难题了吗？"而帖子下的回复几乎是一致的："哦，你知道……在某些时候，双胞胎就只是正常的兄弟姐妹而已。"最初几年极度的困难，在多胞胎长大后就会逐渐消失。因此，我们希望你可以把这句话像救生圈一样牢牢抓在手里。

现在我们已经讨论了维持兄弟姐妹之爱的五个最明显的组成部分。接下来，让我们更深入地探讨家庭的构造，看看还有哪些部分，可以帮助孩子们彼此间保持互动。这种互动至少是中立的，但我们更希望是有爱的互动。最重要的就是，不要把让弟弟妹妹开心的责任推给大孩子。这听起来是不是有点隐晦？我们将通过一个例子来详细解释。

Chapter4　维护手足之情

06
家庭和谐取决于父母

对我们的孩子来说，承担责任当然是件好事。承担责任首先是为了他们自己：承担按时睡觉的责任，这样早上上学就不会感觉太累；承担学习的责任，学习他们心中认为重要的东西；承担摄入足够热量和维生素的责任，这样才能保持身体健康。孩子们要对一切与他们息息相关的事物负责，而这一点，他们其实已经做得很好了。除此之外，还有一些他们自愿承担的责任，比如照顾兄弟姐妹、喂养宠物、给植物浇水、买周日的面包等。拉赫尔则用她的经历告诉我们，对她来说，平衡孩子们的需求到底有多难。

在我家大女儿露丝（8岁）的眼里，我是一个"成事不足"的母亲。她一直指责我，认为我爱她的弟弟塞缪尔（3

岁）胜过爱她。因为我总是向着他，总是帮助他，所以她认为我喜欢弟弟多一些。但事实根本不是这样。我已经竭尽全力地想要做到一碗水端平了，可惜她并没有看到这一点。问题就在于塞缪尔年纪还小，脾气很倔，又易受刺激。所以有时比他大5岁的露丝不得不做出一些让步。露丝通常会把他想要的东西让给他，但给了他以后，露丝又会苦着一张脸瞪着我。有一天，我不小心把给塞缪尔的棒棒糖摔碎了。我心里很慌，担心他会因此伤心欲绝。果然不出所料，塞缪尔的眼中立马蓄满泪水，下唇颤抖。我知道，一阵地狱般的尖叫即将来袭。但那天我已经冲他发了三次脾气，我真的不想再发脾气了。可怎么办呢？我只买了两个棒棒糖，一个是塞缪尔的，另一个是露丝的。于是，我便向露丝抛去求助的眼神。她竭力压抑着自己的呼吸，把自己的棒棒糖递给我，又拿走了那根断掉的棒棒糖。我对她感激地一笑，还给了她一个甜蜜的拥抱，但她却挣脱了我的怀抱，沉默地跺着脚走出了厨房。我明白，我这样做其实让她很恼火，但我觉得只因为这种小事，就指责我偏爱塞缪尔是不公平的。他年纪还小，而露丝是老大，让她来协助我是理所应当的事，况且我又不是经常麻烦她。另外，学会承担责任对她来说也是件好事，不是吗？

有时，让大孩子帮父母安抚倔脾气的弟弟妹妹是个不错的方法，但是，维持家庭和谐并不应该成为大孩子的责任。他们既不是父母关系的"安全缓冲器"，也不是兄弟姐妹的"愿望实现者"。许多父母已经意识到，让孩子担任成人之间争吵的调解人，是一种病态的行为。但仍有一部分人尚未意识到，经常让家中的大孩子让着年龄小的孩子，以保证小的孩子不发脾气，而父母只是袖手旁观，同样也是一种病态的行为。拉赫尔正是犯了这一错误：她希望露丝可以一忍再忍，这样就能保证小塞缪尔不会一遍又一遍地咆哮了。我相信大家都能理解，为什么拉赫尔会希望大女儿露丝这样做。或许我们都曾像她一样，用恳求的目光望着家里的大孩子，避免一天中第四次的情绪爆发。这是人之常情。尽管也会出现一些例外情况，但从理论上讲，这并不是问题。但露丝的反应表明，她心里已经明白：为了减轻父母的负担，她必须要让着弟弟。所以她才会愤怒地瞪着妈妈，压抑着呼吸，父母感激的笑容和拥抱，也不能拉近和她的距离。这对她来说太过沉重，她指责父母爱小塞缪尔胜过爱自己，无非是想将自己的这种感受表达出来。当然，事实并非她想象的那样。父母可以明确地否认这一指控，但他们必须看清孩子们这种指控背后潜藏的原因，也要意识到，他们总是寄希望于将露丝变成一个"伟大"和"理智"的人。她当然是这样的人！只不过她也是一个不愿意总是做出退让的孩子。小弟弟偶尔也应该（或必须）做出让步，这样才不会给人以他被父母偏爱的印象。公平！这才是父母在这种情况下应该重视的问题。当露丝注意到母亲或父亲也要求塞缪尔为姐姐做出一些让步时,那么认为弟弟更受父母宠爱的想法就会烟消云散了。

07
竞争不是教育的一种手段

　　我们的社会建立在竞争之上：谁更快，谁更高，谁更远。谁的学习成绩好，通常就能得到报酬更高的工作。谁跑得最快，就能赢得金牌、拿下高薪的广告代言。有人认为，人们内心存在一种想要比他人更好、更快或更聪明的渴望。因此，父母喜欢借助竞争这一教育手段来给生活减负，也就不足为奇了。比如，为了让孩子在早上准点到达日托所，父母会用做游戏的方式问孩子们："谁能第一个把衣服穿好？"为了借助这种游戏式的竞争来更快地达到预期的目的，晚上父母就会问"谁想第一个刷牙"这种问题。为了让不爱干净的弟弟保持房间整洁，就通过当面夸赞姐姐的房间有多整洁来刺激他。虽然通常情况下，我们都会赞成父母想给日常生活尽量减负的想法，但我们不建议各位家长这样做。如果父母使用竞争这一教育手段，孩子们就会从父母那里学到相互竞争的想法，而这一想法往往会对兄弟姐妹之间的关系产生负面影响。许多研究证实，父母的教养方式会对兄弟姐妹间攻击性及敌对性的竞争产生显著影响。费尔逊（Felson）、鲁索（Russo），以及阿布拉莫维奇（Abramovitch）、科尔特（Corter）、佩普勒（Pepler）和斯坦霍普（Stanhope）的开创性研究[8]证明：尽管借助这种游戏式的竞争，能让孩子更快地做好出发准备，或是更快地完成刷牙等任务，但这样可能引发孩子们之间的竞争，或使孩子们相互怨恨。难道我们希望这样吗？肯定不是。

然而，汉斯·索尼（Hans Sohni）医生表示："接受和肯定一定程度的自然竞争和嫉妒，会促进兄弟姐妹的关系朝着积极的方向发展。"[9]父母不应该把竞争作为教育手段，但也不应该将其视为禁忌。只要兄弟姐妹间的竞争不是没完没了或是难分难解的话，就可以将其理解为积极的社会实践。因此，没有必要将嫉妒或竞争扼杀在摇篮里。其实，从某种程度上来说，竞争和嫉妒是再自然不过的心理。这种心理大多出现在多胞胎，以及年龄相仿的同性兄弟姐妹之间。比起这个，父母更应该注意反思自己的竞争行为：自己生活的世界受竞争影响的程度有多严重？炫耀、超越或贬低对方的氛围有多浓烈？

Chapter4 维护手足之情

08
避免角色归属

克里斯蒂娜·卡尼卡·乌尔班（Christine Kanika-Urban）和安德里亚·莱克斯·卡谢尔（Andrea Lex-Kachel）在《兄弟姐妹吵架怎么办》一书中这样写道：孩子是各种特征的集合体。如果我们将这众多的特征划归为一个特定的角色，这样对孩子们是不公平的。没有哪个孩子一直是"招人疼的小可爱"，也没有哪个孩子一直是"被宠坏的小公主"。我们的身体内住着许许多多个"我"，只有当我们的方方面面都被感知时，我们才能活力满满、幸福快乐。如果这众多的"我"，被成年人简单粗暴地划归为一个"我"，即如果成年人给孩子设定一个角色类型，孩子就会一直背负着这个角色。长此以往，孩子就无法展露自己的需求或能力。有时甚至会产生孩子为了迎合成人的愿望或期待，而忽略自己的愿望或期待的情况。这种违反本性的角色认同，往往会导致孩子内在的自我疏离。[10]还有一点需要注意的是，像"王子""小女巫""小胖子"这样的绰号，也属于"角色归属"的范畴。

多年来，即使是在科学界中，孩子也难逃被贴上标签的命运。孩子在兄弟姐妹中的地位，决定了他会被贴上何种标签。一些已经出版的著作更是对此"高谈阔论"，这些书中提道：长子更多地继承了父母的价值观，总体上看，他们的智商要比弟弟妹妹高上几分；中间出生的孩子总是困难重重；最后出生的孩子，则会成为具有创造性的生活艺术家。这些观点早已一传十、十传百，在一定程度上也反映在我们的亲身经历中。我们并非要对这些结论提出质疑，只是我们认为，如果父母要将自己的孩子视为一个独立的个体，就应该避免这种对孩子标签化的行为。因为这就等同于将孩子分成"大宝""排行中间的孩子"和"小宝"，将标签强加在孩子身上，从而将孩子变成了物品。当人们被这所谓的真理困扰时，便不可能解读出孩子的真正需求。"我是否还能弄清楚，你到底是怎样的一个人？还是说，我的期望已经决定了我对你的印象？"德国家庭实验室的创始人兼主任、作家马蒂亚斯·沃尔切特（Mathias Voelchert）用这样一句话总结了这个问题。因此，请各位家长避免从主观角度出发对孩子进行分类，因为这对他们而言并不公平。

09
家庭准则明确一切

　　家庭准则决定了家庭情况的现实走向，它是家庭成员间想与彼此融洽相处的美好愿景。家庭准则可以帮助孩子们找准自己的定位，为他们自身的行为提供一个恰当的限制。与规则不同，准则不能被破坏。如果有人的行为"出了格"，他们也不一定会受到惩罚。但是，如果兄弟姐妹之间一再不公平地对待彼此，父母绝不能坐视不管。孩子们需要父母的引导（如引导孩子从对方的角度思考问题），并学会对无法接受的行为方式给予反馈。因此，请各位家长向孩子们表明这一点，并探讨下一步想要怎么做，或者应该做出什么补救。由于家庭准则具有高度个性化的特点，因此我们无法为各位家长提出具体建议，并告知各位应该将哪些准则列入各自的家规法典中。然而，我们还是想告诉各位家长，我们有哪些准则可供参考，以及选用这些准则的原因。

我们要尊重他人说"不"的权利

我们最重要的家庭准则是："不"就是"不"。这一准则适用于家庭中的每一个成员，上至成人下至孩子。不论是在我们所著的所有书中，还是在与自家孩子的相处过程中，我们一直在不厌其烦地强调尊重对方底线的重要性。事实上，我们认为，如果每个人都能更多地关注对方的底线，尊重对方说"不"的权利，那么世界将会变得更加美好。

接受他人说"不"，这要从刚出生的婴儿开始！首先，父母必须学会读懂孩子的"不"。在逗婴儿玩的时候，婴儿如果把头转开，并伴有片刻的目光迟钝，这便是在对游戏说"不"。此时父母就应该暂停游戏，直到婴儿把头转回来再继续游戏。当父母将喂粥的小勺举到婴儿面前，婴儿却一直紧闭着小嘴，这便是小婴儿在对喂食说"不"。对父母而言，接受来自这样小的孩子的拒绝，就如同走钢丝一般：一面是接受孩子的底线，一面是对孩子负责，稍不留神就会摔得粉身碎骨。就比如，孩子想在马路中间坐下来，此时我们自然不能听之任之，必须违背孩子的意愿，把他抱起来，并带到安全地带。然而，在许多没有生命威胁或危险的情况下，我们是可以接受孩子对我们说"不"的。父母可以给孩子们做出示范，告诉孩子们，希望他们今后遇到这样的情况该如何去做。因此，当我们的孩子对某件事情说"不"时，我们做父母的自然要遵从。我们也会帮助他们的兄弟姐妹学会去接受这个"不"，或承受这个"不"带来的失望。每个孩子都有权利拒绝与其他人一起玩耍，拒绝和他人分享玩具或糖果，或是拒绝兄弟姐妹进入自己的房间。我们发现，当孩子们学会尊重他人的"不"，他们彼此之间就会变得更加坦诚。这样，比起说"不"，他们说"是"的时候更多一些！

我们要尊重对方的劳动成果

这一准则的灵感来源于我们家孩子就读的蒙台梭利幼儿园。在那里，每当孩子们用积木搭建了什么物件，或是精心绘制了什么东西，他们就可以把自己的名牌放在旁边，这样他们的作品就得以保留下来。等到第二天，还可以接着之前的部分继续做下去。我们觉得这个点子非常棒，就想将它用于解决我们自家的一些问题。因此，我们很早就教育孩子们要小心对待别人的劳动成果。我们会告诫孩子，即使建造沙堡的人不在，也不要去破坏游乐场上的沙堡。我认为这条准则能够帮助我们解决家里的部分问题。比如，孩子们不会再粗心地弄湿我刚擦干净的镜子，或者从兄弟姐妹手里拿走乐高积木用来搭自己的积木房子。在我们家，"我尽力去做了"，就足以保证让每个人尽可能长时间地注意，不去损害他人的劳动成果。

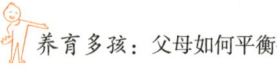

我们要彼此坦诚相见

我想起了发生在邻居家的一个故事。

> 近几年,我们的公寓楼里住着许多有孩子的家庭。一到下午,孩子们就会在院子里聚会、玩耍。我注意到,有时两个孩子想要一起玩耍,却不好意思直接拒绝想一起玩的第三个孩子。所以这两个小孩会手拉手,在院子里走来走去,第三个孩子则颠颠地跟在后面,显得有些无助。有时,第三个孩子也会挤进二人中间,想要加入他们的游戏。但随后,这两个人就会派给第三个孩子一个任务:可能是给花浇水,也可能是让他躲起来。这样一来,第三个孩子就以为自己已经成了游戏中的一员。但实际上,另外两个人这样做,只是为了将第三个孩子支到尽可能远的地方。他们不想因为两个人单独玩耍,而得罪第三个孩子。

他们本来是想照顾第三个孩子的感受,但却事与愿违。我把孩子们拉到一边,并告诉他们,有时将真相和盘托出反而更好。说真话带来的短暂心痛,总好过一直吊人胃口,反而好心办

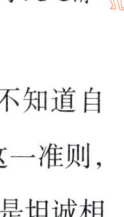

坏事。被吊着的那个人意识到自己不受欢迎，但却并不知道自己究竟做错了什么。自这件事以后，我们家就采用了这一准则，即：考虑到对方的感受固然很好，但有时最好的办法就是坦诚相见。被别人吊着胃口是一种不舒服的感觉。像"我现在不想和你玩""我想一个人待一会儿"，或"你今天话太多了，我需要静静"这样的话，可能会让对方感到短暂的难过，但不知道别人的立场或自己是否做错了什么才更让人痛苦。

我们要在不伤害任何人的情况下表达感情

有时，我的孩子们可能无法忍受彼此。但没关系，这也在情理之中。对父母来说，唯一重要的一点就是：要在不伤害其他人的情况下表达这些（负面）情绪。因此，要说"我对你很恼火"，而不是"你真蠢"；要说"我认为你所做的事情很愚蠢"，而不是"我认为你很糟糕"。在孩子还小的时候，我们作为成年人就应开始推行这一准则。当孩子们还在蹒跚学步时，我们就将情绪的爆发和言语的偏激转化为不太激烈的语言。孩子们说"愚蠢的妈妈"，在许多情况下是指"我对你的拒绝感到恼火"；"不许你来参加我的生日会"或"你不再是我的朋友了"，意思是"我不同意你说的或是做的事情"；而"我要把你从窗户扔出去"意味着孩子们非常生我们的气。像"屁股脸""大笨牛""呆头鹅"这样贬义的绰号，也不要轻易说出口。我们要遵守上述的规则，即：要在不伤害任何人的情况下表达我们的情绪。4岁以上的孩子有时会用言语故意伤害他人，因为他们自己也受到了同样的伤害。因此，我们要时常提醒他们遵循这一准则。

制定准则

如果你想要制定自己的准则，那么就和家人一起坐下来，想想对你来说什么比较重要。也许你希望家人不要互相攻击，大家都一团和气；或是希望家庭成员间相互扶持，即每个人都有付出和收获；也许对你的家庭来说，重要的是始终开诚布公地彼此交谈，不要对彼此心怀怨恨。那么，你想要传达给孩子的准则是什么呢？是生活的全部意义在于享乐，或是在于放松？还是说教育才是家庭的重中之重？又或者你想要经常邀请朋友来家里做客？这些都是要你自己确定的准则，不要让任何人告诉你该怎么做。收集所有家庭成员的想法，并进行比较，然后和家人共同选择出所有人都想遵守的准则。如果孩子年纪太小无法发表意见，就先以成年人的身份做出决定，几年后可以与孩子们一起再行修改。

截至目前，促使兄弟姐妹和谐共处的基本要素，都具有相当重要的作用。这些都是我们提到的适用于孩子们与父母共同生活的基本宣言。当然，也有一些日常生活中的小事，勤加观察就能使手足之情持续升温。我们现在就来谈一谈。

Chapter4　维护手足之情

10
一起玩耍会有奇迹发生

通过一起玩耍，孩子们开始相互交往。他们共同学习，争论不休，他们尝试采取社交策略，学习调节自身力量。乌尔丽克和坦雅就在推特上讲述了她们家孩子的"游戏盛况"。

"妈妈，请你把M宝宝带到育婴室好吗？我想和她还有恐龙一起玩。因为她一直在吐口水，所以我想让她扮演火山，这样我所有的恐龙都会死掉。"她目光炯炯地望着我说道。所谓的"一起畅玩"，是这样吗？

家里的双胞胎（四岁半）玩飞行棋时，由于其中一个只剩下一颗可以移动的棋子，所以他只能把另一个人的棋子"吃"掉。另一个人因为棋子被"吃"掉哭了起来，于是前者就把他的棋子放在旁边另一个格子里，安慰道："这

141

> 是个双胞胎格子,我给你破个例吧!"

只有当兄弟姐妹们没有共同爱好的游戏时,情况才会变得棘手。我家的三个孩子就是这种情况。在日常生活中,他们几个很少聚在一起。他们越是不在一起玩,就越是吵得频繁,而且他们几个似乎并不怎么喜欢彼此。因此,作为父母,我们的任务就是在他们各自喜欢的游戏中找到共同点。他们三个人都喜欢《我的世界》这一类虚拟游戏,也真的能玩到一起。卡洛塔喜欢在这个游戏里制作地图,地图里隐藏着为兄弟姐妹们准备的谜团,比如找到战利品袋。他们仨还喜欢在家里的床上一起嬉笑打闹,或者用箱子和毯子搭成精致的小窝。我们家长特别喜欢看他们在床上嬉戏和打闹,因为这是测试和消耗他们体力的好方法。孩子们可以在受到保护的前提下发泄自己的攻击性。在这种通过玩耍产生的身体接触中,他们可以很好地同彼此建立联系。邻居家的孩子乔纳森也经常加入他们的游戏中来。他比卡洛塔大两岁,是她最好的朋友。他一做完作业,就会按响我家的门铃。我们把他看作家里的第四个孩子,卡洛塔、海伦娜和约祖亚将他视为大哥哥。就连"圣诞老人"也知道这一点,每年都会在圣诞树下给他留一盘糖果。乔纳森一来,我们家床上的摔跤游戏就变得精彩纷呈了。他总是乐此不疲地和他们三个争个你高我低。和他一起玩,

Chapter4　维护手足之情

卡洛塔也会用尽全力,只为把他扳倒。约祖亚也特别喜欢和他摔跤,因为这个大男孩比他的姐姐更让着他。乔纳森总会佯装输掉,然后躺在地上感慨约祖亚变强了。

兄弟姐妹间的另一种游戏方式,是有或者无角色扮演的编故事游戏。尽管卡洛塔和海伦娜喜欢玩的游戏相去甚远,但她们俩通常会在上下学的公交车上一起编织一个幻想世界。两人分工不同:卡洛塔通常负责讲故事,海伦娜则会在故事中设计她喜欢的事物。

角色扮演类的游戏也很适合用来将孩子们凝聚在一起,但多半也只是停留在口头层面而已。角色扮演游戏也是海伦娜和卡洛塔特别喜欢在公交车上玩的一个游戏。

"听着!我是个大坏蛋,我要出来吓唬你们所有人!你们都要缩在沙发后面。然后,亨利拿着剑出现,我们俩就要开始战斗啦!"

"没错!但我会带着光剑从沙发后面走出来,然后我们所有人都会和你战斗。"

"好吧,但我更厉害一些,因为我会魔法。我会打败你们,怎么样?"

11
创造自由空间

在家庭中创造自由空间也是一件好事。大家不要总是挤在一起,父母偶尔也要让孩子们在没有父母的陪伴下独处。这样做或许会产生意想不到的效果。雅丝敏在网上讲述了她的经历:

> 自从我们搬进新房子后,家里变得不再拥挤,两个大女儿也不再"相看两相厌"了。每逢周末,当我们做父母的还带着小宝宝(5个月)躺在床上时,两姐妹就已经起床了。克莱尔(六岁半)体贴地给玛丽(两岁半)准备了早餐,吃完早餐后,还会帮她洗漱。之后两个小家伙就一起坐在沙发上,相拥着看《小猪佩奇》。唉!让所谓的教育价值都见鬼去吧!真正有意义的是这种日益紧密的亲情纽带!

另外，各位家长还要注意，不一定要让几个孩子做什么事都在一起。尽管这样做会给父母减轻许多负担，但有时，让孩子们分开活动反而更好。或者可以每个家长各带一个孩子出去，一个去这个操场，另一个就去另一个操场。尤其是在下雨的周末，或是节假日期间，同在一屋檐下可能会产生摩擦。此时，自由空间和短暂分离就会显现出其积极的效果。

12
明确物品所有权

—

有一些玩具是大家共有的，因此孩子们要学会分享。他们必须就这些玩具达成一个大家都满意的约定。还有一些每次只能一人独享的玩具，除非玩具的主人明确应允，否则其他孩子是不可以和他一起玩的。如果玩具的主人不在场，也没表示同意，那么这个玩具别人就不能玩。虽然说"眼不见心不烦"，但如果父母允许孩子在没有许可的情况下玩兄弟姐妹的玩具，这样的言传身教其实是错误的。在这种情况下，孩子会对"同意"这一极其重要的概念产生误解。同意必须由他人主动给予，并且可以在任何时候、无须任何理由撤回。

特别是在多胞胎家庭中，或家里孩子年龄差距较小时，父母可以在预算允许的情况下，多买几个孩子们喜欢的玩具，这样就能皆大欢喜。孩子们学会分享和妥协固然很好，但有时走最简单的路线，往往更让人省心。为了少操些心，多花点钱也非常值得！

13
允许负面情绪的存在

虽然对我们成年人来说难以忍受,但允许家庭内部出现负面情绪和争论,才会对家庭关系的健康发展有所裨益。况且,兄弟姐妹之间自行解决纠纷的情况也并不少见。安娜在推文中这样写道:

> 与孩子们在家共处的第5天。我说的话从"不要这样做"到"别管它",最后又变成了"哦,我感觉……你们越来越像争吵的兄弟姐妹了。我可不希望这样",然后他们真的就不会那样做了。

父母要做的不是避免负面情绪的产生,也不是抑制负面情绪的存在，而是要教会孩子：即使在激烈的争吵情况下，也要尊重彼此。当然也包括允许孩子们在社会环境中犯错，必须让他们体验到他们的自私行为会给他人带来怎样的影响。因为只有这样，孩子们才能吃一堑长一智，从而在下一次冲突爆发时记起这一教训。著名儿童精神病学家彼得拉，曾在其文章中多次指出兄弟姐妹对培养同理心的重要作用。同理心，在现代心理学中被认为是实现令人满意的生活方式所不可或缺的重要能力。与兄弟姐妹的接触，可以帮助孩子尽早地建立起同理心，但前提是成年人不要对孩子的行为有过多干预，就算最初孩子们的行为可能在他们眼中并不可取，或不符合社会要求。[11]兄弟姐妹或悲伤或愤怒的反应，便是孩子们从中"习得"的结果，而不是成年人因不喜欢孩子的行为而以"学习激励"的名义所做出的惩罚。

与孩子们的相处过程中最困难的地方在于，父母要学会判断何时介入纠纷，何时抽身而退。一方面，我们想要保护我们的孩子；另一方面，我们也不想剥夺他们重要的学习机会。在本书接下来的章节中，我们还将讨论这一重要话题。但在此之前，我们想简单地谈一谈，残疾儿童或慢性病儿童的父母还可以借助什么方法来维护手足之情。

Chapter 5
特殊的兄弟姐妹

01
陪伴特殊的孩子

——

克里斯托弗·查布里斯（Christopher Chabris）和丹尼尔·西蒙斯（Daniel Simons）曾做过一个著名的实验，实验结果表明：在专注于其他事情时，我们往往会忽视旁边的某些事物。在实验过程中，实验参与者会观看一段视频。视频中有两队球员：一队身着黑衣，一队身着白衣。两队球员分别向对方投掷篮球。视频中的每个人都胡乱地跑来跑去。实验参与者的任务相对来说比较简单：数出白衣者的传球次数，无须理会穿黑衣的球员。在这个约一分钟的视频结束后，当被问到传球的次数时，几乎所有参与者都能准确地回答出传球的次数——35次。但当实验负责人问在场的人，有多少人看到大猩猩从场地中间跑过，只有约一半的观众举手，表示曾看到过大猩猩。而另一半的人则一头雾水："大猩猩？哪儿有什么大猩猩？"实验负责人让他们再次回看视频。由于这一次无须将注意力集中在抛球次数上，他们发现实际上确有一个穿着大猩猩服装的人闯入镜头，在镜头前停留了一会儿，捶了捶胸膛后又转身跑了出去。本来这一场景不可能被忽略，然而却有一半的观众，在第一次观看视频时没有注意到大猩猩的出现。[12]或许，这个实验可以很好地类比患病儿童或残疾儿童的父母所面临的窘境。这些孩子的父母，其注意力和精力可能已经被患儿消耗殆尽。家中健康的孩子尽管一直都在父母的视野范围内，却很少能够获得父母的关注。那么就让我们来听听安妮和乌利的故事，他们在博客中，记录了他们与患有重病的儿子约瑟夫和健康的女儿克拉拉的生活：

> 我们的儿子约瑟夫出生时，他的姐姐克拉拉已经6岁了。她非常期待弟弟的到来。但突然间，一切都变得不同了。约瑟夫的身体并不健康，因此他不能按计划回到家中，只能住在医院的新生儿科病房。在接受抢救后，约瑟夫又住进了重症监护室。根据医生的评估，在这次抢救过后，他的预期寿命会变得非常短暂。起初，约瑟夫不能自主呼吸，大脑受损严重；在重症监护室待满六个星期后，他终于可以跟我们回家了。
>
> 虽然回到了家里，但约瑟夫还是需要日夜无休的特别看护，我家也不得不进行改建，创造看护条件。约瑟夫一刻也离不开人，必须时刻有人保持清醒，在旁照看他。我

们之前还曾幻想,他能像别的婴儿一样,躺在卧室里呼呼大睡。可如今,这些想法全部化为泡影。他只能躺在客厅的护理区,离不开护理人员的看护。而这种情况将会一直持续下去!因为他一旦离开我们的视线范围,就可能有生命危险。于是,一批又一批的陌生人搬来我家,和他住在一起。这些人在他周围形成了一个关系网,我们希望参与其中,也必须参与其中。当没有陌生人在的时候,我们又变回了一家人。这时没有人会在一旁看着或是听着我们说话,我们就可以无拘无束地交流,自由自在地活动,无所顾忌地表达情绪。

可事与愿违,一切都比我们想象的要复杂得多。本以为有了照顾大女儿克拉拉的经验,我们在担任父母这一角色时可以得心应手,但现在,这种从容的感觉早已荡然无存。为了解决各种各样的问题,我们不得不学习许许多多的新事物,不得不辗转于医疗保险公司与护理服务机构之间。为了能和约瑟夫一起生活,我们必须在最短的时间内学完医学和法律。克拉拉不知道约瑟夫到底得了什么病,也不知道辅助他呼吸的设备是如何工作的。毕竟,她当时只有6岁而已。她把弟弟抱在怀里,搂着他,还给他挠痒,看到他嘴里流出来口水和鼻子流出来鼻涕时,还会有些嫌弃。但她爱他,就像所有的姐姐爱弟弟一样。

> 但父母的注意力主要还是集中在约瑟夫身上。诚然，每个婴儿都需要得到关注。但约瑟夫和他们不同，他每天仅是为了活着就要拼尽全力。突然之间，我们的活动范围大幅受限，只能足不出户地陪在他身边。至于满足克拉拉的爱好，甚至是带她去上学，都变得十分艰难。我们当然希望能够公平地对待两个孩子。我们想成为合格的父母，给孩子一个美好的童年。但我们的日常生活总是顷刻间就脱离正轨。只要约瑟夫身体不舒服，我们的目光就会完全集中在他身上，根本匀不出时间陪克拉拉玩。她只能自己一个人没完没了地看电视。无论我们多么希望过上有计划、有规律的日常生活，无论这愿望有多么强烈，但计划总是赶不上变化。我们很想给予克拉拉关注，但在现实面前总是无能为力。于是她变得循规蹈矩，沉默寡言。实际上，即使是在正常的家庭生活中，我们对孩子的关注，也根本不可能做到完全平等，更何况在这种不正常的情况下。我们能做的就只有重新塑造自己的生活方式了。

以关系和需求为导向的养育方式会权衡每个家庭成员的需求，会评估谁的需求在某一时刻是最重要的。可当家中有患病或残疾的孩子时，这种方法就会变得尤为困难。因为在这样的家庭中，很容易出现将患儿的需求一直排在第一位的情况。当然，情况并非都如此。如果患病或残疾的孩子，总是被当作家中最弱小的成员，他或者她在代入这个角色的过程中，可能无意间获得了家庭中太多的权利。[13]可对于这些权利，他或她不需要也不想要。教育孩子体谅弱者固然很重要，这也是一条有利于社会和集体的规则。但是，没有人应该体贴他人到自我牺牲的地步。重要的是，我们的孩子要学会自信地提出自己的需求，并敦促他人满足这些需求。然而，那些在童年时期就被说教，认为别人的需求总是优先于自己的需求的人，在成年后往往不能很好地把握自己的底线在哪儿，他们的自我牺牲和乐于助人可能会让自己心力交瘁。我想再次明确一点：在有患病儿童或是残疾儿童的家庭中，最关键的问题不是患儿的残疾或缺陷，而是周边环境的反应。如果成年人将兄弟姐妹的忍让视作理所应当，不允许他们为此发脾气，那么大孩子的态度也会随之倒戈，进而伤害到其他孩子。波鸿鲁尔大学健康促进与卫生服务研究所所长迈克尔·库施（Michael Kusch），在进行有关残疾儿童兄弟姐妹精神压力的国际研究中发现[14]：患儿家庭中这些健康的孩子，其中有10%~20%的人会患上疾病，如抑郁症。这一研究结果也意味着：尽管患儿的存在造成了家中环境的长期失衡，但大多数残疾儿童的兄弟姐妹，即80%~90%在患儿家庭中长大的孩子，在成长过程中并没有受到永久性伤害。这也是我们作为父母在面对压力时应始终牢记的一点。通常情况下，孩子们自己就能养成良好的社会行为。

因此，他们无论是在群体中，还是在学校里，都能同他人相处融洽，也能够获得良好的歧义容忍度。歧义容忍度指的是，人们在面对感知矛盾、文化差异，或看起来难以理解甚至无法接受的模棱两可的信息，以及生活中无法控制的不确定性状况时，不做出过激反应的能力。我们都知道，生活并不总是一帆风顺的，因而拥有这种能力的人，自然就会在生活中获得巨大优势。通常情况下，这些（健康的）孩子能够识别出父母和（生病的）兄弟姐妹身上积极和消极的一面，以及他们身上的特点。他们可以接受父母受环境影响而若即若离的态度，且保持自己的内心不产生强烈的恐慌。那么这80%~90%的孩子，是如何形成这种健康的态度的呢？父母又能为此做些什么呢？

02
父母可以做什么

不要对"大猩猩"视而不见

现在让我们仔细想一想,家长要怎样做,才能保证所有的孩子都得到平等的对待。在上文中,我们已经讨论了其中最重要的一点:即使患儿从客观上来讲是家庭中最弱的一员,父母也不应该总是将他或她的需求排在第一位。在有患儿的家庭中,其他儿童的需求应该像克里斯托弗·查布里斯和丹尼尔·西蒙斯实验中的"大猩猩"一样,不应被忽视。即使在这种不对称的家庭关系中,父母也必须积极地平衡所有人的需求,不能忽略其他孩子的声音。我们很清楚,这一点说起来容易做起来难。约瑟夫的父母安妮和乌利也向我们明确表示,他们无法将约瑟夫移出注意力的中心。当像他们这样面临严峻挑战的家庭,也被他人指手画脚,被告知只需要这样做或最好那样做时,他们会出离愤怒。局外人不应轻易评判一对父母能做什么、不能做什么。

克拉拉的父母一直在努力化不可能为可能。尽管自己身负重压，但他们还是积极探寻并努力回应她的需求。周末时，他们有时会开车带她兜风，有时会带她散步，有时会在家中的厨房里，和她一起品尝可可。他们的博客"22 Monate"（22个月），字里行间都透露着克拉拉的父母为尽可能保持她的正常生活所做的努力。正如他们所写的那样，尽管他们都是这个家的家庭成员，但他们"没有时间"相处。造成这种情况的原因，可能是父母分身乏术，无法再将多余的精力投入到剩下的孩子身上。因此，他们就会错过家中其他孩子的需求。这种情况在每个家庭都时有发生，而不仅仅是在那些有患儿的家庭中。如果是这种情况，家中的成年人应该明确表示："听着，我已经了解了你的需要。但我现在没办法让它得到满足，我需要暂时养精蓄锐。我知道这样做很不公平，但我现在也无能为力。等我之后稍有空闲，就去找你。到那时我们再一起看看能为你做些什么，好吗？"

允许愤怒、悲伤和其他情绪的存在

对兄弟姐妹带有矛盾的情感是完全正常的。浓厚的爱意、短暂的讨厌或本能的憎恨，会随着时间的流逝交替出现。在患儿家庭中，除了多种积极的情感，自然也会有一些负面情绪。从愤怒，到悲伤和对失去的恐惧，再到羡慕和嫉妒……情绪的调色板不停地轮转。孩子也许会对父母区别对待兄弟姐妹和自己感到悲伤；对疾病、兄弟姐妹有时不可理解的行为、无计可施的父母或医生感到愤怒；也许会羡慕患儿能得到父母的关注，羡慕他们拥有一些看似不太公正的特权，羡慕患儿可以免除而健康儿童却必须遵守的某些规则；当身患绝症的兄弟姐妹不得不再次住院时，会害怕失去。这些感觉中的每一种，实际上都有一定的负面因素。但这些情绪都十分重要，我们不应该对其严防死守，而是要允许孩子加以体验，并将其融入自己的情感宝典，这样才有助于个人心理的健康成长。让孩子接受这些情绪并习惯与其共存，便是父母的任务。父母有时并不清楚该如何克制自己的情绪。因此，各位家长不仅要学习戈登倡导的积极倾听，还要为孩子寻找家庭以外的倾诉者或志同道合的人。要以符合孩子年龄的方式来告诉他们有关兄弟姐妹所患疾病或肢体残疾的相关信息，这会对减少孩子的恐惧有非常大的帮助。在下文中，我们将会就这一点进行讨论。

寻求家庭以外的支持

社会和社区精神病学名誉教授赖因哈德·波伊克特（Reinhard Peukert）在其未出版的专著《兄弟姐妹怎样了》中写道，非正常儿童的兄弟姐妹除了要共同经历积极的情况，还要忍受各种各样的压力，他们往往不愿意或不能与没有这种亲身经历的朋友谈论这些负担。[15]父母作为孩子"永远的安慰者"和"自然的倾诉者"，也常常因为自己的负担过重而缺席与孩子的交流。因此，建议各位家长在家庭之外帮孩子找到处于相同状况的同伴，组成讨论小组或对话伙伴。这样的话，孩子们就可以在这里遇到有共同语言的孩子，且不必向他们解释什么或是说明什么。等孩子们再长大一点，就可以利用具有专业主持人的封闭式网络论坛，与其他有类似经历的年轻人进行交流。这种受到保护、相对匿名的空间，能给他们提供处理问题的机会，在这里他们可以提出本来避而不谈的问题。除此之外，约见一些"专业听众"，如儿童和青年心理治疗师，也会对孩子们有所帮助。

从另一个角度来讲，如果患病或残疾的孩子获得外界的支持，对家庭来说也同样是一种解脱。这样做可以为其他成员创造自由空间。因为这样的话，患儿就可以交由合适的人照顾，而其他家庭成员就可以去看电影、散步，甚至一起出去玩上几天。这样一来，我们又回到了第一点：有时健康儿童的需求往往更为重要。将患病或残疾的孩子短暂地托付给专业人员照顾——只要确保孩子是在良好的环境中，以便父母和其他兄弟姐妹能够一起短暂地"充电"，未尝不是一件好事。

向孩子解释他需要知道的东西

患病或残疾儿童的兄弟姐妹在成年后接受采访时经常表示，学习有关疾病或残疾的知识极大地增强了他们的安全感。例如，当患有糖尿病的兄弟姐妹发生低血糖休克时，他们早已知晓该做什么、不该做什么，因而能够从容应对。对许多患儿的兄弟姐妹来说，疾病的诊断结果，如自闭症的诊断，也与接纳患儿以及最终理解患儿紧密相关，因为诊断结果可以帮助他们更好地理解一些以前无法解释的行为。关于疾病的信息和知识，以及理解兄弟姐妹为什么会"这样"，对于帮助他们从积极的角度看待家庭现状具有重要意义。因此，对家长来说最重要的是，不要向孩子们隐瞒兄弟姐妹与他们的不同，以及为什么会产生这种不同。对于年龄很小的孩子，几句话的解释便已足矣；等到孩子上了小学，家长就可以进行更为全面的说明。而年龄更大一些的孩子，在得知了兄弟姐妹的诊断结果后，通常会选择自己在互联网上进行搜索。这种方式也没什么问题，但家长仍应留意，是否有必要在孩子学习新知识的过程中，进行适时的介入和正确的引导。根据戈登所说，家长通过积极倾听，可以给孩子提供空间，让他们自由地讲述自己的所见所想。需要注意的是，孩子们不正确的认知和假设应立即得到纠正，这一点与其他情况有所不同。但这并不意味着，父母要做出完美的反应。父母只需向孩子们解释，兄弟姐妹身体有某种疾病或残疾，促使孩子以某种方式思考、感受或行动。无论对谁来说这都不是一件易事，但这并不是谁的错。[16]

消除孩子各种形式的负罪感

正如上文已经提到的那样,父母应该关注的另一个重要问题是:有兄弟姐妹的孩子倾向于将表面的不幸归咎于自身。在我参加的ETEP(**E**ntwicklungstherapie, **E**ntwicklungs**p**ädagogik,由玛丽·伍德[Mary Wood]提出的发展治疗学、发展教育学)培训中,我曾学到这样一个理论:儿童在某些特定的年龄段会经历某种成长恐惧。如果可能的话,他们应该在成年人悉心的指导与帮助下克服这些恐惧。玛丽·伍德认为,6~10岁的儿童会经历关于"自责"的成长恐惧,即孩子们会为许多与他们的行为或存在无关的事情而自责。比如,当父母离婚或是兄弟姐妹生病时,他们会认为错在自己。亚娜·豪席尔德(Jana Hauschild)在《被忽视的兄弟姐妹》一书中也提到了同样的现象:"孩子们会问自己,别人现在病得这么重,是不是自己的错,自己是不是应该表现得更友好、更有趣,或不那么令人讨厌。他们倾向于幻想,这种思考方式会将他们的行为与兄弟姐妹的痛苦迅速联系起来。即使是在毫无关联的地方,也能建立起连接。有时,这种负罪感会悄无声息地侵袭青少年和成年人。他们认为在某种情况下或某些时刻,他们本可以做些什么、说些什么,或是什么都不干,只是袖手旁观。至少在他们看来,他们本应该这样或是那样做。这种想法就像一个沉重的担子,压在年轻人的肩上。"[17]这就是为什么我们要把这种自我强加的、不合理的负罪感,从我们孩子的肩上卸下来，并很清楚地告诉他们，兄弟姐妹的疾病与他们说了什么或是做了什么完全无关。

保护儿童不受歧视或霸凌

"几乎所有非正常儿童的兄弟姐妹都曾有过被歧视的经历，"克里斯蒂娜·克内希特（Christiane Knecht）在她的《慢性病儿童及青少年的兄弟姐妹》一书中写道："社会排斥的程度和形式因慢性病及其症状而异。"[18] 儿童常常会避免在同伴面前提及自己的特殊兄弟姐妹，因为他们害怕被嘲笑甚至是被欺负。此外，被反复问及同样的问题，一直重复同样的答案，也会让他们感到厌烦。因此，孩子主动选择在同学面前隐瞒自己有一个特殊的兄弟姐妹，往往是出于自我保护。父母如果意识到孩子在与他人的交谈中隐瞒了自己有特殊兄弟姐妹的事实，可能会感到痛心，但他们不能对孩子和兄弟姐妹的关系是好是坏妄下定论，也不应该将其视作个人行为。在发生霸凌的情况下，家长最好站在自己孩子那一边，要让孩子自己决定将兄弟姐妹的存在讲给谁听。通常情况下，参加一些由特殊儿童和青少年的兄弟姐妹组成的团体，会对减轻孩子的心理负担有所帮助。在这类团体中，孩子们还能就如何应对歧视交流经验，以便制定新的应对之策。

重视关心和帮助

大多数孩子都是在毫无心理准备的情况下，就"突然"成了他人的兄弟姐妹。他们从未主动提出这一要求，也没有人征求过他们的意见。因此，孩子有权将自己从兄弟姐妹的生活中抽离出来，专注于满足自身的基本需求。这也是本书想要传达的重要信息，尤其适用于本章的主角——兄弟姐妹。正如我们前文提到的那样，如果孩子患有严重疾病或身体残疾，那么这个孩子往往会拥有父母全部的注意力。这样一来，家中其他孩子不仅需求会被忽视，还会被父母要求无私地提供帮助。家庭成员间彼此体贴、相互帮助虽然是件好事，但也要秉持发自内心、出于自愿这一原则。必须要明确的一点是，有兄弟姐妹的孩子，有权利在帮助父母照顾兄弟姐妹这件事上说"不"。[19]从原则上讲，父母并不应该为孩子这一点点的自私和疏离而生孩子的气。能够自信地抵御环境所带来的隐性期望的孩子，拥有相当强的自我关爱能力。这一原则也同样适用于兄弟姐妹患有慢性疾病或终身残疾的情况。年事已高的父母往往会求助于已经成年的子女，希望子女在"自己不在了"以后，接管照顾患病兄弟姐妹的工作。至于是否承担这一责任，则必须完全由子女自己决定。兄弟姐妹没有代替父母的义务。[20]如果孩子决定自愿提供帮助，并表现出关心，那么家庭就要给予孩子认可，并告诉孩子，他们的帮助有多么重要。

不要让孩子们负担过重

与患病（尤其是绝症）、残疾的孩子一起生活，父母可能会被压得喘不过气。父母不必为此感到惭愧。重要的是，要在健康的孩子面前扮演指导他们的家长角色。如果父母将健康的孩子当作自己的盟友，更多地把他们当作自己获得安慰或支持的来源，就会导致家庭的自然结构出现转变。孩子们失去了本应受到保护的儿童身份，失去了本应得到的来自长辈的帮助。因此，他们只能自己支持自己、自己帮助自己。当发生纠纷时，他们要负责调解、安抚兄弟姐妹的情绪，要在家庭中扮演起成年人的角色。虽然孩子们可以这样做，但这样对他们并无益处，反而会让他们产生持续的转变。有时，父母会把痛苦转嫁到孩子身上，这种根深蒂固的痛苦，甚至会导致孩子出现心理问题或异常行为。[21]而孩子想要摆脱这种早期形成的阴影却十分困难，通常需要长达数年的心理治疗。如果发现自己对孩子存在过度要求的情况，导致孩子出现抑郁或倦怠的迹象，父母应该做的第一件事就是，在成年人之间寻求帮助。

提供"庇护所"

当患儿的身体状况比较糟糕时，每天就会有一拨接一拨的陌生人来到家中。从护士到物理治疗师，从司机到夜班护士……

这些人在家中进进出出，使得其他孩子几乎没有任何私人空间可言。因此，父母必须要为家中的其他孩子提供一个相对隐蔽的空间。在经济状况允许的情况下，最好让孩子拥有自己的房间。除此之外，必须让孩子们自己决定，是否与家中的这些陌生人接触，以及如何接触；如果他们并不想和这些人进行交流，就可以选择无视他们的存在。

孩子们的思想包袱不容小觑

即使可以自由选择是否要帮助父母照顾患病或残疾的兄弟姐妹，家中的健康孩子也会有意或无意地考虑到兄弟姐妹的需求和癖好。在日常生活中，父母要记住谁要去看儿科医生了、什么时候去；孩子们现在穿什么尺码的衣服；一周后孩子要带个蛋糕去学校，得买点可可粉和黄油；大孩子的好朋友来家里做客，他不吃坚果……就像父母无法摆脱这些思想包袱一样[22]，孩子们通常也会把兄弟姐妹的喜好和需求储存在脑海中。因此，他们在帮助别人的时候，即使对外划清了界线，往往还是会心存担忧。这一点可以在儿童读物《我、哥哥还有整个宇宙》的主人公弗兰克身上得到很好的体现，弗兰克的弟弟马克斯是自闭症患者。

Chapter5　特殊的兄弟姐妹

> "爸爸说他想从现在开始多照顾一下马克斯和我,多一点时间和我们在一起,这不是很好吗?他试着哄马克斯和我上床睡觉,但并没有成功。马克斯在洗澡时一刻也不安生,但爸爸没有唱洗澡歌,也没有用手试试水温是不是刚刚好。哄他睡觉时,爸爸也没有打开投影仪,好让星空投射在马克斯面前的天花板上,让他的小脸徜徉在宇宙之中。每件事都没做对!我直挺挺地坐在床上,听着在各个房间回荡的咆哮声。就这么听着听着,直到妈妈柔和的声音响起,为马克斯唱起了催眠曲,马克斯这才彻底安静下来。"[23]

在书中描述的这一场景中,弗兰克在自己房中远远地注视着忙得团团转的父亲。尽管他很清楚马克斯睡前喜欢做些什么,而且也意识到父亲的这些做法都是错误的,肯定会失败,但他仍然选择了不去干预。这并不是说他就应该将自己所了解的告诉父亲,帮助父亲照顾弟弟。正如我所说的那样,弗兰克有权选择不参与照顾弟弟马克斯。我们只是想要指出,尽管如此,弗兰克还是无时无刻不在关注着弟弟的需求,为他着想。就像成年人为了化解日常的精神负担而倍感压力一样，有特殊兄弟姐妹的孩子也会有压力，因为他们会（不自觉地）考虑兄弟姐妹的需求和喜好。孩子们这种无形的压力不应该被家长所忽视！

03
亲情、爱和感激

前文中的克拉拉如今已经12岁了。她的弟弟约瑟夫在22个月时去世,那时的她年仅8岁。"与约瑟夫共度的时光真的很美好。"她这样说。

"尽管他总是状况不断,而且每个人的注意力都集中在他身上,但我总觉得自己和他血脉相连,就是那种骨肉同胞间的心灵感应。我经常能确切地感知到他的状况如何。关于这一点,我也曾和他谈过,我感觉他也会有所反应。他能注意到我在何处,注意到我和他一起在做些什么事。这种感觉真的很好。我的脑海中几乎没有什么有关危机的记忆。只有一次,我记得当时治疗小组的护士把我带到了游乐场,当时约瑟夫的情况肯定很糟糕。我不明白发生了

> 什么事，我以为约瑟夫要死了，我能感受到的只有难过。听妈妈说，这次危机过后，我将自己完全封闭了一段日子。但后来妈妈和爸爸向我解释了一切，并与我交谈，这让我宽心不少。我认为我的童年还是很美好的。尽管弟弟约瑟夫一直在死亡的边缘挣扎，但对我的生活其实并没有什么负面的影响，也没有给我留下任何心理阴影，比如抑郁症或类似的疾病。

特殊孩子的兄弟姐妹，其中许多人的童年生活会受到一定的影响，但他们对自己的童年却有着积极的看法。他们的情感主要表现为亲情、爱以及感激。"Siblings Australia"（澳大利亚兄弟姐妹）[24]的研究人员在其网站中这样写道："我的兄弟姐妹成就了今天的我。"这也是兄弟姐妹研究者在访谈中最常听到的一句话。也许这样的回答能让我们稍稍松一口气。至于"大猩猩"——好吧，既然我们已经知道了它的存在，当然就不会再忽视它。

Chapter 6
用爱处理兄弟姐妹间的争吵

01
兄弟姐妹可以为任何事情争吵

芝加哥大学的研究人员马塞拉·拉斐利（Marcela Raffaelli）在对10~14岁儿童进行研究时发现：朋友之间的争吵和兄弟姐妹之间的争吵有很大区别。当争吵发生在朋友之间时，男孩的和女孩的又有明显的区别。女孩之间的争吵更多的是关系层面上的争吵（如："你说我是你的朋友，但你从来没主动给我打过电话。总是我打电话问你，我可不可以过来玩。"）。男孩们的争吵则更多地集中在事实层面（如："那是越位，不是进球！"）。而在兄弟姐妹之间的争吵中，性别并没有什么影响。无论是男孩，还是女孩，他们争吵的话题都没什么差别（如权力和个人所有物，就是兄弟姐妹间典型的话题[1]）。

从生物进化的角度来看，资源——尤其是父母的关注，通常是争夺的焦点。一般来说，孩子们为了博得父母的关注和照顾才会产生竞争行为。如果父母能够满足所有孩子的需求，孩子间的冲突自然就会减少。但是，其中的一个或多个孩子如果感觉自己在情感层面上没有得到满足,那么就会将矛头对准自己的兄弟姐妹。他们经常会为一些乍一看与父母的关注并无关联的事情而争吵:为谁用蓝色的杯子而争吵,为谁能坐公交车上靠窗的座位而争吵,为谁能得到更大的那块蛋糕而争吵……这一切行为其实都是因为我们人类不清楚自己的实际需求。我们可能会意识到自己想要什么,然后为实现这一愿望而争斗;然而,我们忽略了这样一个事实:表面的欲望掩盖了更深层次的需求。一位母亲在推特上讲述了自己的经历:她家的孩子们发生了激烈的争吵,而起因只是她女儿认为自己的那一半猕猴桃里黑籽太少。另一位母亲也无奈地抱怨道:那天,她的大儿子因为弟弟接种了疫苗而他没有就气哭了。这些荒谬的例子表明,背后一定还有什么别的原因,才会导致孩子们做出这样的行为。而这背后的原因,正如我所说,大多数情况下都是缘于孩子需要父母给予关注、时间和爱。但兄弟姐妹间的争吵往往还有其他原因。我们多次在脸书上向我们庞大的粉丝群中的父母发起提问:我们想要知道,你们的孩子在争吵些什么。我们对回答进行分类,从而得到了一份内容丰富的清单。尽管结果可能并不完善,但我们仍然可以从中窥见一斑。与此同时,我们还注重挖掘这类行为背后隐藏的原因。有时争吵的导火索与争吵的原因并不相符,这就使得作为家长的我们更难介入。总而言之,争吵的原因绝不仅仅是谁能得到那块更大的蛋糕那么简单。因此,平分蛋糕,就算精确到多少克,也不会起到多大的作用。为了给大家提供具体的帮助,我们将就家长如何更好地应对不同类型的争吵做出回答。

在我们列举出所有让父母"压力山大"的情况之前，我们想要先尝试着打消父母对"兄弟姐妹大战"这一情况的恐惧。因为我们和孩子们之间，也确实存在着一些美好的闪光时刻，这些回忆如星星一般，多年后依然会在脑海里熠熠生辉。是，我们的孩子也许会为我们在接下来列举的这些事情而争吵，也有可能会为我们在拥有多个孩子前始料未及的一些事情而争吵，但这并不妨碍孩子们之间也拥有让父母感动万分的团结时刻。比如下面这一情况，兄弟姐妹之间由争吵不休，突然变成了团结友爱。罗莎在她的博客中，讲述了父母和孩子、孩子和孩子之间最后是如何实现和平共处的。

> 他坐在自己的房间里收拾着东西。他的背包里有带着拜仁标志的石头、几本读物、他最喜欢的毛衣，还有他和弟弟的合照。这个大男孩说他想要搬出去，而此时外面正下着雨。上午一半的时间里，他和弟弟因为乐高玩具、CD唱片，以及所有能吵的事情吵了个遍。后来我也没忍住，很大声地责骂了他。我真是受够了！他的小弟弟在一旁看了他几分钟，然后晃悠悠地起身。小家伙也找起了自己的背包，还从衣柜里拿出了自己的睡衣，床上那只可爱的熊

也被他拿了下来。"你在做什么?"我问小家伙。"我和他一起搬出去。"听到这句话,在与大孩子争吵时强压的泪水又涌了上来,我只能努力忍住。"我不会让他一个人走的,妈妈。但我保证我们会搬到家附近,这样我就可以一直和你在一起。"这一刻,我的泪水终于夺眶而出,不是因为孩子们冲动地想要搬走,更多的是因为,我终于在他们两个人身上看到了我一直想要的东西。我和丈夫一直计划,如果一切顺利的话,我们想要两个孩子。丈夫是独生子,而我则是多子家庭中的老幺,我们不希望我们的孩子也是独生子。有了兄弟或姐妹,他们就可以一起做任何事,爬树、玩玩具……在无法向父母倾诉的时候,他们能够彼此陪伴,相互支持。这两个人现在站在那里,收拾背包,准备一起离家出走。尽管上一秒还在掐架,但现在他们俩互相支持,他们想要照顾彼此,他们属于彼此。小家伙已经将行李打包完毕。"我们要走吗?"他问自己的哥哥。哥哥望向窗外,看了一会儿。雨还在下个不停,他的朋友也外出旅行了——不在家,他没有可去的地方;不仅如此,如果他现在要离家出走的话,还得脱掉身上的睡衣。"我并不是真的想离开这里,我只是觉得这种责骂很愚蠢。"哥哥这样说道。"那就好,"弟弟边说边平静地打开背包,"那我们现在可以吃饼干了吗?"

02
为争夺父母的关注而争吵

孩子们会为了在床上谁能躺在妈妈身边,或在拥抱时谁能坐在妈妈的腿上而争吵。他们也会为了谁才是父母最喜欢的孩子而争论不休。有时候,孩子会偷偷地使些小心机,故意让父母看到兄弟姐妹糟糕的一面。如果这时兄弟姐妹被责骂,而自己却得到父母的表扬,那么他的目的就达到了。

如果孩子们出于争夺父母注意力的目的而被迫扮演某些角色,或主动向某种角色靠拢,那么兄弟姐妹间的关系就可能出现问题。例如,有些孩子为了让父母注意到自己,就会表现得极为顺从和乖巧。有些孩子则完全相反,他们为了吸引父母的目光,会变得吵闹和叛逆,即使是负面的关注也照单全收。而所谓的告密也是兄弟姐妹间纠纷的一部分,这其中至少有一部分也与父母的关注和爱有关。稍后我们将讨论如何处理告密行为。

从生物进化的角度来看,为了获得很好的照顾而争夺父母的关注,大概是孩子的本能。因此,兄弟姐妹间的嫉妒是一种相对正常的现象，只要这种嫉妒只是停留在小争吵这一层面。比如，为了谁能在妈妈的腿上或爸爸的肩膀上占有一席之地而爆发的小冲突，就无可厚非。但如果兄弟姐妹间由于缺乏关注而滋生出真正的仇恨，或者当其中一个孩子被迫扮演害群之马的角色时，这种嫉妒就变得病态了。

告密也是争夺注意力的方法之一，同时也是让许多父母都感到困扰的一种行为。毕竟，告发他人的行为会被认为是懦弱和凸显自我的表现。然而，小孩子通常不会想到这一点，他们无法预估自己行为的后果，只想分享自己的观察结果或获得父母的支持。波茨坦大学的心理学家伊丽莎白·弗利特纳（Elisabeth H. Flitner）和雷娜特·瓦尔廷（Renate Valtin）曾对5~6岁的儿童如何看待告密行为进行了研究。在研究中，她们要求这些儿童观看一部影片。影片中，一个名叫罗莎的女孩向她的朋友卡特娅坦白，尽管父母明令禁止，但她一直都在偷偷地吸烟。影片中，卡特娅的母亲走进房间，问女孩们是否做错了什么。罗莎的吸烟行为被卡特娅告发。母亲叹了口气，说："唉，卡特娅！"观看影片的大人们立即意识到，影片中的母亲是在训斥打小报告的卡特娅。但接受采访的5~6岁儿童对影片中的这种情况则有完全不同的看法。几乎所有的孩子都认为，影片中的母亲不是因为她们打小报告，而是因为抽烟才训斥她们。有些孩子怀疑母亲把两个人的名字弄混了。其他人则觉得母亲认为卡特娅在撒谎。显然，在孩子们看来，卡特娅关于罗莎不当行为的告密，并非一种不好的行为，因而不应受到训斥。只有到了6~8岁的时候，孩子们才会对告密的本质是"背叛"产生一定的认识，从而理解影片中的母亲实际上是对告密的孩子表示不满。因此，在孩子们的这种认识形成之前，去训斥孩子打小报告根本毫无意义。原因显而易见——6岁左右的孩子根本不会去考虑自己的行为会给他人带来怎样的后果。在幼儿时期，孩子们各种打小报告的动机不外乎几种。通常情况下，揭发违反规则的行为是为了测试规则体系。孩子通常不是因为希望违反规则者受到惩罚而向成年人报告事实，而是在检验这种规则对自己和另一个孩子是否都同样适用；或者他们只是单纯地想发出信号："我认识到了一种违规行为！我已经理解了这个规则！"

父母该如何应对？

尽管父母有时会觉得孩子们无时无刻不在打小报告，但实际上，孩子们平均每15次主观上感到不公平，才会来找父母寻求一次帮助。可寻求帮助的时候，他们通常会遭到父母的训斥。儿童因告密受到训斥的次数是因撒谎的十倍！在学龄前阶段，试图压制孩子的告密行为往往是无意义的，告诉孩子"不要再打小报告了"往往会适得其反。因为孩子没有意识到这是错误行为，只是希望得到成人的帮助。[2]

如果孩子们告密的内容只是在自己的规则体系中，对他人的行为进行分类（如"凯拽了猫咪的尾巴"），那家长通常只需要说"啊，这样可不好哟。可怜的小猫咪，肯定很痛吧"这样的话，以满足孩子的要求。如果孩子的情绪不太稳定，你可以问他："你为什么要告诉我这些？你需要我的帮助吗？我们应该怎么做？"从学龄期开始，孩子们就有了这样的认识，即打小报告就是泄露秘密。他们甚至还形成了一个与此相关的道德体系。对于稍大一点的孩子，教育学家托马斯·戈登建议，在孩子告密时家长要积极倾听、积极跟进。倾听能让孩子们感觉到自己被接受、被认真对待，让他们有机会表达恐惧和焦虑。如果因为打小报告而被责骂，孩子会感到被排斥、被拒绝。与此相比，更有意义的是鼓励孩子自己找出解决方案。比如家长可以这样问孩子："那你认为你现在可以做些什么？"如果大孩子打小报告是为了给兄弟姐妹抹黑，家长就应该再次申明，在小事上打小报告，意图让对方受到惩罚，是一种不礼貌的行为。这种打小报告的行为可能是由于孩子缺乏关注，为了摆脱这种困境而采取的不恰当策略。父母要多看一看孩子们不良行为的背后，努力找出真正的原因以弥补不足。以积极的方式关注孩子，与他一起玩耍、交谈或胡闹，永远不会有错。

这样一来，我们可以看到：当父母的注意力总是被别的孩子夺走时，最重要的应对方法是——像爱护听话的孩子一样去爱护叛逆的孩子。在我们的一本关于5~10岁儿童的书中，我们详细解释了为什么这种方法如此重要，即使它似乎与最近几十年的教育共识相悖。叛逆行为始终只是我们的孩子在情感层面上不顺利的一种表现。他们失去了一些东西，可能是来自父母的欣赏，也可能是充满爱意的关注。如果我们因为这种"坏"的行为而对他们置之不理，很有可能会加剧他们的这种缺失感。我们不能这样做，一旦这样做，我们将会陷入无尽的恶性循环。孩子会变得更加叛逆，甚至不惜用消极的行为来填补父母关注和赞赏的缺失。

同时，我们也不能忽视那些安静的孩子。这些孩子从不抱怨，会顾及我们的感受，而不会强烈要求行使自己的权利。我们的当务之急是要去接近这些孩子，与他们共处。最好的办法就是要养成一种习惯，在心中记住某个孩子曾在某种情况下谦让过另一个兄弟姐妹。如果可以的话，就在同一天，或最迟在一周内，亲近这个孩子。

至于如何在日常生活中应对孩子们的本能反应，如争夺父母的宠爱，对父母来说仍是个不小的难题。说实话，我们在这方面往往也做得不够好。在我家总会发生这样或那样的"地盘争夺战"：外出散步时，每个孩子都想牵着我的手，可家里有三个孩子，我却只有两只手；坐火车时，他们也会因六个人中哪四个能围着桌子坐、哪两个能坐在窗边而闹个不停，等到他们辩出个所以然，我们也快到目的地了；每晚入睡前，如何让家里的三个孩子都躺在我身边，也是一个世纪难题。我曾在网上看过一张照片，照片中是一位有五个孩子的父亲。他家的五个孩子都想和他一起睡，于是他想出了一个十分巧妙的方法：他像一个巨大的海星一样躺在床上，家里的五个孩子，有的靠着他的腿，有的躺在他的腋下，有的趴在他的胸前。而他只需要舒舒服服地躺在那里，问题就解决了。真让人佩服！可在日常生活中，我们这些不太具有创造力的父母应该怎么做呢？我们经常做的就是：即兴发挥，共同讨论，给予安慰，寻找折中方案。我们会告诉孩子们：我只有两只手，这件事也无法改变；现在，我可以牵着你的手，再走一会儿，就轮到你的兄弟来牵着我的手了……以关系和需求为基础的育儿方式，并不意味着让孩子永远开心，而是要共同探索一个大家都能接受的共识。这意味着，在这种情况下，我们必须慢慢来。我们必须允许每个人平静地说出想要坐在父亲或母亲身旁的原因。我们还必须花时间去寻找一个所有人都同意的解决方案。在最初几年里，不断平衡孩子们的需求会让父母相当辛苦；但随着孩子们年龄的增长，他们会自己去寻找合适的折中方案，几乎不需要父母的帮助。而此时，父母想要达成这种平衡，便会变得容易许多。由此可见，在最开始时就投入大量的时间及精力，还是一笔十分划算的买卖。因为从长远的角度来看，这样可以使父母的生活更加轻松。

03
窗口的位置谁来坐

上文中，孩子们之间的争端主要是由于担心得不到足够多的照顾和自己想要的东西。现在，我们要讲一些物质层面的争端。当孩子看到兄弟姐妹得到了什么东西，而自己却没有时，就会产生羡慕的心理："为什么爷爷给妹妹买了冰激凌？我没和爷爷一起出去，但我也想吃冰激凌！"除此之外，还有诸如谁能坐在司机后面，谁能坐在公共汽车靠窗的座位上之类的问题。有时也会出现一些让人哭笑不得的情况。一位读者向我们分享：她家的两个孩子发生了争吵，而争吵的原因是姐姐从弟弟坐的那一侧车窗看出去，而不是从她的那一侧。总之，只有父母想不到的，没有他们吵不起来的。孩子们总认为别人碗里的麦片更多，别人的蛋糕更大，别人的乐高积木更多，别人的衣服更酷。还有的孩子会想，为什么哥哥姐姐总能穿新衣服，而我却只能捡剩呢？真不公平！有时，孩子们还会为了一个在角落里躺了几个月、无人问津的旧玩具而发生争吵。只要一个孩子重新把它找出来玩，其他的兄弟姐妹就立马想得到一模一样的玩具！一秒钟都不想等！

　　为某一个特定的物品争吵往往只是一种替代之争。孩子并没有意识到自己实际上还有一个未满足的需求，而这种争吵行为只是一种满足需求的典型方法。因此，矛盾的关键不在于爷爷的冰激凌，而在于被剥夺了与爷爷在一起的时间。孩子可能并不清楚这一点。而且，即使是成年人，无法区分欲望和需求的也大有人在。因此，当孩子抱怨说要吃冰激凌时，也许他们从父母那里得到的只是一个替代品，这种替代品让他们暂时得到了满足。但其背后隐藏的真正需求仍然没有被满足，这也就意味着孩子们对兄弟姐妹的负面情绪依然存在。兄弟姐妹之间大多数的嫉妒和怨恨，是由于渴望获得关注的需求没有得到满足 —— 孩子们希望被父母或其他依恋对象关注和欣赏。有时，未得到解决的儿童情感危机也会导致兄弟姐妹间嫉妒和怨恨的产生。

　　当兄弟姐妹为某个玩具、某支铅笔或其他东西而争吵时，在大多数情况下，争吵的原因确实只是这个东西本身，而并不是孩子们未被满足的需求。有时，这样的争吵只是由于孩子们当天的合作或自控能力已经消耗殆尽了。因此，争吵背后的原因并不总是富有戏剧性的。

父母该如何应对？

　　替代之争会消耗大量的精力。家长可以周复一周、月复一月、年复一年地调解孩子们之间的争吵，但如果不关注引发争吵的原因（即争吵背后隐藏的需求），这种调解工作就会像西西弗斯的苦役[①]一样，永远没有尽头。因为争吵永远不会停止。家长应该更明智地利用所拥有的资源，看透孩子们的愿望、知晓孩子们的需求，来给自己减轻负担。一旦满足了孩子们内心潜藏的需求，"石头"就能停留在"山顶"，也就是说，孩子们为了达成需求所做出的替代行为也会随之停止，或至少出现的频率会大幅降低。因此，满足孩子们的需求才是长久之计。这也就意味着，各位家长要尽快做出努力，给予每个孩子足够的关注和赞赏，保证每天和孩子至少有半小时的独处时间。如果不唠叨孩子或教育孩子的话，还会产生意想不到的效果。和每个孩子一起玩耍、一起骑自行车，或做其他一些能让人开心的事情。如果这样做，家长仍然怀疑有新生儿引发的儿童情感危机亟待解决，那么就请翻到本书的前面，看看哪些措施可供参考。如果家长不能和孩子共同解决问题的话，就只能表达体谅和安慰了，或许让孩子睡个好觉也能有所帮助。

当然，这些建议从短期来看用处不大。当吵架的小家伙们边抓着游戏机，边大声嚷着"该轮到我了""不，轮到我了""不，是我"，甚至还拿东西砸对方头的时候，如果父母还想着搬出杰

[①] 用来比喻无效无望的劳动。西西弗斯是希腊神话中的人物，受到处罚的他，要日夜不停地将一块巨石推到山顶。但巨石往往未到山顶就会滚落下去，因此他必须无限地重复这一苦役。——编注

斯珀·尤尔那一套,挂着慈父般的微笑,企图拉着孩子们去散步来转移注意力,就太搞笑了。不不不!我们没那么离谱。当家里一片祥和时,你当然可以将散步作为满足孩子们需求的一种方式。但如果孩子们吵得很凶,而你有足够的耐心和精力的话,就可以在一旁看着他们吵。在阿黛尔·法伯(Adele Faber)和伊莱恩·玛兹丽施(Elaine Mazlish)的《救命!我的孩子们在吵架——如何帮助兄弟姐妹相互尊重》一书中,对如何应对这些不同类型的争吵提出了一种明确的方法,我们稍后将对此进行讨论。此处,我们只想解决这样一个问题:如果你就是一个没有足够的耐心、精力甚至时间的家长,你可以怎么做?鉴于我们生活的社会带给每个家庭的压力,这种情况更可能是常态。让孩子们自己争吵,或者将他们分开,让他们待在不同的房间。除此之外,你还能做些什么?如果你参与了孩子们的争吵,你的精神也会被拉向崩溃的边缘,这样对解决问题毫无益处。父母要尽可能地先照顾好自己的情绪,学会自我关怀。在这一情境下,就可以关闭客厅的门以隔绝争吵声。当然,这样做的前提是,你的孩子们基本上都很喜欢彼此,你不怕他们在你不在的时候打得头破血流;而且,你很快就有机会参与孩子们的下一场"辩论"。当你"养精蓄锐"完毕,就可以按照下列步骤来处理孩子们之间的矛盾:

1. 口头上承认孩子们对彼此的愤怒情绪。("哇!你们两个现在看起来真的很生气！"）

2. 在听取双方意见时给予充分尊重。（"简，我知道你想继续玩平板电脑，但葆拉说现在轮到她玩了。葆拉，你觉得你已经等很久了，但简说她的游戏还没有结束。"）

3. 对困难的情况表示理解。（"你们都认为自己是对的，而对方是错的。这样一来，情况确实很棘手。"）

4. 向孩子们表示，你相信他们有能力制定出双方都能接受的解决方案。"怎么做才能让你们两个人都高兴？"这种方法可以很好地推动孩子们的思维向相关方向发展。（"与其两个人都拉着平板电脑不松手，不如先把平板电脑放在这儿。我希望你们一起想一想，怎么做才能让你们两个人都满意。"）

5. 直接离开房间。[3]

父母将孩子们的愤怒用语言表达出来，可以让大家都冷静下来，但这样也会让一部分儿童变得更具攻击性。他们不仅会对自己的兄弟姐妹发脾气，也会对自己的父母发脾气，因为他们学了一点教育学上的"胡言乱语"，就想对争吵指手画脚。如果父母发觉上面的第一个步骤容易激起孩子的愤怒，那就不要将孩子的愤怒用语言表达出来，只是单纯地将自己当作局外人，描述你的所见所闻即可。"好吧，现在映入我眼帘的是两个疯狂地拽着平板电脑的小孩。我都担心电脑要被你俩扯断了，而且其中一个居然还想伸手打人。"在表达的过程中,要透露出你想缓和矛盾的想法。如果有必要的话,还要参考一下家庭准则:"住手!我们要温柔地对待彼此!来让我听听,你们都为什么想要平板电脑。"然后就顺势进行接下来第2、3和4个步骤。

对于5岁以下的孩子,第5个步骤可能有些不切实际,因为他们对冲动的控制能力还没有发育完善。如果你直接离开房间,孩子们可能会为了争执的对象再次爆发肢体冲突。可能其中一个孩子会通过打人或咬人来实现自己的愿望,因为他还不能很好地用语言表达自己的想法。如果是这种情况,那么请你还是和孩子们待在一起,以防止类似的肢体冲突发生。孩子们不应用武力强权来解决问题,而应学会同他人进行有效的争论。法伯和玛兹丽施之所以建议家长在这种情况下躲出去,是因为这样可以避免孩子们让父母来"断官司"。有时候,家长不参与孩子们的争吵反而更好。家长若不在,孩子们就只能自己解决问题了。不过,家长也不一定要循规蹈矩。父母如果觉得孩子们解决不了,就可以在一段时间后提出解决方案。可是在调解孩子们纠纷的过程中,往往会出现这样的情况:孩子们不提出解决方案,不耐烦地大喊大叫,追着对方跑,手里还拽着想要争夺的物品,企图把它从对方手里夺过来等。在这样的情况下,父母还能保持镇静十分不容易。各位家长,请不要对自己和你的孩子感到绝望!文明的争论是一门艺术,需要很多机会来进行实践,需要良好的冲动控制能力和成熟的沟通技巧。如果你的孩子还不能做到这一点,那也没关系。在父母的帮助下，他们会一点一点地学会如何据理力争。

如果被争夺的玩具属于某个孩子，那么这个孩子当然拥有这个玩具的处置权，此时就没有必要讨论物品所有权的问题了。他可以选择慷慨地将自己的玩具暂时借给兄弟姐妹玩，也可以选择不借。最重要的一点是，不要为了保护父母的"小心脏"，而勉强自己将玩具借给他人！

年幼的孩子在争论时，如果自己没有充分的论据，或被对方的固执所激怒时，就可能会诉诸武力。这是由于冲动控制能力必须经过长时间的训练才能发挥可靠的作用。武力也是学龄前儿童在学习争论的过程中无法避免的现象。成年人不应该动手打人或掐人，这一点毋庸置疑。虽然我们都希望孩子之间能够和平相处，但有时还是要给孩子留有犯错的空间。如果孩子还没有意识到他不应该打人或掐人，那么你就直接告诉他不能这样做。一般情况下，孩子们其实心里明白，他们的所作所为其实是违反社会规则的。正如我们所说的那样，此时孩子们的冲动控制能力还不够成熟，因此他们无法很好地控制自己。在我们看来，父母在孩子们打架时去责骂打人的一方，并不是上上之策。当然，父母可以用平静的语气告诉他们，爸爸妈妈并不希望他们同自己的兄弟姐妹拳脚相向。但这些只是父母的价值观。父母可以维护自己的价值观，但没有必要为了避免孩子们打架，而对孩子们的争吵严防死守。我们的建议只适用于当你已经知道孩子在打人的情况下。在这种情况下，为了保护他人，父母的干预还是很重要的。

对6岁以下的儿童来说，力量的差距相对来说并不明显。因此，如果只是兄弟姐妹间正常的肢体冲突，父母并不一定要从中干预，完全可以通过其他方式训练孩子控制冲动的能力，例如，定期与孩子玩社交游戏或一起唱歌。如果你的孩子特别喜欢用武力解决问题，家长可以给孩子制定公平战斗的规则，并要求孩子一定要遵守规则；或者在平时举办摔跤游戏，但前提还是要遵守规则。如果孩子之间的力量差距较为悬殊，家长就应该以调解者的身份干预冲突。而如果双方总是轮流赢得胜利，家长就可以先按兵不动。

至于那些因分配不均而产生的矛盾，比如猕猴桃籽的数量不一样多、蛋糕不一样大这样的问题，我们想说一下我们的看法。从教育学的角度来看，我们建议各位家长不要成为公平的奴隶。不要数谁应该分几片玉米片，谁应该有几个乐高积木，不要去刻意追求（特别重要）让孩子们得到等量的圣诞礼物或等价的玩具，甚至根本就不要开始这种分配。（注意：如果家长最喜欢某一个孩子，并且也注意到自己总是偏向他，那么还是数数吧。关于这一点家长可以参考"父母并不总是中立的"这一节。）这种行为会给孩子暗示，会让他们认为玉米片、猕猴桃、蛋糕是值得争抢的东西，会让他们认为争抢是正确的。相反，家长可以在适当的情况下，心平气和地向孩子多次解释：生活中小小的不公正其实无伤大雅，这些小小的不公正过后，你会由某种方式得到补偿。所以，不要对任何一件事斤斤计较。例如，如果某个孩子在吃完第一碗玉米片以后，仍然没吃饱，家长可以稍后再多给他倒一点，还要明确告诉孩子，多给的玉米片只是由于每个人的饥饿感不同，与公平与否无关。兄弟姐妹间这种类型的争吵也是一种替代行为。因此，如果"病根"一直存在，那么只治疗"症状"是没有用的。如果日常生活中孩子们总是嚷嚷着不公平让你头痛，那你就可以将分配东西的任务交给孩子们：一个孩子负责切蛋糕，另一个孩子优先选蛋糕。

04
成为第一

孩子们总会和家中的兄弟姐妹为了谁最强壮、谁最聪明、谁最有才华而一争高下,尤其是家里最大的孩子,总会如此。有时候,弟弟妹妹们看到什么东西,哥哥马上就会说这个东西他以前见过。而后他们就会开始争论,究竟谁才有权保留这个东西。争夺谁是第一名、谁是父母最爱的人或谁最疯狂,在孩子们身上特别常见,尤其是在年龄相近的双胞胎和同性兄弟姐妹之间。这种兄弟姐妹间的竞争激烈到孩子们不惜以身犯险,去做一些危险的事。他们会比谁能爬上更高的树,谁敢去冰湖上玩。三岁半左右的孩子,还会经常发脾气或大声尖叫,只因为兄弟姐妹忘记了要让着他,好让他成为第一个到幼儿园、第一个开灯或第一个为邮递员开门的人。我们将在"万年老二"这一节中解释孩子们这样做的原因,以及父母应该如何应对。

对年龄相近的兄弟姐妹来说,5岁左右开始争夺共同好友的青睐,也是争夺"最佳地位"的一种表现。

Chapter6　用爱处理兄弟姐妹间的争吵

如果家里的长子突然产生非常强烈的冲动，想成为家里最好、最快或最聪明的孩子，这可能就是由新生儿引发的儿童情感危机的一种表现。他们往往会在不知不觉中得到好心人的支持，不停地被告知："看，小宝宝还不会做……但你已经能做得很好了。"外人这样的行为完全可以理解，他们这么做是为了减轻长子失宠的痛苦。可惜这种行为并没什么用。非要说有用的话，只能说这从外部建立了一种竞争。但如果大人总是强调这一点，就会给长子一种暗示：是不是比弟弟妹妹做得更好才行呢？这样一来，大孩子总是会或多或少地与小孩子暗中竞争，而他或她的自信心，则来源于是否能够总是在竞争中保持优势。这对孩子的发展是不利的，对于这种竞争的过度关注，可能会阻断孩子朝着其他方向发展的道路。

将父母的爱与孩子成绩好不好、够不够听话、体育方面表现够不够突出挂钩，也会催化兄弟姐妹之间产生过多的竞争。

在争夺一个共同好友时，孩子们会想方设法获得这个人的关注、爱意和尊重。这与渴望在父母身上得到的东西一样，只不过这一次的对象是父母以外的人。被他人喜欢和成为群体中受重视的一员，是沉睡在每个人内心深处的基本需求。从5岁开始，孩子们的社交范围逐渐从父母延伸至同龄人群体。此时，同龄人的想法、意见和感受变得更加重要，也使孩子们渴望成为他们的一员。从这方面来讲，争取共同好友的青睐，是孩子们成长过程的必经之路。

家里的孩子们总是会为了晚上谁先刷牙或吃饭时谁先开门而争吵,可实际上,他们是在暗中争论:"爸爸妈妈更爱谁?"这种问题会让父母感到非常不舒服,因为刷牙、穿衣服或上菜的顺序并不意味着父母更爱谁。但我们该如何向孩子们说明这一点呢?

父母该如何应对?

不要拿孩子做比较,这是很重要的一点。即使你是出于好意,也不可以这样做。比较总是会带来竞争,而竞争往往又会导致争吵。当然,竞争也会激发好胜心,而有好胜心并不总是一件坏事。当一个有天赋的孩子成为排球运动员,而另一个孩子因为受到他的激励,而成为特别优秀的钢琴手时,这便是好胜心带来的积极作用。但这对我们来说比和谐的兄弟姐妹关系更加重要吗?请你邀请家庭成员和朋友一起试一试,采用非评判性的方式进行交流,不要进行任何比较。

你们可以从一些可爱的童年趣事谈起,但像"你12个月的时候就能走了,你的妹妹16个月大了才能走;但你的妹妹学说话比你早"这样的话就不必说了。可以和孩子谈论过去,聊聊他们在什么时候第一次学会走路,什么时候露出第一个微笑。要有意识避开与兄弟姐妹进行比较。只可惜,我们处于一个充满了竞争和对立的社会。我们只能试着用温柔的方式让孩子们远离纷争,告诉他们:"每个人都有自己的发展节奏,将你和弟弟放到一起对比没有任何意义。我很愿意听你说一说，你都会些什么。"

如果孩子们为了共同的朋友而产生争执，那么父母最好不要插手。弄清楚社会关系如何运作、如何对待朋友，以及自己想成为什么样的人……这些都是5~10岁儿童的在自身发展过程中要完成的任务。若发现孩子在与朋友的相处过程中走了弯路，父母即便感到心痛，也要记住这是孩子们自己的事情，是孩子们在学习过程中的必经之路。如果你觉得有必要给孩子一个提示，那么尽量采取一些迂回的策略，比如讲一个你自己童年的故事。我曾经提到过我很喜欢和孩子们一起散步，在散步时，我经常会给他们讲我小时候犯过的错误。有时我会和他们讲，我当初是如何因为一个笑话而疏远了某个朋友，也会讲我当初在学校作弊，结果被抓到，还会讲我从一个朋友那里偷了一块闪闪发光的石头，但最后付出了多么惨痛的代价。尽管这些故事本身并不是建议，但我仍然希望我的孩子能从中学到一些东西。

至于谁先刷牙或谁先得到食物这样的矛盾，则可以通过各种方式解决。比较常规的做法是，父母将一周的时间轮流分配给孩子们，并严格按顺序执行：第1天的时间给孩子A，第2天给孩子B，第3天则给孩子C，第4天又轮到孩子A……如此反复。可对我来说，这种方法简直是太难了，因为我常常记不住谁是下一个、什么时候轮到下一个。如果采用这种方法，就会导致我的精神压力过重。稍后我将会告诉各位家长，我们是如何解决这一问题的。

但在那之前，让我们先来谈谈其他家庭的情况。有些家庭会明确规定，不论何时都要先给长者上菜。因此，在上菜时，总是父亲或母亲排第一，然后是长子⋯⋯最小的孩子往往要等到最后。这对家里的老幺来说当然是不公平的，但这一程序绝对公开透明、简单易懂，每个人都可以接受，而且一经确立，可能不会再出现分歧。在我家，我在决定优先次序时，总是会将决定权交给我的孩子们。如果两个女儿都想先让我给她们刷牙，或都想最后刷牙时，我就会让她们两个商量一下今天到底谁先来、谁后来。最开始，两个人总是大眼瞪小眼、一片哀号。因为当双方都非常想要某样东西时，要想找到解决方案并不容易。对孩子们来说，达成协议很辛苦。对我来说，重要的是把决定权放在孩子们自己的手中，因为我不想在他们之间做出选择。这样对他们的发展也能够起到积极作用，因为他们在此过程中学会了提出自己的愿望，倾听对方的意见，并权衡谁的论点更好。在这种时候，作为家长，我需要的只是时间和耐心。我承认，这种协商需要花费一定时间。在结束了一天的辛苦工作后，我有时为了避免等待时间过长，会先自己刷好牙或把浴室整理一下——虽然这些都是我通常在给孩子们刷完牙后做的事情，这样可以避免在孩子们达成协议之前，我待在一旁无事可做。这样一来，我可以控制住自己不耐烦的情绪，留给她们足够多的时间和空间来做出决定。

05
"我是决策人"

许多兄弟姐妹间的争吵往往都围绕着哪个孩子来决定玩什么，或是到底去哪个游乐场。除此之外，他们还喜欢争论要看哪部电影、唱哪首歌、晚上让爸爸读哪本书，或者谁有权在卧室地板上建一个马场。3岁正是特别喜欢做决定的年纪，3岁的孩子总是会说：妈妈不应该跳舞、宝宝不应该哭、兄弟姐妹到底应该怎么玩车；不，像这样！不是这样的！关于决策权的争论在日常生活中屡见不鲜，也是最让父母头疼的问题之一。曾经被这一问题折磨过的家长请举手！相信你们都曾和我一样，气呼呼地朝孩子们房间的方向喊道："如果你们不能达成一致的话，那就让我决定吧！"

4岁左右的孩子学会了从别人的角度出发，也能与他人产生共情。这也是儿童认知过程中的一个里程碑。只有具备了这些神经上的先决条件，儿童才能对他人的感受、需求、想法、意图、期望和意见做出假设。社会行为的先决条件便由此奠定。从这个年龄段开始，儿童开始学习和他人讨论、谈判，或是讨好、说服他人。当然，也少不了与他人争论。而在日常生活中，谁又能让孩子们可以随时随地进行这种学习呢？答对了！答案就是孩子的兄弟姐妹！兄弟姐妹间的关系是一种最初的首属关系，对儿童的人格发展有着巨大作用。儿童多年来在与兄弟姐妹相处的过程中获得和发展出来的经验、态度、感觉、思维模式和行动策略，最终会成为孩子与家庭以外的人进行相处的基本模式。[4]因此，儿童要充分利用每一个机会，来对每个人不同的决定和愿望进行争论。这一点不仅十分重要，而且大有益处。争论可以对孩子们的道德标准、社会标准加以塑造，也可以使他们的个性特征更加鲜明，还能帮助他们发展自己的偏好、品位和个性，并将他们彼此区分开来。[5]他们也能够学习到，自己行为的"度"到底在哪儿。为了达到自己的目的而和妹妹争得面红耳赤没有关系，但看到妹妹大哭起来，孩子们要能够意识到自己做得有些过头，给他人造成了悲伤或愤怒——这一点非常重要。因此，这种争吵能让我们的孩子发现社会互动的界限在哪里，并帮助他们在不造成巨大伤害的情况下，依然坚持自己的观点。此外，孩子们通过体会他人的感受、了解他人的反应，就能将这种情况储存在大脑的前额叶皮层以供参考。大脑的前额叶皮层，即我们大脑中负责冲动控制的部分。在以后遇到类似的情况时，我们脑中的控制回路能更好地决定，冲动应该被抑制（谦让他人），还是不应该被抑制（坚持己见）。这也是社会行为、移情行为的一个重要基础！

父母该如何应对？

我们在上文中已经了解到，这种争论对孩子们来说益处颇多。因此，我们既不应该阻止孩子们之间的争吵，也不应该从他们手中夺走决定权。我们应该帮助孩子们发展出一种积极的争论文化。我们的孩子既不用按照"强者为王"的原则生活，也不用无论何时都展现出"智者能屈能伸"的狡黠。学会在坚持自我和懂得让步之间取得平衡，这一点对孩子们来说十分重要。父母可以也应该在这方面给孩子提供一定的帮助。作为父母，我们的任务是为孩子们争吵的程度范围、表达方式和行动方式制定规则、划定界限；必须向孩子们明确表示，任何企图让争吵升级或骂人的行为都是不能容忍的。每个家庭都必须制定一定的规则，划定一定的界限。

现在让我们回到关于决定权的争论上来。如果孩子们一开始不能就去哪个游乐场或一起看哪部电影达成一致，那么作为成年人的我们，最好还是暂时不要插手。即使孩子们在等待你来裁决，你也要把决定权交还给孩子们，并告诉他们："这件事关乎你想要什么，所以我不想替你做决定。你们互相之间讨论一下，然后找到一个解决方案吧。"如果是年龄在2~6岁之间的小孩，父母可以给予他们帮助，帮他们理清争论的思路，也可以加入他们的讨论：首先，其中一个孩子可以说明为什么去游乐场玩；然后，允许对方提出他或她的论点。一般进行到这里就已经足够了,因为这时两个人中已经有一个被说服了。但如果情况没有这样发展的话,孩子们就可以继续尝试,用一个接一个的理由来说服对方。孩子们可以列举出游乐场有多少好玩的娱乐设施,或者邀请对方在那儿一起玩。如果孩子们年龄太小,还不能独立表达自己的观点,那么父母就可以帮助他们,给他们提示一些关键词,比如:"你最喜欢游乐场上的哪些游乐设施?你觉得哪些游乐设施妹妹可能会喜欢呢?""哪个游戏可以在你的游乐场里玩,但不能在哥哥最喜欢的游乐场里玩?"口才比较好的孩子,在3岁左右的时候,就已经能够做这样的论证;最迟在5岁时,大多数孩子就能找到正反两方面的论据。当然,刚开始使用这一方式需要花费很长时间。对于我们这些成年人来说,结束这种折磨并为自己做好决定,似乎更加轻而易举。因为这是你自己的意志,你可以自行决定要怎么做。但请记住,父母的决定不会对孩子们更进一步的发展有帮助。孩子们最多只能学到成年人是如何解决争端和做出决定的。而和兄弟姐妹一起进行讨论,则真正有助于他们的发展。他们可以从这样的讨论中得以成长。如果孩子们一开始就学会表达自己的愿望和决定,并找到与兄弟姐妹谈判的方法,也会使父母以后的日常生活更加轻松。当然,也总会有那么几次,孩子们真的完全谈不拢,游玩活动或将面临取消的危险。为了打破这种僵局,你就要亮出家长牌,由家长来决定到底去哪个游乐场,但最好是选择一个孩子们都没去过的新游乐场。

06
"这太不公平了！"

如果孩子A要帮父母做些什么事，那么他也会坚决要求孩子B也这样做。在家庭中，不平等或疑似不平等的待遇，总会让父母和孩子倍感压力，也会成为孩子之间争吵的导火索。小一点的孩子总是被允许提前做很多事情，因为大孩子已经替他们探好路了；大一点的孩子往往百思不得其解，为什么他们被分配了家务，而他们的小弟弟小妹妹却什么都不用做；有时候孩子还会发现，其他孩子得到了零用钱，但自己却没有。这些全都逃不过孩子们的法眼。可恶！真是太可恶了！这种"可恶"的行为有时便会酿成"恶果"。例如，大孩子明明已经累得不行了，却还是拒绝上床睡觉，只是因为弟弟妹妹还没睡。唉，谁让这是孩子们心中正义的原则呢！

这种"臆想的真相"也会引发兄弟姐妹之间的纠纷。这些被孩子们感知到的类似于"我总是要帮你们做事，可小宝宝却从来不用做……"这样的话中，其实就隐藏着这种"臆想的真相"。

父母会解释，大孩子在弟弟妹妹这么大的时候，也是不用帮爸爸妈妈忙的，或大孩子可以在其他方面因为年长而更受青睐——但无论怎么解释都无济于事。尽管论据充分、事实清楚，但孩子们所感知到的不公正的刺痛仍会存在。

感受到真相是一件困难的事情。通常我们的大脑会优先注意到让我们烦恼的事情，而不是先察觉到那些积极的事情。就比如，儿童（以及成人！）很容易忽视他们自己在某些情境下得到优待的事实。但一旦这种情况发生在兄弟姐妹身上，他们的大脑会快速地记录下来。当这种情况发生几次后，"别人的待遇比我好"这种他们自以为是真相的想法，就会在其心里播下嫉妒的种子。博主梅特的女儿洛尔正好有这个问题。

> 我的女儿说我是个坏妈妈！她还说，比起笨笨的大女儿，我更喜欢小儿子。洛尔（7岁）有零花钱，而达恩（4岁）没有。这就是为什么洛尔要做的家务会更多一些。和他比起来，她也享有更多的特权。她可以熬夜，可以看弟弟不能看的电影，因为她的年纪更大一些。因此，她要多帮帮父母的忙，多考虑一下父母也是理所应当的！但她并不是这样想的。对她来说，这恰恰是我爱达恩比爱她多的证据。今天早上，洛尔在我面前痛哭流涕了一番。原因是

我对她的态度比对达恩的差。她觉得我总是这样。就在刚刚,我们俩还坐在一起安安静静地解答我给她出的数学题,因为今天学校要进行数学测试。但突然之间,一切就变得鸡飞狗跳。洛尔认为,没有人喜欢她!我也不喜欢她!她的生活太可怕了!而这一切都是达恩的错!如果他没有出生就好了!我就这样听着她一把鼻涕一把泪地控诉,可心里想的是:我给了她爱,给了她专属的亲子时间。但这对她来说显然不够。我就这样听着她声泪俱下地控诉,但也尝试着让她明白,她到底有多好。我们两个聊了起来。我向她展示了我和她爸爸是如何为了她费尽心血的。她随后说道:"你和我说话的时候,我就感觉好多了。像这样聊一聊挺好的。"不得不承认,她在元层面沟通上真是造诣颇深。但她似乎并没有把我的话往心里去,因为下一次她又会用同样的理由指责我。简直是没完没了!有时我甚至都会感到毛骨悚然,或者这只是我对自己无能为力的一种托词吧。刚才她对她弟弟大吼,把弟弟弄哭了。我的心也跟着弟弟的哭声一起碎成了好几瓣。但我只是默默地待在一旁,企图缓和气氛,因为我知道一旦我干预,她就会更加确信,所有人都在反对她。所以我一句话也没说。为人父母真是太不容易了。

现实情况是，几乎所有的家庭都的的确确存在着不公平的现象：弟弟妹妹总是能分得更多的东西，更早地做一些事情，因为哥哥姐姐们早就已经替他们铺好了路。养第一个孩子时，做父母的总是要权衡他们能做些什么，以及什么时候才能这么做，而我们内心的标准往往可能有些过时。比如，我们想让孩子尽可能地少看电视、少吃糖；我们会一口咬定，永远不会让孩子睡在父母的床上，或者永远不会在饭店用餐时用平板电脑让孩子安静下来。但理想很丰满，现实很骨感。我们开始意识到自己的想法不符合孩子（甚至是餐厅中其他顾客）的需求或愿望。经过一番挣扎，我们确定了新的教养方式。我们意识到这些新的方式更有利于父母和孩子之间关系的培养，我们意识到自己（对糖，对新媒体，对某种游戏机游戏）的恐惧其实根本就是空穴来风。于是我们干脆"躺平"，放弃了抵抗。这样一来，家中接下来出生的孩子都从中受益了。他们可以睡在爸妈的床上，一岁之前就可以吃巧克力饼干，或者在晚上和大孩子一起看电视节目《小沙人》。

父母该如何应对？

这种"臆想的真相"无法通过解释、论证或反驳来排解。反之，我们越是试图向孩子们解释他们的这种感觉是错误的，他们就越会坚持自己的想法。通常情况下，父母会使尽浑身解数向孩子解释为什么这个不行、那个不行，想以此来说服孩子，让他们相信父母的行为是正确的,但孩子们却往往还是固执己见。梅特与洛尔交谈时,她试图说服女儿、告诉女儿,自己的行为并没有任何的不公正。父母在教育孩子时会出现差异,这种差异的产生是由于孩子的年龄和成熟度不同,并不意味着小的那个孩子更受父母宠爱。这种解释在短时间内会有一定帮助,因为洛尔也说了,在谈话的那一刻,她就感觉好多了。但显然,正如她母亲所说的那样,父母的这种解释并没有进到女孩的心里去。只要继续感知到这种"真相",孩子就会一次又一次地指责母亲爱弟弟胜过爱她。母女俩就这样不停地重复"指责 — 辩解 — 试图劝说 — 和解 — 再次指责",掉进了这样一个死循环当中。母亲的辩解和争论只能换得家中短时间的和平,过不了多久,洛尔就又会认为弟弟达恩得到的爱更多。梅特告诉我们,她们耗时三晚,经过一系列紧锣密鼓的"积极倾听式会谈",才换来了家中的和平。

洛尔:"达恩不用帮忙做家务,这太卑鄙了!你爱他比爱我要多得多!"

梅特:"你希望你的弟弟也一起做家务吗?"

洛尔:"当然了!小屁孩有时也能帮上忙,而不总是只有我一个人做!"

梅特："嗯……也就是说，你认为如果总是你来帮忙做家务，这样不公平。对吗？"

洛尔："是的，不只是做家务这件事，你总是向着他。有一天你还帮他做游戏。他赢了我，不是因为他比我厉害，而是因为你比我强。但他表现得好像他是冠军球员一样。"

梅特："啊，你的意思是，问题的关键不在于做不做家务。你一直都认为我更喜欢达恩。对吗？"

洛尔："这还不够吗！你知道吗？这样已经足够了！"

梅特："各种偏爱的行为都让你生气。"

洛尔："他的一切我都讨厌。还有你和爸爸。唉，我帮忙什么的都没有问题。我知道你下班后很累，我肯定会帮你一把呀。但我干活的时候，'懒虫达恩'却在玩。我4岁的时候可以玩吗？不！那时我也必须要帮你干活！你当时正忙着照顾你的'达恩宝贝'，而你只管我叫'大女儿'。你还让我必须要懂事、要贴心，因为妈妈太累了！"

梅特："哦，这样啊。"

洛尔："是呀，你看吧！你这样已经很久了！你总是说：洛尔，过来！洛尔，来一下！洛尔，帮我一下！要么就是：帮弟弟一下！帮爸爸一下！要心怀感恩！什么？你说你需要帮助？别扯了，你已经是个大孩子了！"

Chapter6 用爱处理兄弟姐妹间的争吵

从上面的对话可以看出，孩子内心的刺痛不断迫使她去想"我的父母爱达恩胜过我"这一"事实"。因为达恩作为最后出生的孩子，实际上被允许不在父母要求的束缚下度过他的幼儿期，而洛尔从很小的时候就不得不一再退让、讲道理、提供帮助。尽管父母心里认为他们自己没有区别对待孩子们，而且实际上对他们两人的爱也是一样的，但相对不公平的待遇，让洛尔对父母的爱产生了怀疑。在之前与父母的谈话中，洛尔已经能够在脑海中形成一个基本的印象，即：她也在某些方面得到了父母青睐。因此，和父母的谈话能够在短期内帮助她正确地认知。实际上，这些谈话甚至会让女孩感到自责。只有通过积极的倾听，梅特和洛尔才能够意识到，确实存在着无意的偏袒行为。洛尔觉得她"总是要做所有事情"，她的这种感觉也并不是捕风捉影。她4岁的时候尽管不用做家务，但确实要自己一个人玩，或者要做到尽量保持安静等。而这些事情达恩都不用做，因为家里没有比他更小的孩子了。

好在父母现在意识到了洛尔这种无尽的指责从何而来。事实证明，在这种情况下，这种指责并不是孩子"臆想出来的真相"。洛尔意识到她可以信任自己的感觉，这对她来说其实也是一种治愈。尽管从客观角度来讲，她的父母说她4岁时也没帮忙做家务这点是对的，但洛尔感到自己受到了不平等的对待，这点并没有错。洛尔的父母也通过这次谈话想到了解决办法。他们要让达恩也一起做一些他愿意做的家务。洛尔也不会被父母强制要求帮忙，她可以自由选择自己想做什么。对父母来说，重要的是洛尔肯来帮忙，而不是帮了什么忙。当洛尔做家庭作业时，达恩要保持安静。洛尔对这种从未有过的体验表示十分满意。事实上，这些微小的调整，便足以平息母女之间无休止的争吵了。

作为一名特殊教育工作者，我还想给各位家长一个建议，那就是避免去问"为什么"。讲真的，如果涉及解决兄弟姐妹之间的纠纷时，各位家长最好从你的字典里删除这个词！"你为什么这么做""你为什么总是告状""你为什么对你的妹妹这么刻薄""你们为什么不能在同一个房间里安静地待上五分钟呢"……这些"为什么"，孩子们该怎么回答？如果孩子们清楚潜藏在自己内心的感情动机，他们就不会在无意识的情况下采取挑衅或贬低他人的行为来达成目的了。他们可以直接向我们解释到底发生了什么："自从弟弟出生后，我就感到很自卑。我害怕自己不够好，害怕失去你的爱。这就是为什么我会表现出我的愤怒，来测试一下如果我不够乖巧，你是否还会一直爱我。"当然，这么做对我们大人来说会容易得多。但是这都只是理想情况而已，所以不要把你的时间浪费在去问孩子"为什么"上，而是要快点积极倾听孩子的心声。

由于父母在某些问题上放弃了自己原本的原则而产生的不公平现象，实际上是无法弥补的。因此，我们只能与我们的孩子开诚布公地谈论这个问题。我们可以向他们解释说：我们是人，而人是会进化的，人总会不断获得新的认识，因此我们的观点有时会发生改变。这种观念的改变往往只能在遇到阻力时发生，因为一旦做出决定，人脑更倾向于将这种决定一直贯彻下去。只有压力或与他人的争论，才会促使大脑中懒惰的一面对这种想法进行重新评估。通常只有当家里最大的孩子坚持要我们来处理一些对他们来说很重要的事情时，父母和其他孩子们才会改变主意。比方说，一个上小学的小女孩一直要求父母给她买某款主机游戏，因为她想把这个当成自己的生日礼物。只有在她的不断要求下，父母才会去看看这到底是个什么游戏。经过一番仔细研究，他们发现这个游戏安全无害，自己的担心是不必要的，就会改变原本的想法，就会发生进化。如果这时候还依旧坚持过去错误的那一套，才真是可笑呢。

让我们再回到跟大孩子有关的问题上。大孩子明明已经困得不行了，还是要等着弟弟妹妹先睡觉，他才肯去睡觉。此时，如果父母同孩子进行解释，往往会收获比较好的效果。父母可以告诉孩子：睡觉根本不是为了所谓的公平，而只是一种个人需求。累了就去睡觉，不累就不用去睡觉。睡不睡觉与年龄或是兄弟姐妹的长幼次序无关。年龄小一些的孩子有时在日托中心午睡了，所以到了晚上依然健步如飞。而年龄大一些的兄弟姐妹，在学校待了一天后可能累得眼睛都睁不开了。如果父母在安排就寝时间时是以需求为导向，而不是规定具体的就寝时间，就可以很好地解决兄弟姐妹之间的这种冲突。父母也可以在用餐时间指出不同孩子的不同需求："哇，哥哥比你多吃了三块比萨，那肯定是因为他很饿。那我问你,你饿不饿?你要是饿的话,我也会多让你吃一些哦。"

公平与否尽量不要交由成年人判断,因为这样一来,我们就会不幸地成为孩子们之间争吵的裁判。无论我们做出怎样的决定,都势必会冷落其中一方。采用这种方法,就一定会有赢家和输家。正如各位所认为的那样,这样做孩子会立即将我们的决定与是否爱他们联系起来。在他们眼里,我们认为谁是对的,就是更偏爱他。因此,各位家长最好不要踏上这条不归路。

07
认知或身体上的不成熟

如果一个孩子总是坚持按照自己的方式来玩耍，那么他很快就会给其他孩子带来困扰。有些幼儿也会从兄弟姐妹手中简单粗暴地抢走他们想要的玩具，因为他们的大脑还没有学会用更好的策略来解决这一问题。对另一个孩子来说，这种行为肯定很讨厌。特别是当他或她已经懂事了，知道以同样粗暴的方式拿回玩具并不合适，他或她的内心就会产生冲突。而这种冲突往往会激发他们对兄弟姐妹的愤怒之情。而如果家中有一个刚学会爬行的小婴儿，那么其他兄弟姐妹搭建好的小建筑和艺术品就会遭殃。由于婴儿还不懂这些，他们所到之处，兄弟姐妹们的各种"杰作"全都"身首异处"。几次三番之后，愤怒和争吵就会出现。前面曾提到过，有个三岁半的孩子，如果家长不让他第一个打开电灯开关或第一个开门，他就会发脾气。这种行为也可以看作认知上的不成熟。如果孩子们因为年龄不同而有不同的游戏需求，进而产生了不愉快，这种情况也可以归结为认知能力的不成熟。

父母在选择度假地点或游玩地点时，往往做不到让所有孩子都满意。因为大孩子喜欢做很酷、很花哨、很费劲的事情，而小一点的孩子坚持不下来，甚至会在情感上遭到打击。由于孩子们认知或身体上的不成熟，兄弟姐妹间的争吵便就此产生。

　　由于两个孩子认知能力不同而发生争吵的情况，几乎每天都会发生。例如，幼儿往往很难偏离自己内心的计划，而顺从另一个孩子的游戏建议。这个年龄段的孩子，他们的大脑才刚刚学会识别和考虑他人的需求。就像幼儿一直抓着小婴儿不放——尽管婴儿早已发出了许多清楚的信号，但由于幼儿还不善于从面部表情和手势中解读他人的需求，因此往往会产生越界行为。这种情况在小学生身上也时有发生。即使到了这个年龄段，他们也不一定能认识到自己的行为会让另一个孩子（他们的兄弟姐妹）感到不愉快。如果一个孩子有礼貌地向另一个孩子要东西，而另一个孩子却大声呵斥他，那么这种呵斥，往往则是由于另一个孩子的冲动控制能力尚未发展成熟，或当天的自我控制力已经消耗殆尽。另一个孩子其实本想表达得更友好一些，但在那一刻，他没法控制自己。然而，他的行为会令第一个孩子感到不悦，第一个孩子会觉得自己受到了不公正的对待。两个孩子的想法都完全可以理解，而我们就是这样不知不觉陷入了兄弟姐妹的争吵中。

　　幼儿间经常会发生肢体冲突：有时，玩具铲不知怎么就"飞"到双胞胎兄弟的头上了；有时，妹妹不知道被谁狠狠捏了一把。由于这个年龄段大脑中控制神经回路的神经通路尚未健全，因此孩子们是无法抑制打人的冲动的。

父母该如何应对？

如果孩子们大脑中的神经系统还没有完全形成，那么此时父母想要教育他们在生气时不要打人，无论怎么解释、怎么骂，这种情况肯定还是会不止一次地出现，因为孩子们还无法很好地控制自己的情绪。比如，1岁的孩子为了从哥哥那里抢到积木而咬人，原则上讲他还只能遵循内心的冲动，而父母的任务就是在他咬人之前做出预判，并进行干预。但如果这样的事还是发生的话——因为父母不可能一刻不停地盯着孩子们的一举一动，那么父母的唯一办法就是在事后安慰两个孩子。最好的办法就是同时将两个人抱在怀里，拥抱他们。如果按照老辈人的育儿指南来处理这一问题，父母可能只会将注意力放在婴儿身上，但我们认为这样做没有意义。这种情况下，家长往往会收回自己的爱意，以此来惩罚咬人的孩子。但他们之所以还不能主动抑制自己的情感，是因为大脑中还没有形成这方面的神经网络。

等孩子长到10岁，大脑中神经系统的发育情况与之前相比，已经完全不同了。此时的他们已经可以较好地控制自己的冲动，不怎么会出现咬人的行为了。当两个非常小的孩子发生了争执，父母能做的就是让他们把情况一五一十地说出来。把两个争吵的小家伙分开，够不着彼此，让他们说出争吵的原因："你，保罗，想要黄色的铲子；马克斯，你也想要黄色的铲子。你们都想要黄色的铲子。好吧。"父母可以提供一个替代方案，看看是否能解决争吵："看！这里还有一个红色的铲子，谁想要？"然而，等孩子们得出结果也要很久以后了。这种干预，在一开始对降低孩子们的吵架频率和肢体攻击并没有多大效果。正如我所说，孩子们的争吵是由于认知上的不成熟，这意味着只有当他们的冲动控制能力得到提升后，争吵的情况才会有所改善。但通过干预，家长至少已经为家庭中的辩论文化打下了良好的基础。

当争吵发生在幼儿和大孩子之间时，父母的干预方式将会给孩子们的行为指明方向。设想一下，如果幼儿从哥哥手里抢走了一个玩具车。哥哥在短时间内抑制住了自己的冲动，既没有愤怒地将幼儿推倒，也没有从他手中夺回玩具车，这就已经做得很好了！接下来，家长就要向孩子们汇报你都看到了什么："弟弟从你手里抢走了汽车，所以你来找我帮忙。瞧着，我现在就要让埃米尔明白，这个玩具是你的。"但请注意，不要从幼儿的手中抢走玩具！这将会给孩子们发出一个错误的信号，会让孩子们认为：只要更大、更强，就可以从别人手中抢走东西！这样做还会向孩子们输出另一个信息，会让他们觉得作为成年人的父母，才是他们争论的裁判，才是有权力的那个人。孩子们往往听不进去我们说了什么，但是会将我们的所作所为记在心里，通过模仿我们的行为方式来进行学习。因此，父母把玩具从幼儿的手里抢过来放到大孩子的手里，虽然是想要伸张正义，但向孩子们展示的其实是一种维护正义的不当策略。父母把玩具从幼儿手中夺走,就等同于幼儿把玩具车从哥哥手中夺走。这种做法是不对的,实际上是在"以暴制暴"。

与其这样,不如做一些你希望看到孩子做的事情。走到他面前,俯下身来伸出你的手,告诉他:"这是哥哥的玩具,哥哥想把它要回来。"要注意,伸手的姿态不要让幼儿感到不安,而是要让他知道你想要些什么。这种方法的效果往往令人惊讶。大多数幼儿在考虑了几秒钟之后,真的会把玩具放在父母的手里。有些孩子可能一开始会把玩具藏在背后,孩子的这种姿势表示他们更想要保留这个玩具。在这种情况下,父母可以用其他玩具来替代,然后继续摊开手,将手伸向玩具的方向,以表现出你的期望。在极少数情况下,幼儿还是不肯放手,如果这样也不要紧张。不妨试着从大孩子入手,问他:"想让埃米尔把车还给你还是很困难的,他不愿意主动把车还回来。你要不想一想还有什么你想玩的玩具?"如果大孩子想到了可以用来替代的其他玩具,那么问题就解决了!皆大欢喜!但如果大孩子还是坚持要拿回自己的玩具,就会陷入僵局。相信许多父母都对这种情况并不陌生。在这种情况下,最容易也最让人放心的办法就是直言不讳,直接和孩子说我们目前想不出好的解决方案:"我不知道我们到底该如何解决这个问题。埃米尔抢走了你的玩具车,现在让他把车还回来也不太可能。虽然我比他强壮,但我从他手里把车抢过来,这样做也不对。你想要回这辆车来玩,但你不能就这样直接把车抢回来。你也知道，在我们家不应该出现这样的行为。你不想要别的玩具，我也非常能够理解。现在的情况非常尴尬：因为弟弟还小，还不明白自己做错了，所以你也没办法行使你的权利。尽管我们知道这很不公平，但目前也只能这样了。但我会好好想想，以后怎样才能保证你的玩具不被抢走。要不我们给你找一个弟弟够不到的地方，你看怎么样？"在这种情况下，我们也应该直接和年龄小一点的那个孩子谈一谈，即使说的东西比较复杂，但说还是要说的。重要的是，要让大孩子们听到我们站出来为他们说话。如果你让两个孩子单独在一起，那么大孩子很可能会无法再抑制冲动，并凭借身体上的优势夺回玩具。因此，我们建议将较大的孩子暂时带离现场：可以带着他在屋里四处走走，规划一下新的游戏区应该设置在哪里，或是去厨房喝杯可可。没准儿等过一会儿回来时，幼儿已经将之前的玩具丢在一边去玩别的了。这样一来，大孩子就可以继续安心地玩了。

你可能会问，这种做法是不是让小的那个孩子"赢"了，而让大孩子沦为一个在"现实世界"（如学校）中总是被夺走一切的失败者。对幼儿而言，他违反规则只是因为他"还没有准备好"。在家长的悉心引导下，只要大脑和冲动控制能力发展成熟，他就能学会用不同的方式解决争吵。当然，我们不能保证孩子们永远不会在学校里受到欺负，因为这其中有很多因素在起作用。但我们可以向各位家长保证，上述方法至少不会让孩子们感到无助。无助感是一种主观的无力感，一种失去控制的感觉，即：一个人无法自己从不愉快的状况中解脱出来，也得不到他人的帮助。如果年龄较小的孩子从哥哥或姐姐手里抢走了东西，而后者却碍于家庭价值观而只能选择不反抗。一开始，大孩子可能确实会感到无助，但只要有父母站在他这边，陪他一起尝试可行的替代方案，就能在既没有使用暴力又伸张了正义的情况下，摆脱这种无力感。在极个别情况下，当幼儿不愿意主动归还抢走的东西时，父母和大孩子也有别的办法能够把控局面。他们本可以直接把东西从幼儿手里拿走，可他们不想这样做，他们主动选择了不动用武力。经此一事，孩子可以学到：解决问题的方法并非只有以暴制暴一种，肯定还有其他的替代方案。但这并不意味着当孩子在学校忍无可忍时，就不会做出反击，也许他们也会以其人之道还治其人之身。好在他们已经从父母那里学到了更加多样的替代行为，在紧急情况下，他们可以依靠这些来行动。如果分析一下刚才虚构的例子中母亲的行为，大孩子能从中学到以下内容——

自信心： 用自信的肢体语言要求对方归还东西，自信地说出："把它还给我！"

同情心： 设身处地为对方着想，意识到对方虽然知道这样做不对，但暂时也别无他法了。

谈判： 再次设身处地为对方着想，猜测对方可能喜欢什么，并向对方提出替代性的建议。

决定： 倾听自己的心声，做决定这件事在那一刻是否真的如此重要。

申明不公正： 清楚明确地表示，这里正在发生不公正的事情。

缓和： 给对方机会，让他做出正确的决定；给对方留面子，可以让对方独处一会儿。

规划和实施： 提前思考未来如何保护自己，并解决这个问题。

此外，孩子们还得到了两个有价值的信息，可能对生活有用。第一，成年人也不一定知道所有问题的解决办法，这并不是一件坏事。第二，强者可以不使用他的权力，但这丝毫不会影响他的能力。

如果因幼儿的认知不成熟而引发争吵时，父母具体能做的，便是向大孩子解释事情的来龙去脉，帮助孩子选择正确的行为模式，创造一个良好的环境。在这种情况下，这种良好的环境是指为大孩子创造一个空间 —— 在这个空间里，他可以在不被打扰的情况下玩任何他想玩的东西，不必再受弟弟妹妹的影响，也不会受到父母的干预。如今，大多数家庭都不再使用婴儿围栏，是因为许多婴儿和学步期儿童都排斥在围栏里玩耍。小家伙被关在里面时，会感觉自己被排除在集体之外。可对于大一点的孩子来说，婴儿围栏则具有相当大的吸引力，因为他们能够爬过围栏。因此，如果你家的地下室里还有闲置的婴儿围栏，那就为了大孩子让它重出江湖吧。大孩子可以在婴儿围栏内搭建积木，而刚会爬的小婴儿就没法进来搞破坏了。父母也可以将高架床或阁楼床作为大孩子的游戏空间，但一定要确保学步期儿童爬不到楼梯上面。父母可以将最低的台阶拆除，或加以封锁以阻挡幼儿爬上楼梯，这样就能保证只有足够高的孩子才能爬上楼梯，并在此玩耍。所谓的封锁，则是指用几层布将台阶盖住，这样幼儿就无法扶着台阶或踩在上面了；也可以在台阶上挡一块细长的木板，或立一块有机玻璃，将比较低一点的台阶挡住，这样也能有效地拦下这些想往上爬的小家伙。父母还可以将书柜清理出来，给大孩子放玩具用。但一定要确保架子牢固，这样孩子在玩耍时，便不会意外地把柜子带倒。如果孩子们有自己的房间，也可以安装一扇儿童防护门，这样就能保证大孩子的玩具都待在"安全空间"里了。

08
完全不是这个意思……

　　由于沟通不畅而引发的争吵，往往与认知不成熟息息相关。蹒跚学步的孩子因为想护住手中的玩具车，而咬了自己的兄弟姐妹，这是他的沟通方式（错误的方式）。如果随后兄弟姐妹出于震惊和疼痛而还手，那么两个人都会哭着找大人评理。幼儿园的孩子在推人时面带微笑，往往是在示好，可能是想要邀请别人一起玩捉迷藏的意思。只可惜被推的人通常将这种行为看作敌意，可谁又能责怪他们呢？有时，仅仅只是语言也能产生矛盾。一个孩子说了什么，另一个孩子就觉得自己受到了攻击，尽管第一个孩子并没有这个意思。

　　在幼儿时期，沟通不畅通常是由认知和语言上的不成熟，以及单纯的无知造成的。一个上幼儿园的孩子还不知道"推"并不是能为社会接受的游戏邀请方式。这就是为什么不仅兄弟姐妹之间会发生争执，孩子们与成年人之间也会发生争执。也许家长已经注意到，小孩子总是笑着打大人的屁股。通常，大人的反应是惊讶，随后变成愤怒。这孩子在做什么？这样做是不对的！但孩子们真的只是想和大人玩而已！他们只是需要学习一种更好的邀请方式。上面提到的幼儿咬人的情况，也是一种沟通不畅的表现，也是由于孩子们表达的方式不够成熟。咬人可能意味着，"快和我一起玩""我太太太爱你了""你离我太近了，走开""我想要那个玩具"或"我很生气"。可孩子们的这种交流方式很少能被外界正确解读。大多数时候，咬人的孩子会被责骂，有时甚至被贴上"坏"的标签。但一旦这些孩子学会了说话，咬人的行为就会随之被话语取代。

大孩子被误解也是兄弟姐妹争吵的一个原因。相信大家都知道舒尔茨·冯·图恩（Schulz von Thun）的四耳模型。根据四耳模型，即使是兄弟姐妹，也有可能会误解对方所说的话。

父母该如何应对？

父母可以扮演翻译的角色，将争吵双方的本意说出来，这样能够有效地解决此类问题。当孩子们哭泣时，父母要懂得安慰他们："希娜，费力克斯咬你是因为你搂着他太久了。费力克斯，希娜这样拥抱你是因为她想让你知道她非常爱你。但她不太了解你的底线。"

事实证明，舒尔茨·冯·图恩的四耳模型，能够很好地解释孩子们之间为什么会产生误解。我们认为，如果父母选取一些适合孩子的例子加以解释，这样即使是小学生也能理解。

孩子A正在吃圣诞老人巧克力，孩子B看着孩子A说："哇，我好饿！"孩子A反应强烈，说道："但你吃不着！"听了这番话，孩子B瞬间拉下脸，然后咆哮道："我才不想要呢，你这个小气鬼！"

现在请根据舒尔茨·冯·图恩的四耳模型，和孩子们一起讨论一下"啊……我好饿"这句话可能有哪些潜台词。在事实层面上，这句话的意思其实很简单，即："我饿了。"在自我表述层面同样也比较简单："我饿了，想吃东西。你咬巧克力的行为让我意识到了这一点。"在关系层面上，这句话可能是说："如果你不给我吃，你就太卑鄙了！"孩子A既没有从事实的角度，也没有从自我表述的角度听到哥哥的陈述，而是从关系的角度或从呼吁的角度，接收了哥哥发出的信息。发送者向接收者发出信息是为了让接受者做或不做某事。所以孩子A可能从孩子B发出的信息中听到了："哇，我好饿！""给我吃点儿你的巧克力！"因此，他以咄咄逼人的方式进行了回应："但你吃不着！"而这种说法也可以从四个层面来进行解读：一是"你吃不到"（事实层面），二是"我不想给你吃"（自我表述层面），三是"你总是求我，这样很烦人"（关系层面），四是"不要再问我了"（呼吁层面）。从孩子B的反应来看，他可能是从关系层面对孩子A的信息进行了解读。经常从这一层面来接收信息的人，往往会陷入争吵之中，尽管对方的语言可能并没有冒犯的意思。

09
跨越界限

认识和尊重他人的界限是人类最困难的学习任务之一，甚至连成年人都还不能完全掌握这门艺术。而孩子们也只是刚刚开始学习而已，这也就意味着他们会犯大量的错误，并一次又一次地越过兄弟姐妹的界限。举个例子：当兄弟姐妹共用一个房间时，孩子A累了，想睡觉，但孩子B坚持要大声外放音乐。大孩子经常会有这样（恼人的）的体验，他想自己一个人待着，但小的那个又偏偏总是想凑过来，还会闯进大孩子的房间。大多数年龄较小的孩子会模仿哥哥或姐姐的行为，这也常常会成为引发争执的原因。有人说，模仿是表达认可和钦佩的最高形式。但这句箴言对大孩子来说并没什么用。下面讲述一下我们在给小鸟起名的过程中发生的一些故事。

我们打算在家里养三只小虎皮鹦鹉。鹦鹉饲养员会定期传来小鸟成长的照片，卡洛塔、海伦娜和约祖亚便急不可耐地开始思考该给鹦鹉取什么名字。卡洛塔的虎皮鹦鹉是白色的，候选的名字有小白、毛毛和糖豆。海伦娜的鹦鹉是蓝色的，她很快就定下了鹦鹉的名字——小路易斯。那时约祖亚只有5岁，给鹦鹉起一个自己满意的名字对他来说还比较困难。他的鹦鹉是黄色的，他想叫它"小白"——没错，就是卡洛塔取的那个名字。彼时的卡洛塔还没有定下鹦鹉的名字，而她的小鹦鹉在照片中总是显得十分可爱，叫糖豆反而会更合适，所以她决定放弃小白这个名字。听到她这样说，我可算松了一口气，那现在这个名字就可以给约祖亚用了。看起来大家都很高兴，我们现在就只需要静静地等待鸟儿长大，然后把它们接回家里。但我经常注意到，当约祖亚谈到他的小白时，卡洛塔的反应总是很激动。她会说这个名字是她起的，是约祖亚从她那里偷的。约祖亚回答说，是她主动放弃了这个名字。尽管卡洛塔同意他的观点，但她却没有就此善罢甘休。卡洛塔还是一遍又一遍地提起这件事，并对约祖亚发起轻微的言语攻击。虽然只是小打小闹，但他们两个人之间的矛盾还是让人头

> 大。约祖亚已经越过了卡洛塔的界限,一条连她自己都不知道的界限。

身体上的界限也常常会被孩子们所忽视。他们想彼此亲吻、拥抱,这种行为是出于对兄弟姐妹们浓浓的爱意。当被兄弟姐妹拒绝时,他们会深受影响。我们上文中提到的梅特,再次向我们讲述了她的孩子达恩和洛尔之间的故事。

> 与别人家的情况不同,我们家经常是弟弟把姐姐(而不是反过来)赶出他的房间,因为他想一个人玩。赶走姐姐以后,他会心满意足地坐在桌子旁边,画画、听广播、看视频。洛尔想和达恩拥抱或玩耍,就去打开他房间的门。房门一旦打开,达恩立马就会像个战士一样大叫。而洛尔则越挫越勇,仍然不放弃挑衅她的小弟弟。她没有离开,而是坚持说她爱他,只想抱抱他。她一遍一遍地说,他就一次又一次地把她赶出去。到最后,他们俩大喊大叫的声音把我都吓坏了,我的脚指甲吓得都要翻过来了。

也有这样的情况：孩子无论如何都想玩哥哥或姐姐的东西。这种起因在于争夺的东西界限有些模糊。但如果一个孩子总是不经询问就穿走哥哥的毛衣，或拿走姐姐的足球，那么引发争吵的原因肯定是这个孩子越过了（所有权）界限。

一些孩子明确表示，他们更想一直当独生子女。由于兄弟姐妹的存在本身就代表着一种永久性的越界，所以他们之间经常会发生争吵。

我们已经简单解释过，有时候很容易侵犯到他人身体上的界限，是因为这些人的认知能力社会情感能力，或神经系统功能还没有发育完全。如果一个孩子还不能从别人的面部表情和手势中读出他们的感受，那自然就很难意识到别人在什么时候不想要拥抱或亲吻。

我们无法从进化论上解释为什么有些孩子想继续做独生子女，但也不否认会有这样的孩子存在。对某些孩子来说，他们这样做的原因，可能是新生儿引发的儿童情感危机没有解决，但也有可能只是因为喜欢独处。对于有这样想法的孩子来说，与他们同住在一个屋檐下的兄弟姐妹是令人讨厌的累赘。

父母该如何应对？

家长如果注意到孩子们有越界行为，要做的第一件事就是，评估被越界的孩子是否需要你的帮助。当孩子因为不想拥抱而把拥抱者推开时，其实就已经很好地守住了自己的界限。如果发起拥抱的兄弟姐妹理解了这一暗示，并停止了拥抱行为，此时家长就没有必要提供帮助。但是，如果发起拥抱的兄弟姐妹还是执意拥抱，并以拥抱的需要来逼迫他人的话，家长就应该以合适的方式进行干预。拥抱或亲吻不应该在违背他人意愿的情况下进行，这点很重要，也同样适用于成年人的攻击性行为。作为父母，我们的任务是解释。当孩子不愿意拥抱时，家长就要给拥抱的发起者解释，向他说明你所解读到的面部表情和手势的含义："看！当你拥抱莉娜时，她的身体都僵住了，鼻子也皱起来了，就像这样。这些都是她不开心时的表现。"毫无疑问，当一个人渴望拥抱或想表达爱意时，被人拒绝会感到非常难过，还可能会对内心造成非常严重的伤害，但每个人都要学着去承受这种伤害！此时，父母的作用就显得尤为重要。最重要的是要让孩子学会有尊严地承受伤害，而不是予以还击。强大的自尊心才是一个人最坚硬的铠甲。如果一个人的内心足够强大，就不会将他人的言行与自身产生过度联想。以关系和需求为导向的教养方式，恰好可以向孩子们表明：他们得到了无条件的爱。这就为孩子们神经系统的发育创造了一个很好的先决条件。如今，大多数家庭从一开始就会在给孩子们换尿布、穿衣服和喂食时，注重保护孩子们的界限，不会不经询问就直接把他们抱起来，或做一些越界的举动。这也为孩子们神经系统的发育创造了第二个先决条件，即：孩子们从小就知道自己有说"不"的权利。一旦神经系统发育的先决条件建立起来了，孩子们就会知道别人也同样有权利说"不"，而在与他人的相处过程中，他们也必须要考虑到这一点。为了以防万一，父母也可以先将问题口头表达出来："洛尔，很抱歉现在达恩不想和你拥抱。可能你会感觉很受伤，但相比起来，他拥有对自己身体的支配权才更重要，不是吗？那么你想不想和我拥抱一下呢？"对于父母来说，陪伴一个因为被拒绝而难过的孩子，肯定十分辛苦。因为这是一种情感上的消耗，而且在日常生活中，这样的情况时有发生。但一想到这样做，是在确保孩子将来能对拒绝做出有尊严的反应，再累再辛苦也都甘之如饴。

卡洛塔总是说些莫名其妙的话来挖苦弟弟，只因为弟弟给自己的虎皮鹦鹉起名"小白"。在一次散步时，我向卡洛塔提起了这件事。

"卡洛塔，我注意到你一直在指责约祖亚，你说他盗用了你起的名字'小白'。""他就是这么做的呀！""可我记得你最后放弃了这个名字。因为你选择了'糖豆'这个名字！""嗯……我是这么做的。他也可以用这个名字。我只是说这个名字是我想出来的。""是你想的没错。可就算你不想用这个名字了，也必须要认真地想一想，如果真的将它拱手让人，你能不能接受。当然了，这是你的决定，

> 但你一定要下定决心。一旦你决定放弃这个名字,那就不要后悔,过后也不要责备对方。""可是如果我不让约祖亚用,他肯定会很难过,还会哭。我知道,他很喜欢这个名字。他和我说,没有比这再好的名字了。我不想让他伤心。""是啊,他会因此而难过哭泣。但是,如果你一直对这件事耿耿于怀,它就会像一根小刺一样永远扎在你心里,你们俩就总会因为这件事吵架。如果是我,我宁愿承受眼前巨大的痛苦,然后一次性地解决问题,也不愿意拖拖拉拉,一直忍受这种折磨,长痛不如短痛,你明白这个道理吗?""嗯,我明白了。好,那……我不想让他用'小白'这个名字了。我觉得我接受不了。""那我去告诉他。""不,妈妈,我自己会告诉他的。你不用管了。"

于是,卡洛塔小心翼翼地对她的弟弟说,他不能给他的鸟起名叫"小白"。我则花了一整晚,来安慰超级难过的约祖亚。但不出我所料,一切很快就雨过天晴了。最后,他给小鹦鹉选择了"卡尔"这个名字。因为他最喜欢的博主Benx博士,他家的猫就叫卡尔。好在本杰明·克吕格尔(Benjamin Krüger,别名Benx博士)不是我的孩子,不然他们俩也会因为这种模仿行为而产生矛盾。

如果孩子们争论的焦点是"模仿"衣着、游戏、食物等,那就需要由家长来解释，为什么小孩子会产生模仿大孩子的欲望。作为大人，我们的学识更加丰富。因此，我们可以用浅显易懂的方式向孩子说明，我们脑中的镜像神经元是如何工作的："我知道，当妹妹模仿你做事情时，你会觉得她很讨厌。但你知道吗，大自然的规律就是这样的。我们人类就是通过模仿来学习的。而且不仅仅是人类，其他生物也是如此。你知道吗？还有猴子会在海里洗红薯，因为从前别的小动物这么做过，所以其他的小动物开始模仿。"

人们通过观察他人来学习。如果他们做自己刚刚观察到的动作，会发现这个动作比看起来要容易得多；甚至比学习还更进一步：我们大脑中的镜像神经元会记下周围人正在做的事情，并将其标记为"正确的和重要的"。如果其他人这样做，那么这件事似乎对生存很重要。[6]如果哥哥吃西兰花，那么这个菜肯定没有毒。于是弟弟妹妹也会放下戒心，尝试这种奇怪的绿色植物。可如果哥哥不吃蔬菜，弟弟妹妹也很有可能会选择不吃蔬菜。我们将在"万年老二"这一节中详细讨论这一现象。

我们不建议各位家长去阻止弟弟妹妹模仿哥哥姐姐。正如我们所说，模仿是孩子们学习的方式。但为了避免争吵，父母可以试着把弟弟妹妹的注意力转移到另一项任务上，可以让他们暂时去做另一个游戏。不要忘记，家长的主要任务永远是解释其中一个孩子的情绪和意图，并请求另一个孩子理解；如果有必要，也可以照顾孩子们的感受。

10 自卑感

孩子们身边也许有这样的兄弟姐妹,他们自己过得一团糟,只能通过贬低他人来抬高自己。这类行为可能包括:刻薄的言语攻击(如:"你跟猪一样笨,甚至还不如猪呢!")、讨人厌的恶作剧(如:笑着把蜘蛛放在妹妹的鼻子下,以观察她的反应为乐)、身体攻击。有时,这种行为隐藏在一些细节中,比如给兄弟姐妹取一些"有趣"的绰号,如"小胖子"或"小女巫"。起绰号的目的是想要打击他们的自尊心。通常,被问及此事时,他们便声称,起这些绰号是为了表示亲昵,他们再也不这样了。显然,受害者大多数情况下会采取自卫,但这样往往会引发兄弟姐妹间大量的争吵。年龄很小的孩子也有可能会有自卑感,而这种情况通常发生在家中的婴儿出生不久以后。这种自卑感表现为捏或打婴儿,有时甚至会表现为杀人的意图。

孩子们出现这种行为的原因,就在本节的标题中。那些必须要通过贬低他人来获得优越感的孩子,不得不与自卑感斗争。而孩子之所以会产生这种自卑感,很大程度上是由于新生儿引发的儿童情感危机没有得到解决。正如我们在第一章中阐述的那样,父母想要生二胎、三胎或四胎的愿望,会让之前出生的孩子感到自己不够好。玛丽·伍德认为,儿童在2~5岁时要经历成长恐惧("不足"),会认为自己不够好。而不幸的是,往往就是在这一生命阶段,大多数孩子会迎来弟弟妹妹的降生。[7] 成长恐惧并不单单是指对新生儿出生的恐惧,更多的是对一般存在的恐惧。在这一年龄段,儿童开始意识到成人对他们抱有期望,例如成人希望他们抑制打人的冲动。他们担心自己不能满足这些期望,从而失去大人的爱。通常情况下,如果孩子周围的成人给予他悉心的指导和帮助,孩子是可以自己克服成长恐惧的。事实上,所有人都会犯错,成年人也不例外。犯错并不是一件坏事。一方面,我们可以从错误中学习;另一方面,这也是我们超越自我的成长机会。这将是孩子们可以从这段时间里得到的最宝贵的财富。然而,如果孩子在发展过程中没能克服对"不足"的恐惧,这种恐惧就会通过其他方式表现出来。当成年人总是不停地在孩子面前说他不够好时,孩子一方面会通过上面那些讨厌的行为来掩盖自己的恐惧,如生气、诋毁、贬损;另一方面,又会把自己的行为和失败归咎于他人,甚至是他物。有些人在成年后仍然还会这样做。[8]

父母该如何应对？

家长如果发现孩子们用语言"贬低"彼此，应立即表达明确立场，告诉孩子们：在我们家，绝不允许有吓唬兄弟姐妹、侮辱他人或给他人起带有贬义的绰号这样的行为。根据戈登的说法，一旦家中出现了这种情况，父母就有足够的理由来召开一次家庭会议了。如果家里的某一个孩子总是使用这种手段，那么家长就应该明白到底是谁在求助，应该给予谁特别的爱护。出于自卑感而贬低他人，是一个明显的信号，表明这个孩子有一个根本性的问题亟待解决（例如新生儿引发的儿童情感危机尚未解决）。没有家长的帮助，他一个人是无法解决的。而这就需要家长有敏锐的洞察力：一方面，家长不应对孩子的这种行为视而不见；另一方面，家长还要向这个孩子表达你坚定不移的爱。当然，也一定不要忘记另一个孩子，就是那个已经成为语言攻击受害者的孩子。父母必须让受到伤害的这个孩子看到你在保护他，必须告诉他，他是无辜的，他没有任何不当之处！一般情况下，在孩子身边安排另一个成年人，也能起到很大的帮助作用，这个人可以是亲戚，也可以是你家的好友。让他们以友好的方式来帮助孩子，比如去野营。

有时，孩子们并没有真正意识到绰号可能会带来怎样的后果。像"小胖子"这样的绰号，可能真的有亲昵的意思。但无论如何也不应该用它来称呼他人，因为这些描述会在孩子们的脑海里扎根，并塑造孩子们的自我形象。因此，家长必须要向那些给别人取外号的孩子们解释，为什么这样做不行，以及这样做会带来怎样的后果。在解释之后，还需要给孩子们一个短暂的适应时间，好让他们改掉这种习惯。

对于那些身陷新生儿引发的儿童情感危机中的幼童，家长也要采取一定的措施，来应对他们发出的攻击性行为。正如我们在本书开头所阐述的那样，家长要用关注、游戏和积极倾听，来回应孩子发出的求救信号。这一点十分重要。

11
我太太太无聊了！

有时就是会有些不对劲……只要兄弟姐妹们的目光交汇在一起，矛盾就会顷刻间爆发。又或者在某些时候，妹妹只是待在一旁，就会让哥哥心烦不安。特别是在节假日期间，各种各样的矛盾接踵而来。去年暑假期间，我和家人一起去了波罗的海。那儿附近有一个不错的游泳馆，馆内有很多滑梯。由于天气不好，外面的风太大了，很不舒服，那里总是人满为患。而我们大多数时间也都待在游泳馆，没有去海滩玩。但在游泳馆里，我们面临着一个后勤问题：约祖亚还不会游泳，因此无论如何都要有人看管他。海伦娜游得很好，还拿过小海马徽章，但我们还是不太放心。而卡洛塔已经得到了银牌徽章，我们可以放心大胆地让她自由地去玩。但在第一天激动人心的游泳之行结束后，卡洛塔的情绪明显有些不太对劲。她一有机会就找约祖亚的碴儿，海伦娜也遭了殃。这种情况在我们家的日常生活中，几乎没有发生过。我们被她的挑衅烦到了极点。是因为酒店的套房太小了吗？并不是。在一次晚间散步时，卡洛塔向我解释了问题到底出在哪里。

我本来以为她不高兴的原因是无聊。当一个孩子感到无聊时，争吵反而可能会变成一种他们乐于使用的消遣方式。这个孩子可能会故意嘲弄兄弟姐妹，因为这样就能和他们（以争论的方式）进行接触。毕竟，没有人比兄弟姐妹更了解怎样激怒你了。因此，"打架总比无聊好"可能会变成兄弟姐妹间争吵的理由之一。

如果孩子们的心情本来就不好，这时，一个错误的眼神就足以点燃怒火。在法定节假日或暑假期间，由于没有足够多的朋友陪着他们一起玩，所以尽管兄弟姐妹之间彼此相爱，但他们之间的争吵还是会变得更多。

卡洛塔是这样解释暑假期间为什么她会闹脾气的：由于她游得很好，所以我们在游泳馆里几乎都没怎么关注过她。我们以为她会喜欢自由地跑来跑去，她也确实喜欢这样。但同时，她也会嫉妒她的兄弟姐妹能够得到父母如此多的关注。当然了，我们要看着孩子，就得和他们一起在水中玩耍。所以卡洛塔才会感觉自己被"抛之脑后"了，她希望能和我们共度更多的亲子时间。所以在这里，我们要从两个层面来分析此次争吵的原因：第一眼看上去，这次争吵就像是普通的假期争吵（一般是由于无聊或是距离太近）；但仔细分析，就会发现，这是由于孩子对关注的需求没有得到满足而引发的。

父母该如何应对？

如果你对孩子们之间是否彼此喜欢有个基本的认知，知道这些短时间内频繁的争吵主要是出于无聊，那么就不要急于插手孩子们之间的争吵。如果你想放松精神，那么最好一家人到森林里去玩。那里既有足够的空间，又有安静的环境，在这样的氛围下，一切坏情绪都能消散。

本来解决卡洛塔这一问题的方案很简单，无非就是多陪她在游泳馆里玩玩，让我们两个家长中的一个去照顾约祖亚和海伦娜。傍晚或午休时分，卡洛塔能与父母中的一方一起散步，或是以其他形式来度过专属的亲子时间。但我们使尽浑身解数，总体情况仍不令人满意。是的，卡洛塔是变得轻松了一些。但我们作为父母有种感觉，几乎无暇自顾。我们只能在孩子们之间不停地周旋，比在家里要累得多。这样根本就不是放松嘛！我们刚坐在沙发上想要看看书，那边就又开始了争吵。我非常恼火，不止一次地想离开这个混乱的环境。我真的太累了，累到没兴趣去迎合所有孩子渴望得到关注的需求。我只想没人打扰我，让我自己安静地待上十分钟就好。就十分钟，好不好？有时，即使是育儿专家也未能将自己的建议全部付诸实践。最后，我们很庆幸只预订了一个星期的酒店。一回到家，手足情深的戏码就又开始在孩子之间上演。大家又凑在一起玩耍，几乎不怎么吵架，而我们作为父母又有了自己的时间。也许明年夏天我们就不去度假了。

为了让我们和各位家长更容易决定是否对孩子们的争吵进行干预，我们绘制了一张不同决策方式的流程图。因为在这类情况下，我们通常需要迅速做出决定，而事实表明，以一种非常基本的方式来仔细思考各种可能的决策方式，对我们十分有帮助。

是否要干预孩子们的争吵？对策一览

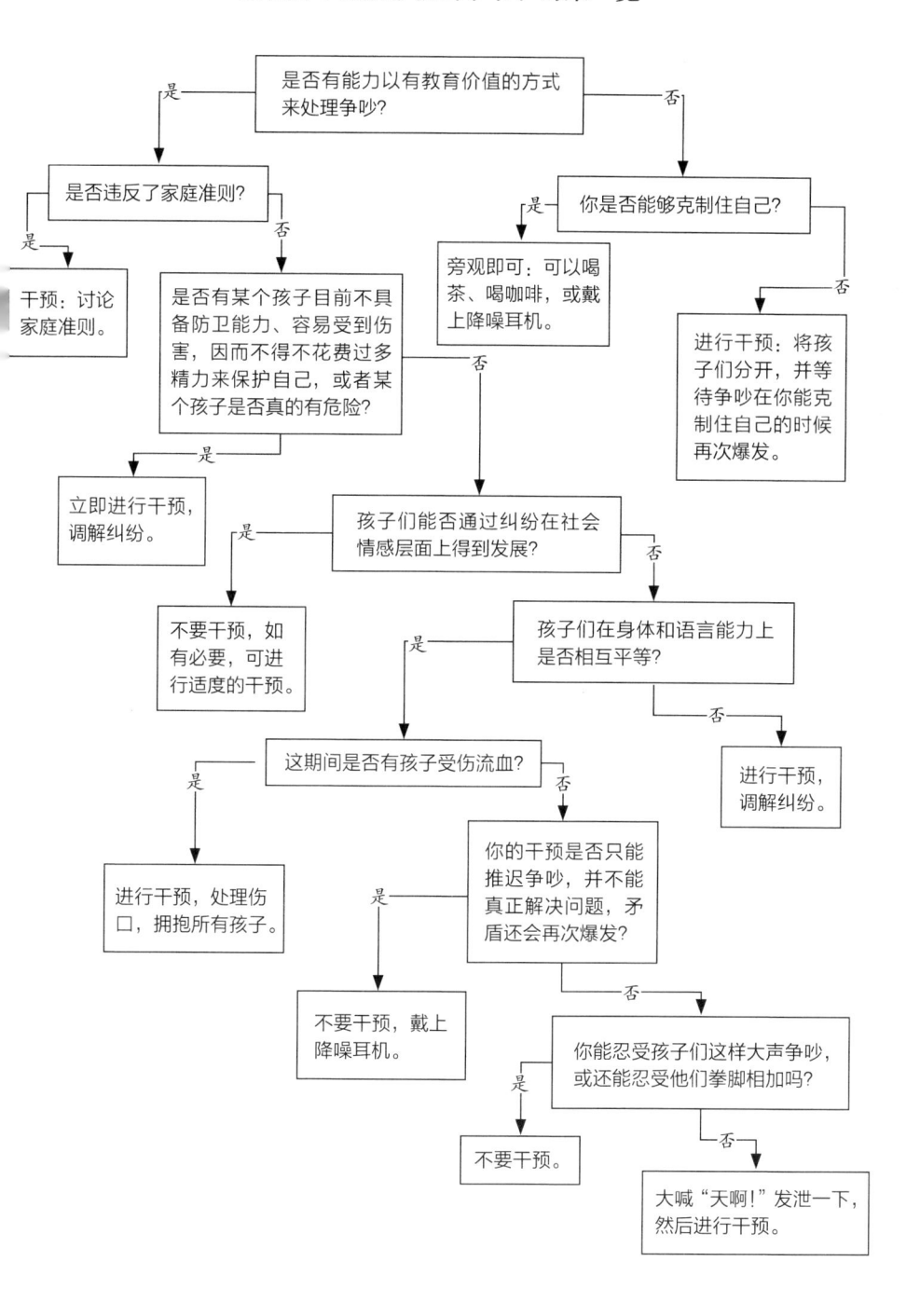

```
                        是否有能力以有教育价值的方式
              ┌─── 是 ──┤   来处理争吵？          ├── 否 ───┐
              │        └─────────────────────────┘          │
              ▼                                              ▼
        ┌──────────────┐                            ┌─────────────────┐
        │是否违反了家庭准则？│                    ┌── 是 ──┤ 你是否能够克制住自己？ ├── 否 ──┐
        └──────────────┘                    │        └─────────────────┘         │
     是 │            │ 否                    ▼                                    ▼
        ▼            ▼                ┌──────────────┐              ┌──────────────────┐
  ┌──────────┐  ┌──────────────────┐  │旁观即可：可以喝│              │进行干预：将孩    │
  │干预：讨论 │  │是否有某个孩子目前不具│  │茶、喝咖啡，或戴│              │子们分开，并等    │
  │家庭准则。 │  │备防卫能力、容易受到伤│  │上降噪耳机。   │              │待争吵在你能克    │
  └──────────┘  │害，因而不得不花费过多│  └──────────────┘              │制住自己的时候    │
                │精力来保护自己，或者某│                                │再次爆发。        │
                │个孩子是否真的有危险？├──── 否 ────┐                   └──────────────────┘
                └──────────────────┘             │
                    │ 是                          ▼
                    ▼                    ┌──────────────────┐
          ┌──────────────┐               │孩子们能否通过纠纷在社会│
          │立即进行干预， │          ┌──是──┤情感层面上得到发展？  ├──否──┐
          │调解纠纷。    │          │    └──────────────────┘      │
          └──────────────┘          ▼                              ▼
                              ┌──────────────┐           ┌──────────────────┐
                              │不要干预，如  │      ┌─是─┤孩子们在身体和语言能力上│
                              │有必要，可进  │      │   │是否相互平等？        │
                              │行适度的干预。│      │   └──────────────────┘
                              └──────────────┘      │            │ 否
                                                    ▼            ▼
                                         ┌──────────────┐   ┌──────────┐
                                 ┌── 是 ─┤这期间是否有孩子受伤流血？├─否─┐   │进行干预， │
                                 │      └──────────────┘           │   │调解纠纷。│
                                 ▼                                  ▼   └──────────┘
                         ┌──────────────┐                  ┌──────────────┐
                         │进行干预，处理伤│              ┌─是┤你的干预是否只能│
                         │口，拥抱所有孩子。│             │  │推迟争吵，并不能│
                         └──────────────┘               │  │真正解决问题，矛│
                                                        │  │盾还会再次爆发？├─否─┐
                                                        ▼  └──────────────┘    │
                                                ┌──────────────┐                ▼
                                                │不要干预，戴上│       ┌──────────────┐
                                                │降噪耳机。    │    ┌是┤你能忍受孩子们这样大声争吵，│
                                                └──────────────┘    │ │或还能忍受他们拳脚相加吗？  │
                                                                    │ └──────────────┘
                                                                    ▼         │ 否
                                                            ┌──────────┐      ▼
                                                            │不要干预。│ ┌──────────────────┐
                                                            └──────────┘ │大喊"天啊！"发泄一下， │
                                                                         │然后进行干预。       │
                                                                         └──────────────────┘
```

Chapter 7
化解兄弟姐妹间的仇恨

Chapter7　化解兄弟姐妹间的仇恨

01
兄弟姐妹间的欺凌行为

——

十二年以来，克里斯特尔一直努力想要减少大儿子的嫉妒心，可惜一直都没有成功。

> 我完全对我家的大儿子（15岁）束手无策。阿洛伊斯真的整天都在为难他的妹妹卡塔琳娜（12岁）。她的一切都让他心烦意乱：走路的方式、站立的方式、吃饭的方式、说的话、说话的方式、看他的方式……在他看来，甚至她连呼吸都是错的。他一直说妹妹傻乎乎的，还说她对时尚没有品位，她能交到任何同性朋友都是个奇迹，谁愿意和"这样的人"玩呢？总而言之，他恨她。而这种恨从她出生的那天起就开始了。他也从不避讳这样说。他的妹妹做任何事都会遭到他的批评。他们还小时，他就经常打她一拳

> 或掐她一下，有时也会扯她的头发。尽管如今这种情况已经有所改善，但有时他仍然会偷偷地伤害妹妹。我并不总是能注意到这一点，因为他做得滴水不漏，让我常常找不到证据证明是他做的。有时我也不太确定卡塔琳娜是不是在夸大其词，是不是只是她喊"哎哟"的次数太多、声音太大。我真的不知道。
>
> 阿洛伊斯对卡塔琳娜的双胞胎兄弟文岑茨（12岁）的态度则截然不同。也不能说是爱意满满，但至少不会把他当成地球上的渣滓。我怀疑这是因为这个小男孩很崇拜他，总是按照他的要求去做事。我有时会后悔，为什么自己当初那么想要二胎，那么想要个女儿，仿佛是用他的兄弟姐妹来惩罚阿洛伊斯一样，至少现在在我看来就是这样。

通常情况下，兄弟姐妹之间的欺凌，是一个没有受到足够重视的冷门话题，专业文献和媒体报道中也鲜有提及。[1] 也许这是因为，我们的社会认为兄弟姐妹间的争吵无伤大雅。在某种程度上，这种认知可能是正确的。如果只是轻微程度的暴力行为，且发生在同龄人之间，那么兄弟姐妹间的争吵本身并不算罕见，也没什么危险。根据美国伊利诺伊大学2009年发表在《儿童和青少年发展的新方向》期刊上的一项研究，平均每17分钟就会有3~7岁的孩子在打架。[2]尽管如此,成年人也应该时刻保持警惕。如果像上面的例子一样,争吵的频次和严重程度超过了正常水平,或者争吵双方在年龄、力量或权力上差距悬殊,家长就必须进行干预,因为无论是来自兄弟姐妹的身体或精神暴力,还是没有血缘关系的同龄人之间的欺凌行为,都会对孩子的健康造成损害。而这一研究结果,则是由美国新罕布什尔大学的研究人员科琳娜·詹金斯·塔克(Corinna Jenkins Tucker)在2013年7月发现的。很长一段时间内,连许多专家们都搞不清楚这一点。人们一直认为,同龄人的欺凌对孩子心理的伤害更加强烈、更加持久。[3]孩子可以通过换学校的方式来摆脱校园欺凌,但想要摆脱兄弟姐妹的欺凌,就不那么容易了。不幸的是,许多父母倾向于否认或淡化这一问题。这也可以理解,因为父母是真心爱着自己的孩子的,无论他是暴力的加害者,还是暴力的受害者。但相关研究人员一致认为,正是由于环境的推动,才会滋生出长期的身体或精神暴力。而监护人如果视而不见,淡化、隐瞒,甚至指责受害者,那么这种行为就会成为暴力升级的催化剂。他们助长了加害者的嚣张气焰,对受害者置之不理。而父母的这种行为通常不是有意为之,而是出于现实中对加害者无条件的支持与爱。精神病学专家、心理治疗专家彼得·托伊舍尔(Peter Teuschel)在他的书《害群之马》[4]中表达了这样的观点:如果父母不能坚决地反对欺凌行为,家庭的其他成员就会把父母划归为帮助者、旁观者,甚至是支持者。然而,根据托伊舍尔的说法,在发生暴力事件的家庭中，也存在一个非常小的群体，试图给受害者提供支持，并保护被欺负的孩子免受故意的骚扰或隐形的排斥，保护的手段则包括尽力关照以及公开对抗。这种支持并没有减轻暴力的严重影响，但可以对非自愿受害者的今后发展产生积极影响。盟友的存在对孩子自尊心的培养，以及自我价值的认知十分重要。[5]首先让我们看看，家庭内部是如何定义欺凌的。

欺凌与兄弟姐妹间的冲突

霸凌或欺凌指的是，任意团体或个人对个人施加的反复的、定期的，主要是精神上的欺凌、折磨和伤害行为。通俗地讲，欺凌是指某人不断地被冒犯、被欺负、被孤立，或被以其他反社会的方式来对待，导致其尊严受到侵犯的行为。霸凌或欺凌一词并没有一个公认的定义。

正如前文所述，只要有兄弟姐妹存在，就一定会有争吵。因此对父母来说更重要的是，能够区分什么是破坏性甚至是有害的同胞关系，什么是正常的摩擦。在这种情况下，一般情况下对欺凌的定义未必能起到帮助作用，因为定义的内容还不够具体。为此，我们制定了一份调查问卷，以帮助父母获得更为清晰的认识。

- 家里最小的孩子是在一年多以前出生的吗？或者这一重

Chapter7　化解兄弟姐妹间的仇恨

　　组家庭是在一年多以前组成的吗？
- 施暴者能否接受他人的观点（即，他或她是否超过4岁）？
- 在年龄和力量方面，孩子们之间是否存在明显的差距？
- 暴力行为的对象是否总是或经常是家中的某一个孩子（即家中的"害群之马"）？
- 身体或精神上的暴力，是否纯粹只是一种权力的展示，或者是为了贬低和羞辱对方？
- 骚扰行为似乎没有明显的理由，即骚扰行为只是为了让行为人感到高兴？
- 使用暴力的目的是为了让兄弟姐妹听话吗？
- 父母是否察觉到这不仅仅是简单的厌恶，而是要"置对方于死地"？
- 父母经常不太确定，到底暴力行为是确有其事，还是说受害者只是在假装？
- 暴力行为是否经常发生（每周至少一次），并且持续时间较长（几个月）？
- 兄弟姐妹之间和平共处的时间是否很少，导致父母每次都会格外留心？

　　在我们的问卷中，回答"是"的问题越多，你就越能清楚地意识到这是真正的暴力、压迫和欺凌行为。

弟弟妹妹的出生会激发大孩子的多重情感，这其中也可能包括愤怒和仇恨，这一点我们在第一章中曾经谈到过。也有一些极端的情况，比如在新生儿出生的第一年，家里的长子试图给新生儿造成严重的伤害。几乎所有的情况，孩子们都没有意识到自己的行为会带来怎样的后果，因为他们年纪还小。从这一方面来说，我们希望至少将第一年作为一种特殊情况，排除在我们对兄弟姐妹间欺凌的定义之外。4岁以下的孩子，还不能从不同的视角来看待问题，因而也不应该被视作蓄意霸凌者。他们脑中可能会有伤人的想法，但他们还不能巧妙地操纵或按照严密的计划行事，因为他们大脑中神经元的连接还不够多。加之他们的冲动控制能力还没有得到很好的发展，因此，他们每一次都会将愤怒的冲动立马表达出来，而丝毫不考虑这种痛苦对对方的影响。我们在自己第一本有关1~4岁儿童的书中，详细解释了这种联系。从问卷的第三个问题开始，各位家长就应该格外留意了。在年龄、认知或力量方面，年龄差为两岁或两岁以上的孩子，已经开始出现明显的权力差距。虽然加害者并不总是大孩子，但从统计结果上看，仍旧是年龄较大的孩子居多。新生儿引发的儿童情感危机尚未得到解决（在重组家庭、兄弟姐妹的情况下也是如此），以及由此而衍生出来的想法——没有得到父母足够多的宠爱，则是引发持续性贬低和伤害行为最常见的原因。

《兄弟姐妹：生命中最长久的关系》一书的作者苏珊·西茨勒（Susann Sitzler）对此持中立意见："爱可以为自己而存在，也可以为一个远方的人而存在。与爱不同，恨从来不会凭空出现。仇恨由变质的感情发展而来。在相互憎恨的兄弟姐妹之间，往往无意识地存在着大量对对方的蔑视、愤怒，以及自己多年累积的苦涩，有时还夹杂着怜悯或自我怜悯。兄弟姐妹的仇恨来自变质的钦佩、变质的嫉妒、变质的爱。这是一种在孩子们的愤怒中疯狂泛滥的感情。"[6]

有时，两个孩子之间的暴力行为并不只是单向的，而是双向的。这种暴力行为也会造成精神和身体上的间接伤害。如果暴力行为的次数每周都持续增加，而且孩子们几乎一直处于水火不容的状态，那么家长就要认真对待了。

造成欺凌的根本原因，并不在于受害者的性格，反而总是与加害者脆弱的自我价值，以及对发生精神和身体暴力的环境做何反应有关。这里的环境是指，允许欺凌行为发生的家庭。[7]孩子们之间的这种仇恨，往往会让父母不堪重负。我们希望孩子们之间爱意满满，或者至少能够相互体谅，但我们却不知道该如何改善他们之间的关系。因此，我们总是忧心忡忡。当暴力发生时，我们甚至还想睁一只眼闭一只眼，免得不断地被提醒我们有多失败。然而，如果一个孩子被兄弟姐妹欺负，当他觉得他的父母不能或不会保护他时，那么他的痛苦便会被放大。父母往往对这种欺凌行为束手无策，总是采取一些老掉牙的方法，如大声责骂、严肃警告、阻劝训诫或动之以情，但这些策略并不能为受害者提供任何真正意义上的保护。于是，便形成了这样一个恶性循环：

加害者欺负受害者，随后父母以惩罚的方式进行干预。但这样做不仅效果越来越差，而且还坐实了加害者的猜想——父母并不爱他。父母试图用额外的爱来补偿受害者，以减轻欺凌带来的影响。但这样做，反而会更加激化受害者与加害者的潜在冲突。等到下一次，加害者会再次表现出仇恨，再次被父母告诫，并再次受到惩罚。克里斯特尔的情况也是如此：多年来，她一直试图阻止儿子阿洛伊斯以这种倨傲且伤人的方式对待他的妹妹。但她却不得不承认，自己输得很惨。

如果事实真如她所说的那样，我们很快就可以确定阿洛伊斯这种行为背后的原因。自从双胞胎出生后，他感觉自己从父母那里得到的关注太少了；而母亲此后也总是采取严厉的手段对待他的叛逆行为，而不是予以理解。因此，他有种自己的母亲被对手夺走了的感觉，这种感觉也愈演愈烈。由于弟弟文岑茨崇拜他，对他俯首帖耳，所以弟弟遭受到的精神暴力就少一些。于是，他便将目光锁定在母亲最热切盼望的女儿身上。最初，阿洛伊斯将愤怒的矛头直指他的父母，但这似乎又与他对父母深深的爱和依恋不相符合。这也就是为什么他随后会将负面情绪（影响）转移到弟弟妹妹的身上。他从未和他们建立起羁绊，所以更容易憎恨他们，把自己内心山呼海啸般的情绪波动都归咎到他们身上。作家弗朗辛·克拉格斯布伦（Francine Klagsbrun）在她的《兄弟姐妹情结》一书中，曾谈到这一问题："对于一个人来说，指责自己的兄弟姐妹献媚争宠，要比忍受父母出于偏爱而主动选择了他人要好受得多，对于减少他人威胁、维护自身安全和自我形象，也会方便得多。"[8]对一个孩子来说，父母喜欢自己的兄弟姐妹而不喜欢自己，这样的想法几乎是无法忍受的。将愤怒由父母转至兄弟姐妹身上，则会产生永久的敌意和仇恨。而兄弟姐妹之间的问题，又常常会在以后的生活中被转移至另外一段新的关系中。然后，这个旧的伤疤又会在不知不觉中，一次又一次地书写新的痛苦故事。[9]这种情感的转移就是心理学中为人所熟知的概念——防御机制。如果父母能够及时察觉孩子的感受，并加以正确的引导，那么孩子因新生儿引发的儿童情感危机而造成的压力情绪就会得到疏解，那么这一问题也不是不可避免。即使是在后来，在阿洛伊斯和卡塔琳娜之间的矛盾陷入僵局的情况下，还是有一定的机会来解决问题，或者至少抵消仇恨。最重要的担子就落在父母头上，他们需要采取更加有效的策略来应对欺凌行为，他们需要寻求家庭治疗师的外部协助。

父母该如何应对？

要解决一桩持续多年的恩怨并不容易，就比如阿洛伊斯和卡塔琳娜之间的恩怨。难怪这个女孩想逃离有她哥哥存在的糟糕环境，并选择与父母分离。克里斯特尔这样写道：

> 如今，卡塔琳娜已经受够了家里的生活。她瞒着我们给自己申请好了一所寄宿学校，应该会得到一个名额。这是一所女子学校，课程也真的很适合她。但她明确表示，去这里读书的主要原因是为了离开家、远离阿洛伊斯。我听后只觉得心碎。我无法想象只有在周末和假期才能见到我心爱的女儿，我真的不知道我们是否应该让她去寄宿学校。当然，这事关我的孩子和她的幸福，与我想怎样无关。如此长时间暴露在她哥哥的——我不知道该用什么词来表达，只能说是——强烈的仇恨中，对她确实没有任何好处。但我非常爱她，实际上我更希望她能和我多住几年。可我真的没办法保护她，以前就没能保护她，我真的感觉很惭愧。我不知道怎么办。也许应该让大儿子搬出去。这样可能对我们所有人都是最好的解决办法。

12岁的卡塔琳娜对自己和自己的幸福负责，因为她的母亲和父亲过去没能很好地保护她。大多数时候，这样的成长过程都会先从明显的疏远开始。女孩已经明白，与哥哥一起生活使她生病，因而必须先脱离这种创伤性的关系，以阻止其带来持续的负面影响。随着距离的增加,她对自己的生活有了控制感,并有能力掌控生活的节奏。她想去上寄宿学校的这种想法值得鼓励,因为她自己找到了摆脱压迫者的方法。多么坚强、令人钦佩的孩子啊!对卡塔琳娜来说,搬出去住将是一次自我解放。

彼得·托伊舍尔在他的书《害群之马》中写道:"霸凌冲突不能以妥协或其他'软性'的方式来解决。受害者不能寄希望于以温和的方式缓和局势。从霸凌者的角度来看,霸凌的目的从来不是要结束霸凌,其中一个目的是要将霸凌无限期地延续下去,另一个目的则是要将受害者排挤出家庭团体之外。"[10]这也就意味着,卡塔琳娜一走,阿洛伊斯就真的"获胜"了,他终于如愿以偿地用霸凌的方式将妹妹赶出了家门。这样也就不难理解,为什么卡塔琳娜的父母会犹豫要不要放她一个人生活。因此,极其重要的一点就是要与阿洛伊斯一起努力,帮助他找到问题的解决办法。对这个男孩来说,目前的家庭状况让他痛苦不已。他感到十分受挫,认为没有人爱自己,于是他的心中便燃起了仇恨的火焰。真的很可怜。他需要接受治疗,以帮助他度过这种持续的新生儿引发的儿童情感危机,并帮助他理清他对妹妹和母亲的感情。我们将在后文中简单谈一谈这种陪伴治疗。对阿洛伊斯来说最重要的是,父母要明确制止他的行为,但不要让他有失去爱的感觉。可以看到,父母也有考虑让他离开家庭圈、搬出去住,以此来控制他的暴力行为。但绝不要认为父母这样做,是因为他们不再爱阿洛伊斯了。当然,这个男孩心里可能也是这么想的。但实际上，把他送走的这种想法，只能表明父母对他的暴力行为感到无助。虽然这种愿望可以理解，但对解决问题并没有什么实质上的帮助。甚至可以说，这个解决方案会给阿洛伊斯以及他与卡塔琳娜的关系带来灾难性的后果。相反，父母需要的是带有目的性的策略，以更自信和持久的方式来对抗他的欺凌。也许阿洛伊斯永远都不会真心爱他的妹妹，但还是有可能将积累的仇恨减少到一定程度，不会再对妹妹进行语言攻击和身体攻击。只可惜，这一问题无法像新生儿引发的儿童情感危机那样，通过增加关注、积极倾听和偶尔拥抱来实现。当兄弟姐妹间的暴力行为真正发生时，首先需要由父母来设定明确的界限。

我们此处援引的概念——新式权威型教育，既不是通过惩罚来起作用，也不是通过伪装成"后果"的惩罚来起作用。他人的界限和需求必须得到尊重，所以需要有一个人站出来表明态度，去阻止那些故意一次次践踏他人尊严的人。请各位家长仔细看一下，我们下面描述的方法并不是为了惩罚有暴力倾向的孩子，相反，是让家长有能力通过采取非暴力的抵抗措施来制止暴力行为。但是，即便是成年人也会感到如履薄冰。当我们自己以这种方式被社会化时，也很容易倾向于选择惩罚方式来解决问题；而且由于没有明显的效果，还会产生非常强烈的绝望感。因此，如果父母想要以非暴力方式抵制孩子们之间的欺凌行为，寻求专业的帮助不失为一个好主意。IF Weinheim公司提供的系统性家长辅导的能力网络和专业现场，或许可以为各位家长提供最基础的帮助。在那里，你可以见到来自德国各地的支持者。[11]如果你想更深入地了解新式权威型教育，我们在此向您推荐哈伊姆·奥马尔（Haim Omer）和阿里斯特·冯·施利佩（Arist von Schlippe）的书。我们在本书中只能简明扼要地介绍一下他们书中的一部分内容。考虑到这一问题的严肃性，把我们书中的概括性介绍当作完整版来阅读是不负责任的。尽管如此，我们还是想让大家对书中的内容有一个初步的了解。

02
新式权威型教育：力量而非权力

如果父母想对欺凌他人的孩子表明立场，但同时又想表达对他无条件的爱意，那么就可以采取一些非暴力的措施。对此，作者奥马尔和施利佩在《力量而非权力》一书中详细列举了一些措施。

1. 寻求支持 —— 为受害者和父母自己提供帮助

正如我们在上文中详细描述的那样，兄弟姐妹间的暴力最糟糕的地方在于，受害者往往会感到自己被父母抛弃。当父母尽了最大努力却仍然无法保护孩子时，孩子就会留下严重的心理阴影。绝大多数受害者都清楚，他们遭受的虐待和折磨与父母无关。但无法避免的是，被抛弃和无能为力的感觉会深深地嵌入灵魂，并发展成对自我价值的负面假设和看法。因此，要想帮助被兄弟姐妹欺负的孩子，最重要的一步便是为父母组建一个"支持

Chapter7　化解兄弟姐妹间的仇恨

者网络"。就像上文例子中的克里斯特尔一样，在面对暴力时，父母通常不得不承认他们或多或少都有些无能为力。事实上，当欺凌日复一日地毒害家庭氛围时，父母往往很难维持自身的权威和力量。许多父母要么无奈地放弃，要么以暴制暴，试图用越来越多的暴力手段来遏制孩子们的欺凌行为。而在这样一个支持者网络中，许多人能够共同分担孩子身上叛逆的力量。当支持者中的一人丧失了信心，无法在不使用暴力的情况下与孩子对峙时，就可以由另一个人来接替他的位置。这里的暴力可以指语言、面部表情和手势。而这个网络则可以由祖父母、姑姑、叔叔、（加害者）孩子朋友的父母、（加害者）孩子的朋友、老师、教练等组成。

在选择支持者时，有三点很重要：第一，他们应该对施暴儿童有同理心，因为他们要在父母和儿童之间搭建起一座桥梁；第二，他们自己绝对不能使用暴力；而这也直接引出了第三点，他们不能认为他们有权代替父母进行教育，然后"告诉孩子谁才是老大"。这种想法在我们的社会中仍然普遍存在，但它对这个过程有极大的负面影响。孩子不应该只是迫于他人权势的压力而屈服，放弃自己的行为；应该让孩子重新返回集体中，改掉错误的行为，因为他们已经明白自己违反了共同生活的规则，但仍希望自己还是集体中的一员。因此，如果孩子的祖父母或老师等人过于墨守成规，那么最好不要把他们纳入你的支持者网络。

但是实际上，支持者要怎么做呢？首先，他们应该与发生矛盾的两个孩子取得联系。如果支持者住得太远而无法当面沟通，也可以通过电话或电子邮件的方式与孩子们建立联系。这样做的目的是让两个孩子意识到，有一大批亲人知道家庭中的问题，并希望帮助父母解决这些问题。而且十分重要的是，谈话或邮件往来要在一个积极、温暖的氛围中进行：一方面，是因为具有攻击性的人倾向于将周围人的互动提议视为一种带有敌意的行为；另一方面，是为了将另一个孩子从孤立中解放出来，并为他提供成年人温暖的帮助。重要的是，支持者不要斥责或责骂孩子，或对他们表示出失望。相反，他们应该以清晰、客观的语言来描述自己亲身所见的或父母告诉他们的一些情况。他们应该和孩子们强调，这种霸凌行为是不能容忍的，但他们愿意帮助孩子们做出改变，且不会伤害任何人的尊严。

在经历了这种初步接触之后，每当有严重的暴力事件发生或有积极的变化出现时，支持者都可以与帮助者取得联系。在这两种情况下，支持者都会亲自过来、打电话或写电子邮件。比起自己的父母，儿童和青少年往往会更听支持者的话，而且觉得他们带来的威胁感更小，因此他们的话语也能够得到更好的传达。这样一来，支持者就可以平静地与霸凌他人的那个孩子讨论可行的补偿方式。

重要的是，支持者也要分享和报告积极的情况，要向孩子汇报他们已经听说的事，并同他们一起为成功而欢欣鼓舞，从而强化积极情况的影响力。

2. 正式的谈话：家庭转变的开始

通过建立支持者网络，茫然无助的父母一跃成为采取非暴力方式进行抵抗（非惩罚性管教）的领导者。父母能够感到自己事事有计划、拥有执行力，这是件好事。而接下来的一步，即正式宣布家庭要开始转变，也是各位家长成为领导者的重要一步。父母可以仔细思考自己到底想说些什么，然后可以召集一次正式的家庭会议；如果觉得其中一个孩子已经与他们渐行渐远、不会出席的话，就写一封信递给孩子们，或者干脆等待一个所有家庭成员都共处一室的合适时机，正式地将信朗读出来。父母可能不太习惯以如此"小题大做"的方式来完成家庭转变，由于他们无意识地或有意识地害怕看到加害者的反应，所以他们宁愿采取更加温和、更加含糊的过渡方式。但实践表明，仪式感确实是不可或缺的。我在学校也曾经使用过这种方法，为了发出明确的信号，就必然要采取正式的方式进行表达。无论是对于那些实施暴力的人，还是那些不得不忍受暴力的人来说，正式的谈话总能给孩子们留下更深刻的印象。

重点在于，不要总是说"你"要如何如何，而是要坚持从"我"或"我们"的角度来进行阐述。各位家长可能已经对罗森伯格博士发现的非暴力沟通方式有所了解。根据非暴力沟通方式，不要说"你必须停下来"，而要说"我们将坚决地站出来反对它"。正式的谈话与让孩子接受或签署一份合同不同，因为父母想要抵制暴力行为的决定是不可以讨价还价的。因此，如果孩子假装不把谈话当回事，也不要觉得气馁；也不要抱有过高期望，以为仅凭谈话就能让你的孩子恢复理智。这只是行动的开端。要让孩子有一个清晰的认识，让孩子知道他对你来说原来如此珍贵。对他的不当行为采取行动，并要告诉他："我们不能就这样放弃你，你对我们来说太重要了！"

3. 强化觉察型育儿

在以关系和需求为导向的家庭中，父母会高度重视保护孩子们的自我责任心，这种自我责任心往往与孩子们的切身利益相关。因此父母往往会认为，对孩子的控制欲太强，其实是一种很令人讨厌的干涉行为。父母肩负着让所有孩子都幸福的责任。这也就意味着父母要在发生暴力行为以及出现其他问题时，扮演好领导者的角色。但这并不代表父母就要去偷看孩子的日记或手机聊天记录，觉察型育儿与偷偷窥探是两个截然不同的概念。

举一个例子：试着回想一下，当孩子还在蹒跚学步的时候，我们让孩子自己学着走路，允许他们尝试一切事物，但总会在一旁盯着他。如果孩子向马路跑去，那么即使孩子大声抗议，你也肯定会加以阻止。如果有一个孩子总是向马路那边跑，你自然而然就会将更多的注意力转移到他身上，更加密切留意他的一举一动。一旦有个风吹草动，就会立马阻止他的行动，是不是这样？

所以，当涉及暴力问题时，父母的处理方法也与例子中的并没什么差别。我们应随时保持警惕，密切关注大孩子的一言一行。

孩子们之间可以争吵，可以和好，可以斗嘴，也可以你抓我一下我打你一下。可如果兄弟姐妹间的打闹越过了上面所说的界限，演变成欺凌和暴力行为时，父母就要带着明确的态度介入，对孩子进行更密切的观察，并及早地进行干预。当然，这样会给孩子们的自我责任心带来限制，也是对信任的限制。孩子们往往表现出无法理解，他们会变得愤怒异常、吵闹不休。他们会指责父母无视自己的想法，以独裁的方式行事。父母则要像控制住没有向孩子发脾气一样，绝不能屈服于孩子的恫吓之下。你可以平静地反驳，告诉孩子们，作为父母，保护孩子是你的职责。你现在正在防止（有暴力倾向的）孩子走上错误的人生道路。同时可以强调，你不会强迫孩子们去做任何事，因为这与你的育儿理想相悖。要坚持不懈，向孩子们展示什么才能为社会所接受的，什么是不被接受的。

孩子们经常试图用"这不是真的""她在撒谎""什么？我可什么都没做"来摆脱一些不愉快的状况。父母不可能时时刻刻都跟在孩子身旁，自然不可能搞清楚，孩子们这些矛盾的说辞中，到底哪一个才是正确的。"你的指控是否属实，我们现在无法判断。但我们从现在起会更加留心，所以暴力行为发生的概率几乎为零。作为你的父母，这是我应该做的。"如果父母采用这样的开场白来回应孩子们的指控，事实证明，效果还是十分不错的。

的确会存在（少量）虚假的指控，但父母也不能因噎废食。我们的目的并不是要分出谁对谁错、谁先谁后，而是要时刻保持警惕，以保障家庭中所有孩子的安全。

4. 非暴力抵抗，静坐抗议

我要再次提醒各位家长：我们正在谈论的话题是兄弟姐妹之间的欺凌，而不是正常情况下的兄弟姐妹矛盾，我们谈论的对象是在这种暴力面前无能为力的父母。暴力是禁忌，使用暴力往往会产生适得其反的效果。因此，父母要尽可能地避免使用暴力，选择一些别的方法来摆脱无助感，这时就可以采取非暴力抵抗的方法。这种方法不仅适用于家庭中的欺凌行为，也同样适用于学校中的欺凌行为。

非暴力抵抗和静坐抗议这两种方法，最早起源于非暴力政治抵抗运动。圣雄甘地和马丁·路德·金都曾使用静坐的方式来进行抗议，他们的毅力也给世人留下了深刻的印象。当家中发生特别严重的欺凌事件，或在公开谈话后，加害者的行为变本加厉时，各位家长就可以使用这种方法。

父母要时刻为静坐做好准备。父母与孩子发生争执时，不要因一时冲动而直接使用这种方法；要先冷静下来，并计划你的下一步行动。家长可以在自己内心状态稳定的时候，抽出半个小时，进入孩子的房间。如果可以的话，最好坐在门前，这样孩子就不能立马逃出房间。然而，如果你的孩子执意要离开房间，请不要阻挡他的去路，而是让他离开。待他出去以后，家长继续在他的房间里待上半小时。如果你担心你的孩子会对你进行人身攻击，请在进入房间时带上一个支持者，如家里的亲戚；也可以打电话给其他人，并告诉孩子，他的舅舅或姑姑等人正在电话的另一头，听着你们的谈话。暴力喜欢在暗中滋生。因此，如果有外人在场，孩子们的心理防线就会自动提高。一坐下来，家长就用平静的语气说："我们之所以坐在这里，是因为我们无法接受你的行为（在这里要非常准确地说出行为的名称）。我们正在等你提出如何解决问题的建议。请让我们听听你的想法。"[12]在描述事件时，一定要使用准确的表达方式，比如"以……的形式对你的兄弟实施暴力"或"当你……时，其实是在对你妹妹进行精神虐待"。说完这些以后，不要作声，不要与孩子进行讨论。家长如果无法继续忍受沉默，可以接着说："你听明白我们的意思了吗？我们正在等你说出你的解决方案。"静坐教会父母学会等待，而不是简单地冲进房间，用自己的建议逼迫孩子。这样既表达了对孩子的尊重，也可以避免将矛盾升级。在头几次的静坐抗议中，很有可能出现孩子没有提出任何建议的情况。父母也不要气馁，直接在30分钟后结束静坐，并告诉孩子："我们还没有收到你的任何建议。现在我们要离开了，但我们过后还会继续研究这个问题。"有时孩子还不能提出解决问题的建议，是因为他们认为自己已经"输"了。他们首先要了解，父母这样做并不是要羞辱他们。来自外部的支持者网络往往能够在这方面起到帮助作用。我们的孩子喜欢、也喜欢我们的孩子的人，往往能与孩子一起想出解决办法。

如果孩子在静坐期间提出了可接受的建议，父母应立即结束静坐，并告诉孩子："我们感谢你的建议。现在，我们将离开房间，考虑下一步要怎样做。我们要给你的想法一个实现的机会。"现在就是父母的讨论时间，看看孩子的建议是否可行。如果可行，就让孩子做出补偿行为（见第8点）。

5. 不要助长儿童暴力

在家庭中发生欺凌行为时，父母如果选择了非暴力抵抗，首先不要指望孩子的暴力行为会立即停止。孩子首先会试着让你"老调重弹"，即责骂他们。在遭到责骂以后，他会开始报复自己的兄弟姐妹，因为他心中的仇恨渴望一个可以继续制造暴力的环境。所以孩子会使出浑身解数，来让你的非暴力抵抗行动泡汤。他想给暴力行为按下继续播放键，想让你崩溃。因此，制止儿童暴力行为最重要的一点就是，不要冲动。要对孩子会挑衅你的事实做好心理准备。如果你责骂他、惩罚他，那就正中他下怀，因为从过去的实战经验中，他早已经知道如何应付这种情况。

如果家长保持住了冷静，孩子的愤怒就会转为不安。因为要去攻击一个安静坐着、轻声说话的人是非常困难的，这要比攻击一个大喊大叫、可能还会伸手警告的人困难得多。那些能够坚定不移、坚持不懈地进行静坐抵抗，而不使用暴力的父母，让家庭内部的暴力失去了滋长的温床。甘地曾做过这样的比喻，非暴力就像被人击中的水，过后总会恢复到原来的样子；而打手手臂上的肌肉，不久之后就会萎缩。[13]

因此，家长要对所有孩子可能采取的行动进行一番慎重的思考。新式权威型教育的原则是"趁冷打铁"。因为在冲突升级的情况下所做出的决定，往往失之偏颇。家长如果感觉自己太过情绪化，无法做出理性的决定，那么最好先离开房间，等一等再做出决定。可以与自己的伴侣或其他支持者交谈，并一起探讨下一步的行动方案，这样就可以避免孩子暗中揣测怎样才能让你"老调重弹"了。

6. 记录好人好事和坏人坏事

父母应该鼓励被欺负的孩子将事情一五一十地说出来，可以安排一个或几个支持者在场陪同。这个陪同者必须是让受害者感到舒适和可靠的人。这样能让孩子明白，他的背后有家庭和支持者的支持。过去的他会有一种被遗弃在暴力中的感觉，而如今他得到了帮助，也会因此变得更加坚强。父母可以将这些事件记录下来，一方面可以作为治疗记录，另一方面可以将后续的补偿行为与具体事件一一对应起来。要让加害者知道，他的行为会被记录下来。可以允许他们阅读本子里的内容，但要确保他们不会破坏这一记录。重要的是，不仅要记录下坏的方面，还要记录下孩子好的方面。

如果要进行记录的话，中间有条竖线的那种车线本就很好用。在本子的左边记录暴力事件，右边记录美好时刻。暴力事件的记录要包括对该事件尽可能精确的描述，以及加害者和受害者的陈述和反应。尽可能以中立的语气记录下整个事情的前因后果。要记录的不应该是指责，而是客观事实。一旦孩子对欺凌行为进行了补偿，或者作为家长的你，通过非暴力抵抗的方式取得了明显的效果，加害者随后也表现出自我控制和改善的迹象，负面部分就可以删除和销毁。但只有在父母双方都同意的情况下，才可以将负面的部分删除。

笔记本中记录的好事，包含孩子表现较好的一些时刻、精彩的户外活动、孩子身上讨人喜欢的性格特征、学校颁发的奖项，以及外人说的原话。如果是在前文中提到的阿洛伊斯家，他的父母可以在本子中记录他与母亲的亲昵时刻和他对邻家孩子的帮助。将这些事情写下来，不仅有助于孩子建立更积极的自我形象，也有助于父母以积极的态度来看待自己家的"问题儿童"。当然，这些页面不应该删除。在记录积极内容的页面中，也要避免道德绑架，不然会起到相反的作用，让孩子的内心产生抵触。在积极内容的页面上，还要粘贴协助解决负面事件的帮助者的感谢信。如果孩子做出了对自己来说比较困难的补偿行为，成年人可以写下他们对此事的善意看法。以这种方式积累下孩子做出的贡献,能让孩子清楚地明白,好的品质比那些消极行为更能表现自己是怎样的一个人。

7. 唤起建设性的羞耻感

在老一辈人的教育理念中,教育者经常使用羞辱的方式来让孩子听话。因此也就不必奇怪,为什么今天的大多数父母往往会拒绝激发儿童的羞耻感,这在他们看来是干扰儿童健康发展的错误方法。但这种想法对吗?一些羞辱性的经历,比如在角落里罚站、当着全班同学的面站在椅子上,属于"黑色教育"的产物,因此必须要废除。如果是为了教育孩子,而将羞耻感和内疚感过度强加在孩子们的身上,就会使他们变得麻木。但唤醒孩子的自然羞耻感,可以帮助孩子们克服反社会行为。每个人都想有"归属感"。作为群体的一部分,被认可是人类的基本需求之一。而羞耻感可以作为一种自然的调节机制,确保我们自愿遵守社会大环境的规则。因此,健康的、建设性的羞耻感并没有什么不好。[14]

建设性的羞耻感总是要在环境的辅助下产生。例如,阿洛伊斯心爱的叔叔可以把这个男孩带到一边,和他交谈。自然的羞耻感是我们能感受到的最强烈的感觉之一。可能这样的谈话最初会引发孩子的暴力反应。大声尖叫、威胁,甚至人身攻击,都可能会发生。但父母并不需要担心,也不必害怕,只需要在内部准备好迎战孩子们这种可能的反应。如果可能的话,也可以寻求专业的支持,比如向咨询中心求助。实际上,这种剧烈的反应是一种很好的迹象,因为它意味着孩子的感情还没有钝化。

8. 引入补偿行为

补偿行为可以帮助孩子回到集体中,因为补偿行为本身就具有社会性,能够让孩子重新融入,促进关系发展和增强自我价值。孩子要为自己的失误买单,并独自或在支持者网络的帮助下解决这个麻烦。

大多数孩子最初都会拒绝补偿这一想法,因为这种感觉与惩罚太像了。除此之外,处理与之相关的羞耻感和内疚感也很麻烦。因此,孩子们往往会拒绝做出补偿,中断与父母或支持者的会谈,或干脆声称自己无罪,是他们的兄弟姐妹先动手的。如果他们拒绝做出补偿,就需要父母再次进行教育。要明确告诉孩子,你不会强迫他或她。但现在问题还没有解决,作为父母的你们,将继续寻找方法来保护所有孩子免受暴力侵害,这是件好事。除此之外,还要告诉他们:遭受到伤害的兄弟姐妹是有权获得赔偿的。

当加害者完全拒绝补偿时,尽管感觉很不舒服,但父母在采取行动时,还是倾向于选择惩罚型行为。对此,奥马尔和冯·施利佩建议采用经济补偿这一方式,即让父母减少加害儿童的零用钱，或者让他赔偿破损的物品。然而，一些家长强调，应该给加害儿童足够的时间和机会，让他们自愿采取行动。在这种混乱的情况下，支持者网络的成员往往能够带来积极的转机。如果父母提议让姑妈或足球教练在后几天与孩子见面，她或他就可以与孩子讨论补偿行为的必要性和好处。

补偿行为的类型在很大程度上取决于"罪行"的大小。例如，孩子故意弄坏的东西，可以用零用钱补偿或从自己的东西中拿出类似的物品来代替。但如果是身体上的攻击或心理上的虐待，情况会变得复杂一些。一般来看，在某种程度上对受害者有好处的事情，都可以被视为补偿行为，比如帮他们拿一拿重重的书包，或者辅导他们做一做家庭作业。脱口而出的道歉往往一文不值，不能被视为补偿行为；但一封手写的道歉信，却是不错的补偿方案。也有些孩子想奉上自己烤的蛋糕来请求原谅。如果家里的妹妹把姐姐房间墙上的明星海报撕下来，那就要给姐姐重新粉刷墙壁。其实这种所谓的补偿，与一个东西到底价值几何没什么关系，更多的是帮助孩子消除孩子的罪恶感，并把他带回集体中。受害者的声誉也因此得到恢复，事件也就结束了。在经历了补偿行为后，一切又涛声依旧了。

家庭治疗

除了按照奥马尔和冯·施利佩的方式进行非暴力抵抗外，我们还需要解决阿洛伊斯和卡塔琳娜之间的仇恨。虽然父母强大的内在和外在，会大幅减少暴力事件的发生，但这并不意味着行为背后的动因已经得到了完全解决。几乎所有在童年时期给我们留下负面印象的东西，都不是凭空出现的。因此我们必须在专业人士的帮助下，积极应对并克服它。大多数情况下，我们都会建议进行系统的家庭治疗，好让每个人都清楚，家庭中反复出现的冲突和仇恨的根源到底在哪儿。特别是克里斯特尔和她儿子，迫切需要对过去进行澄清。由于家里两个婴儿的出生和随后阿洛伊斯（当时3岁）的破坏性行为，克里斯特尔当时没有意识到阿洛伊斯那些打人和毁物行为背后的真正需要。他本来需要的是家人的理解、宽容、特别关注，以及肢体的接触和无微不至的关怀，但由于父母的不作为及其对儿童的过时看法，并没有给他真正的需求留下足够多的空间。母亲采取了毫无益处的惩罚性措施。但她的行为并不是出于恶意，而是因为她真的不知道还有什么更好的办法。然而，这样一来，也让阿洛伊斯变得更难相处，因为父母的反应反复证实了他被忽视、不被爱和不被理解的感觉，证明他是次要的。由此产生的"变质的感觉"，应该在专业的环境中被提及，并加以审视，以期它们能慢慢转变为破坏性较小的新感觉。每一种关系都可以被清理干净，并重新开始。这样一来，孩子仍然可以在以后的阶段学会爱另一个人，或者至少用中立的态度去接受它们。

Chapter 8
争端中很难做到公平

01
父母并不总是中立的

出于各种各样的原因,父母可能难以忍受孩子们的争吵,难以公平地陪伴在他们身边,也难以从中立的立场看待他们。有时,这与争吵本身无关,而是与这种争吵带给成年人的感觉和焦虑有关。而有时,过去的一些经历可能也会发挥一定的作用。也就是说,当孩子们跑到父母面前告状,和他们诉说自己的兄弟姐妹有多么刻薄时,家长很可能会以过去的视角来看待今天的纠纷,并不自觉地将当下发生的事情带入过去的情境中,对孩子采取同样的行动。除此之外,父母自身的家庭序位(曾经在家中排老大还是老二)也有可能会影响父母对孩子们之间纠纷的判断。有时你可能会本能地站在与自己"同命相怜"的孩子那一边,因为你能更好地理解他们的感受和愿望。而除去刚刚所说的这些因素外,父母的焦虑往往也会影响他们对孩子们之间争吵的看法。比如,你担心一个难以控制自身冲动的孩子过几年后仍然会动手打人,这种焦虑会在每一次得到证实后,让你在对待这个孩子时变得更加严格，甚至会给孩子贴上"心肝宝贝"或"坏孩子"这样的标签。而孩子也会对这种贴在自己身上的标签有所察觉，进而表现出更强的挫败感。对孩子行为原因的错误假设、内心谴责，或面对孩子暴行时的无助，也会导致父母以不公正或无效的方式来处理孩子们之间的问题。

因此，在最后一章，我们将探讨父母身上出现的一些典型问题。正是这些问题的存在，才使得他们不容易公平地处理孩子们之间的纠纷。

我就是偏心怎么办？

总是会出现这样的情况，父亲或母亲似乎和某一个孩子不合拍，但却可以轻松地向另一个孩子诉说爱意。这样的情况一直为社会所诟病。但也存在与此正好相反的观点，认为合格的父母在对待子女时要一视同仁。查尔斯·狄更斯笔下的人物曾说："在孩子们生活的小世界里，不论抚养人是谁，他们感受得最深刻、最真切的莫过于遭到不公平待遇。"[1]一方面，所有的孩子都应该得到父母无条件的爱，这种想法可以理解；另一方面，这种关于父母之爱的社会观念，会给那些意见相左的父母施加巨大的压力。科内利亚向我们讲述了她的经历。

如果你说你更爱你的某一个孩子，这样是不被社会接受的，但我确实就是这样。我是真的与我的女儿夏洛特（17岁）合不来。她还小的时候，我很爱她，但我们之间始终有一种隔阂感。她好像对我没那么热情。即使在她还是一个非常小的小婴儿时，她也不太愿意让我抱。当同母异父的弟弟亚历山大出生时，夏洛特只有5岁。彼时的我已经与她父亲离了婚，也组建了新的家庭，但这也让我和夏洛特的关系更加紧张了。夏洛特更愿意和她父亲在一起，但她父亲是一个"喜欢吃喝玩乐"的人，我更希望夏洛特能在一个正常的环境中成长。

对于亚历山大（12岁）来说，情况则完全不同。他一出生，我就能感受到自己和他很投缘。他是一个很阳光的宝宝，一开始就很喜欢我。他一直是个可爱的孩子，学习成绩一直很好，从来没有被老师抱怨过，也很快就被他所喜欢的中学录取了。

多年来，夏洛特和亚历山大之间的关系可以称得上是"暗流涌动"，两个人一直都矛盾不断。夏洛特不喜欢她的小弟弟，一有机会就挖苦他。而亚历山大起初都没有意识到，3岁之前，他都很崇拜他的姐姐。那时他无论说什么话，

> 总是以"我的夏洛特姐姐"开始,但夏洛特却把他当作自己的仆人。不知从什么时候起,亚历山大偶尔也会反击,一逮到机会就挑衅夏洛特。有的时候,我甚至不太好意思承认,我真的都感觉自己不喜欢夏洛特这个孩子了。我不断地与她争吵,她也不断地与她的弟弟争吵。我总是担心邻居会因为噪声太大,而给青少年福利办公室打电话投诉我。但是自从夏洛特能够离开学校,能经常和她的父亲见面后,她开始出现了一些改变。她的脾气已经变得好多了。和之前比起来,她现在和弟弟的关系还是比较好的,有时甚至还很和谐。

几乎没有父母敢承认自己偏爱家里的某个孩子,但在柯拉斯本(Klagsbrun)[2]的一项调查中,84%的成年受访者称,他们的父母存在偏爱某一个孩子的现象。这一调查结果也让我们得出了两个结论:一,父母的偏袒行为很普遍;二,孩子们通常会注意到这一点。

首先,我们要确定的一点是:父母与某个孩子关系更好,感觉与他或她更亲近,或更爱某个孩子,这是十分正常的现象。毕竟,每个人都无法控制自己去爱谁。有时,父母和孩子之间本身就可能不太合拍。有时,也会由于其他孩子转移了父母的注意力，或父母自身无意识的行为，导致孩子和父母之间出现距离感。这从来都不是孩子的"错"，大多数情况下也不是成人刻意为之。确切地说，过去的观念、受伤的内心，以及自己童年时与兄弟姐妹相处时的压抑经历，都会引发强烈的投射作用，会让父母将自己过去的感受转移到孩子身上。我们都是在预设的情况下成为父母的。我们是父母的孩子，是兄弟姐妹的手足。在成为人父、人母之前，我们会经历20到40年的社会家庭互动的形成期。而所有无意识的期望、喜恶，以及一些诱因、幻想和欲望，都会影响着我们如何对待自己的孩子。孩子的个人特点和喜好、外表、才能或弱点、性格和满足需求的策略，有时会和我们的想法很契合，有时并不契合。

而随后，潜意识层面出现的一些变化，会让我们更难做到无条件地接受某个孩子。再强调一次：这不是孩子的错，他们也不应该因此而承受这种痛苦。这也不是我们的错，因为我们也无力改变自己的童年印记。但我们必须意识到，为什么我们会产生这种偏爱行为？为什么我们给予一个孩子的爱热烈似一团烈火，而给予另一个孩子的爱却微小如一簇火苗？除去这些，我们还要意识到，我们对某个孩子这种无意识的偏爱、微妙的偏爱，会带来怎样的后果。

当自己有独特的依恋方式时

我们首先来思考一个有趣的问题,为什么科内利亚很早就感觉到她和夏洛特之间存在着某种隔阂?在亚历山大出生之前,正如这位母亲描述的那样,她爱她的女儿,但女儿却喜欢父亲多一些。所以我认为,这可能与婴儿的依恋行为、父母的敏感性不同有关。我们的孩子生来就会下意识地被最能体察到他们(真正的)需求、并对这种需求做出最敏感反应的人所吸引。但这和父母给予孩子多少宠爱,或是送给他们多少物质上的礼物都无关,而是与孩子的基本需求有关。此外,这也与依恋对象的性别无关,任何人都可以在孩子的依恋等级中排在第一位。科内利亚家其实就是这种情况:在夏洛特小的时候,科内利亚忙于完成博士论文,女儿越是经常示意她想去找爸爸,她就越是投入工作。其实,这对孩子来说并不是件坏事。她有两个爱她的依恋对象,一个非常亲近和敏感,另一个则不那么亲近和敏感,但都对她表现出亲切和关心。直到她的弟弟"阳光宝宝"出生后,亲情的天平才朝着不利于夏洛特的那一边倾斜。

最喜欢的儿子,最喜欢的孙子

家庭体系可以世代相传,尤其是一些未能得到解决的创伤会跨代传播,比如冲突、性虐待或严重的身体虐待等。但最新研究表明，父母的偏爱也可以在无意识中世代相传。由于今天的这一代父母对自己的行为有更多的反思，因此，在咨询中，我们经常看到，尽管他们都认为自己爱某个孩子和爱家中的其他孩子一样，但他们还是会对自己一再不公平地对待这个孩子感到不满。萨斯基亚用她的亲身经历告诉我们，这种情况对她来说是多么痛苦。

> 我爱我的大女儿，真的很爱她。我可以肯定，她就是我梦寐以求的那种孩子。但自从她弟弟出生后，我对她的埋怨变多了。不仅如此，对我来说，拥抱她或亲吻她变得很难。可我和她弟弟在一起的时候，就没什么问题。弟弟生病时，我可以整晚不睡觉陪在他身边，生怕他出点什么差错；而且我觉得这一点也不麻烦，甚至还乐在其中。而大女儿生病时，我不得不强迫自己，至少也得睡在她身边。我超级烦躁，甚至对她生病感到愤怒。听起来真像是一派胡言，不是吗？可当我和她单独在一起时，情况就不是这样了。我可以突然向她展示我所有的爱，我会拥抱她，和她一起笑，做些什么逗她开心；但是只要她弟弟和我在一起，我就会感到有一种无形的力量，迫使我对她的态度变差。这真是太可怕了！我不希望这样！我真的很爱很爱

> 她！可为什么弟弟在场的时候，我就不能向她表现出我的爱呢？这真的让我很抓狂！

实际上，我们亲身经历过的成长故事，通常会决定我们以何种方式对待自己的后代。通过与孩子之间的接触，我们能够看到曾经的那个自己——曾经的我们也是个孩子，而这个孩子现在仍然深深地隐藏在我们的内心深处，可能是快乐的，也可能是受伤的。儿童时期受到的不公平待遇，往往会通过非语言的方式对我们产生影响，因为那时还是儿童的我们，对所有的经历几乎都是照单全收。而这也是让人一开始就难以识别创伤性经历的原因之一。如果我们在儿童时期把它们看成是正常的，因为那时的我们什么都不懂，那么等到成年以后，我们往往无法认识到，是什么让我们在某些情况下表现得如此奇怪。[3]然后，我们还可能将我们曾经遭受过的痛苦加诸孩子身上，让悲剧重演。在科内利亚的原生家庭中，确实是儿子们受到母亲的青睐更多一些。科内利亚自己是第二个孩子，她的大哥克里斯蒂安和母亲关系密切，而科内利亚则对父亲有着很强的依恋。由于两个孩子各有如此亲密的依恋对象，因而在她的家庭中，冲突和嫉妒在很大程度上得到了避免。科内利亚很喜欢他的哥哥克里斯蒂安，在她的印象里，童年时期他们只有过几次争吵。科内利亚的母亲海德龙也有一个

Chapter8　争端中很难做到公平

弟弟，名叫弗朗茨。在海德龙母亲的眼里，儿子弗朗茨是她的骄傲，也是她的开心果；而女儿海德龙在她眼里总是"很过分"。海德龙的父亲曾参加过战争，在战争结束回到家后，他将更多的时间投入到他的宝贝花园里，而不是将精力放到孩子们身上，因此海德龙缺乏一个能够平衡母亲这种偏爱的依恋对象。她饱受不爱她的母亲的折磨，只能羡慕弟弟——那个在妈妈眼中闪闪发光的儿子。待到有机会时，她便搬去了很远的地方。而弗朗茨则一辈子住在母亲家旁边，照顾母亲直到她去世。在解开这段错综复杂的家庭历史后，科内利亚虽然并没有办法那样真挚而深沉地爱着她的女儿夏洛特，但至少意识到，让女孩多见一见她的亲生父亲还是很重要的，因为他可以给她无条件的爱。有趣的是，这样做真的改变了夏洛特的叛逆行为，也改变了她与小弟弟的关系。

我还想简单提一提，祖父母和孙子孙女之间其实也存在隔代的偏爱。通常情况下，父母不太喜欢的孩子，在祖父母那里也不是很受欢迎，他们的待遇比父母喜欢的孩子的要差一些：他们被祖父母邀请的次数较少，在祖父母家待的时间较短，没有从祖父母那里收到过礼物或收到的礼物价值较低，他们的成就往往被淡化，甚至不被注意。彼得·托伊舍尔在他的著作《害群之马》中提到了这一现象："区别对待的诅咒似乎也会自然而然地延续到下一代人身上，但祖父母是故意为之吗？也许父母的不喜欢（往往是不言而喻的），会渗透到这个不受欢迎的孩子生活的各个领域,包括家庭、工作、伴侣和孩子,难道不是这样的吗?所以这些不受宠的孩子,也自然而然地变成了祖父母眼中'第二喜欢的孙子或孙女',不是因为祖父母对他们有什么不满,而是因为孩子父母的这种排斥延伸到了周围环境和这个环境的所有人当中。……而被排斥的孩子(有可能)也会继续采用他们父母采用的消极方式。即使我们的祖父母永远不会像我们的母亲或父亲那样与我们亲近,但我们仍然会在这种隔代关系中被祖父母打上同样的标签。"[4]

当然会有冲突存在

如果家中的一个孩子得到了优待,那么不用怀疑,这样做肯定会自动引发孩子们之间的矛盾。从尖锐的言论,到不健康的竞争和嫉妒,再到兄弟姐妹之间的欺凌或直接断绝联系……这种偏爱对孩子们之间关系的影响范围十分广泛。只有在不平等待遇被认为是合理的情况下,这种情况才能为孩子们所接受。例如,当兄弟姐妹中有一人是残疾人时,孩子们虽然不一定会高兴地接受,但最起码还是会允许这种不平等待遇存在。[5]

在夏洛特和亚历山大的案例中,可以很容易地看到偏爱幼子所带来的影响。在亚历山大明白他的姐姐在生他的气以后,他们的关系多年来都很糟糕。他们经常争吵,在日常生活中几乎毫不相让。直到夏洛特获得一个真心深爱她的父亲或母亲时,他们之间的紧张关系才得以缓解。虽然他们仍会有争论，但争论的次数和规模都回归正常的范围了。

而这对孩子们又有什么影响呢？

就像夏洛特和亚历山大那样，越是被父母贴上标签，被分成"好的和坏的""听话的和不听话的""懒惰的和勤奋的"，孩子们在自我认同感的发展中，为此付出的代价就越大。如果一个孩子反复收到自己是愚蠢的、懒惰的这样的反馈，很容易默认别人眼中自己的这种形象。孩子们实际上会按照环境对他们的看法来与他人合作或表现自己。这不仅对被迫扮演害群之马的孩子来说是个问题，也是得到偏爱的宝贝儿子、宝贝女儿和宝贝孙子所面临的问题。这样一来，孩子们的整个个性的发展可能都会受到抑制。他们往往不敢追求自己内心的愿望或采取父母眼中不恰当的行为，因为他们不想辜负父母无言的期望。他们通常在学校努力学习，在家里特别听话，以与其兄弟姐妹步调一致，甚至出现了按照父母的意愿决定居住地，选择伴侣和职业的情况。

如果兄弟姐妹遭到歧视是由父母双方造成的，那么这种歧视带来的影响往往会特别强烈。这些被歧视的儿童往往会出现一些症状，如患上抑郁症，感到身心不适，具有攻击性，出现反社会行为等。[6]而有的不良影响可能会伴随孩子的一生，也会对孩子成年后生活中的关系产生影响。如果各位家长想要深入了解相关的知识，可以阅读彼得·托伊舍尔的著作《家庭中的劣势和排斥》。

如果发现自己更爱一个孩子，那我们应该怎么做？

正如我们已经了解到的那样，父母感觉与某一个孩子更加亲近，甚至可能只喜欢某一个孩子，虽然这属于正常现象，但绝不应该成为影响我们行动的借口。谢天谢地！现在几乎所有父母都试图公平地对待自己的孩子，看到每个孩子的需求，并给予他们回应。"可能没有任何一个母亲或父亲能够一年365天，每天都保证让所有孩子平等分得父母的爱、好感和赞赏，而且这也是没有必要的，不这样也不会导致儿童的不安。只有当不平等待遇发展成系统性的问题时，只有当数月或数年来只有某个孩子得到了与其他孩子不同的待遇时，这种特殊的角色才会出现。"[7]彼得·托伊舍尔这样写道。这意味着，如果你注意到自己对某个孩子存在偏爱，重要的是要努力控制自己，不对他或她表现出这种不合理的强烈偏爱，或不对其他的孩子表现出排斥。你可以寻求家长群或心理咨询的帮助，来制定一个平等对待所有孩子的策略。我们的每个孩子都享有施展个性，得到关注和照顾的权利。

02
万年老二

有时，父母会根据自己的家庭序位来解释情况和陈述事实，并会不自觉地站在某个孩子那边，因为他们认为自己能设身处地考虑孩子的感受。虽然这种方法有时可能会奏效，但父母这样的解释往往是错误的。如果他们按照这种"错误的方向"来安慰孩子，就可能会在孩子们之间制造一个以前并不存在的问题。米里亚姆向我们讲述了她与女儿们的自行车之旅。

> 沃尔克（三岁半）一边抱怨，一边跟在大姐姐温克（六岁半）身后呼哧呼哧地骑车，一遍又一遍无助地哀号："等——等——我！"她一次又一次地看到既是她的榜样又是她的姐姐的那个人做得到底比她好多少，一次又一次地试图实现一些实际上不可能实现的目标，一次又一次地

被超越，一次又一次地感到失望和沮丧，一次又一次地大声发泄她的不甘。但受苦的是我们，我们只得陪在她身边，平息她的怒火，安慰她的失落。因为她永远都将是悲摧的第二名：她是家里第二个出生的人；她是一个不能独享父母，总是要与大姐姐竞争的人。她总是要向温克请教处理事情的方法，然后自己再去尝试。她所做的一切，温克都已经做过了；她所取得的一切，姐姐也早就取得了。这就是问题的关键所在，就像一场时间的竞赛，时间在流逝，而她无法回头。温克占尽先机，比她早出生的这三年，是无论如何也无法改变的。家里有一个大姐姐当然也有很多好处，只可惜在沮丧的时刻，沃尔克根本看不到这点。她只能看到，自己这样做还不够，那样做也不好。这一次不够好，下一次也不够好。然后她就会站在一边号啕大哭，用无尽的泪水冲刷内心的不甘。而这一哭往往就长达45分钟。她哭泣的时候，没有什么人、什么事能够安慰她。她就想做一次第一！所以在她哭泣期间，我们所有人都如坐针毡。

我有时会告诉温克要让着妹妹。比如当门铃响起，两姐妹都跑去开门时，我会故意拖住温克，让沃尔克先开门。但我注意到，这会让温克感到很沮丧，但她比我想象中的要成熟得多，她可以很好地消化这种沮丧的情绪。而我只能不停地让她维护这种姐妹之爱，向她暗示我对和谐家庭生

> 活的向往。当然，我知道这不是最好的解决办法，但我此时此刻除了这样做也别无他法了。孩子们这些发脾气的行为真的快把我折磨疯了。

　　米里亚姆、沃尔克和温克的故事是一个很好的例子，说明成人对某一情况的看法，会如何强烈地影响父母的反应，甚至会影响孩子的看法。米里亚姆认为沃尔克之所以沮丧和哭泣，是因为她不得不一次又一次地学习，是因为她永远只能是第二名。因为她的姐姐温克比她大三岁，有更多的时间学习各种技能，所以自然而然可以更好地完成日常生活中的所有事情。由于上面例子中的母亲自己也是家里的老二——还有一个哥哥，所以她非常同情沃尔克，字里行间都透露出对老二似乎总是要经历不好的事情而感到不满。因此，她时常要求大女儿忍耐，甚至不惜故意拖住她的脚步，来让沃尔克赢一回。从成人的角度来看，她关于小女儿发脾气的这种解释是十分合理的。然而，从进化生物学的角度来看，情况并不是这样。一般来说，如果第二胎的孩子不能像他们的哥哥姐姐那样做事情，也不是什么大问题。可能确实会存在某种自然的竞争行为，但不会发展到输家发脾气要持续45分钟这样夸张的程度。然而沃尔克确实表现出这样的行为，背后一定另有原因，让我们来仔细分析一下。

镜像神经元的世界

首先,我们需要谈谈人类儿童是如何学习的。经由大脑中的镜像神经元驱动,模仿我们在他人身上看到的行动和行为方式,这便是人类学习的基本过程。换句话说,就是:我们先进行观察,然后对观察到的信息进行处理,如果它看起来有趣或有价值,那我们就自己尝试一下。那些比我们的能力水平高一点的人,其行为对我们来说会特别具有吸引力。因此,儿童特别喜欢观察比他们大两到三岁的其他儿童的行为。在观察过程中,一个超级复杂的程序正在大脑中启动:眼睛摄入的东西被视觉皮层转化为图片。我们在生物课上都应该或多或少地学过这个过程。当视觉信息进入光学处理和解读系统后,就会在那里被转化,以便能被镜像神经元识别。首先,它们会被传递给想象感觉的神经元,并从那里传递给运动神经元。[8]一个孩子观察另一个孩子做一个动作,下意识地认为另一个孩子看起来好像很喜欢这个动作,并指示自己的身体也尝试去做这个动作。整个过程是预想的、前语言的和自发的。

向大一点的孩子学习

事实上,许多研究表明,年幼的孩子可以通过游戏、观察和模仿,从年长的孩子那里学习技能。俄罗斯心理学家列夫·维果茨基（Lev Vygotsky）在这方面提出了"最近发展区"这一概念。这一概念指的是儿童不能与同龄儿童一起做的活动，而只能与那些能力已经稍有发展的人一起做的活动。[9]例如，如果两个3岁的孩子来回扔球，两人都很难接住球，或将球准确地扔给对方，那么他们对这个游戏的享受可能是短暂的。然而，如果一个3岁的孩子和一个6岁的孩子一起玩，情况就完全不同了。6岁的孩子通常已经学习了更多的球技，因此可以接住小孩投掷的大部分球，从而进行愉快的游戏。另外，3岁的孩子还可以从大孩子那里学到接球和投球的真正原理。心理学家杰罗姆·布鲁纳（Jerome Bruner）和他在哈佛大学的同事，将大孩子给小孩子的这种小帮助称为"脚手架"。[10]对3岁的孩子来说，玩球是下一个发展阶段的活动，而6岁的孩子为他搭建了一个小小的"脚手架"，向他的方向特别温柔和准确地投球。此外，6岁的孩子跳得又高又远，即使是歪歪扭扭的投球也能够到。由于孩子们生活的这一阶段，不像我们成年人那样考虑到他们的弟弟妹妹或朋友的"教育"，他们给予的帮助不会比年幼的孩子所需要的多太多，也不会少太少。"脚手架"虽然只有那么点高，但有了它的帮助，小一点的孩子就可以爬上去。而且与大孩子一起玩，不像与我们成年人一起玩，既不枯燥，也不会有对方居高临下的感觉。[11]观察和模仿是大自然中人类和动物界已知的最自然和最快乐的学习方式。哥哥或姐姐从所有可能的生活领域中，教给弟弟妹妹无数他们还不知道的东西，而这一点在语言、游戏和社会行为领域早

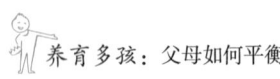

已得到证明。[12] 年幼的孩子有时会使用一些完整的句子结构、语调、成语，或者是年龄稍大的孩子的表达方式。这种行为也能生动地展示出一种导师效应。例如，海伦娜在8个月时，就已经学会说第一句话，1岁时就能清晰地说出自己的名字，她的发音方法和比她稍大一点的姐姐的发音如出一辙：最初很长的一段时间里，"海伦娜"都会被她说成"艾伦"。当她的姐姐卡洛塔将她的"艾伦"扩展到"艾伦娜"时，海伦娜也模仿姐姐的行为，也同样说"艾伦娜"。尽管海伦娜早在两年前就可以正确地叫出自己的名字，尽管我们父母一直都在叫她正确的名字，但只有当卡洛塔能够正确地念出她妹妹的名字时，海伦娜才会模仿她，也说出正确的名字。

如果大自然一方面让人类的孩子通过观察和模仿来学习，另一方面却让他们在每次事情没有达到预期效果时，就愤怒地崩溃，那么这对大自然来说应该是相当不利的。可事实却并非如此。在学习新事物或扩展能力时，婴儿、小孩子有一种非凡的定力和毅力。他们很平静，注意力十分集中。如果某件事情第一次没有成功，他们会一次又一次地尝试，并且不会大吵大闹。但沃尔克似乎与此不同。很明显，当她不能像她的大姐姐那样做好某件事情时，她总是会大吼大叫。那么沃尔克的问题在哪里呢？嗯……我们认为这里有两种现象重叠在一起，导致她的母亲得出了错误的结论。

成年人的误解

在上面"成为第一"那一节中，我们已经提到过，当别人"先开门"或"先开灯"时，三岁半的小家伙总是会抓狂。事实上，小家伙的这种行为也是在告诉我们，他想要成为"第一"。因此，也难怪米里亚姆会认为沃尔克真的是"万年老二"。但事实可能并不是这样。因为这个年龄段主要是孩子们认知发展的阶段，即他们能够忍受不在计划中的一些事情。在大约三到五年（有时长达七年）的时间范围内，儿童学会了如果事情不在自己的可控范围内发生，那也没关系，也是可以忍受的。除此之外，他们还学会了不能通过大声喊叫来"操控"他人和他物，比如想让那些挡住他们去路的家具自动挪开，光靠吼根本没什么用。每个人都有自己的想法，有时他人的反应与我们所希望的不同，而这就是我们的孩子在这个年龄段要学习的任务。如果我们屈服于他们的尖叫，或者如果我们拜托他们的兄弟姐妹忍耐，只是因为我们无法忍小家伙们的沮丧、短暂性的缺爱和吵闹的话，那么这样做对他们来说没有任何好处。"想当家做主"的想法不会自己消失，这一点在一些成年人身上（如在政治或其他方面）也多有精彩的体现。如果我们的孩子没有从我们身上学到，在生活中有时我们必须退居二线，并且为他人着想的话，就会给他们和他们所处的环境带来不必要的麻烦。要让我们的孩子学会接受现实，比如接受商店的关门时间，接受命运的安排，接受气球的爆开，接受去做一些看起来很蠢的事情。如果想要轻松地生活，并且能够融入社会，而不在这个过程中失去自我的话，那么学会接受现实是一个必不可少的技能。[13]

米里亚姆观察到的是，沃尔克希望在门铃响时第一个开门，回家后第一个开灯，拥抱时第一个扑进怀抱，一旦某次没有成功，就会发很大、很久的脾气。而且她每天要这么气上好几次，还要持续好几周。但她不知道的是，对于沃尔克这个年龄段的孩子来说，这是一个完全正常的发展环节。米里亚姆怀疑，沃尔克的坏脾气是由于总是处于第二位的挫折感造成的。母亲对沃尔克的这种挫败深有体会，因为她们都无法改变自己的出生顺序，因此她对这个小女孩感到非常抱歉。米里亚姆将这种行为解释为"因在竞争中总是失败而感到悲伤"，她也总是从这个角度入手去安慰她的女儿。她试图向小女孩解释，她已经很厉害了；而且她现在还小，以后等她长大了，她也会像温克一样厉害。可与此同时，沃尔克的镜像神经元会注意到这一点。它们可能会从母亲的歉意和安慰行为中感受到，在我们的社会中，比别人差显然是不好的。随后，大脑会以这样的方式来解释母亲的行为，于是沃尔克得出结论，在我们的社会中，人们显然要用自己的姐姐来衡量自己，并力争超过她。所以她在未来会朝这个方向来不断修正自己的行为。这可能导致两姐妹之间很快就会出现真正的竞争，即使两个人现在还没有竞争。就目前而言，这还只是一种认知上的巨大飞跃，能够帮助孩子忍受自然极限、命运的打击，或他人的需要，而与兄弟姐妹之间的竞争或嫉妒并无太大关系。

03
过去的阴霾

曼努埃拉告诉我们:"对父母来说,要忍受孩子们之间带有攻击性的争吵,而不自动站在被抓伤或打伤的孩子那一边,是特别困难的。如果受伤的那一方还是个婴儿,那就更是难上加难了。"有时,这种争吵往往会唤醒我们的动物保护本能,甚至恨不得自己去伤害侵犯者。

> 我的儿子米歇尔今年刚过2岁,原本是个单纯的孩子,但自从两个月前他的弟弟马特斯出生后,就仿佛化身为了兰博[①]。他非常嫉妒弟弟,一有机会就找弟弟麻烦。小家伙的脸上有时会出现触目惊心的掐痕,有时甚至是血淋淋的

[①] 兰博(Ranbo),影片《第一滴血》的男主人公。影片播出后,"兰博"一词也被广泛地用来形容无视规则、以暴制暴的肌肉硬汉

抓痕。这些攻击行为让我非常生气，可我不知道该怎么办。当哥哥靠近他时，小马特斯总是会吓一跳。有时，我不能快速地对这种行为做出反应。例如，米歇尔正和我在他的房间里玩玩具汽车，起初大家都相安无事，但他会突然站起来，跑到马特斯面前，在他脸上抓一下或是掐一下。有一次米歇尔掐马特斯的时候，我最好的朋友刚好也在场，她完全惊掉了下巴。她告诉我，这种行为绝对不能接受，还让我必须立即制止这种行为。她说我必须反掐回去，否则他不知道这样做会对小宝宝造成多大伤害。她还告诉我说，每次米歇尔攻击弟弟时，我都应该对他做同样的事。但当然要以弱一些的形式，因为作为成年人，我的力量更强一些。在以这样的方式伤害他之后，我应该随即向他解释清楚，我这么做是因为他也用同样的方式伤害了弟弟。我的朋友向我保证，如果这么做很快就能制止类似行为的发生。听起来很有道理，于是我就这么做了。不久后的一天，当他再次掐马特斯时，我生平第一次打了他的手。米歇尔哭了。我向他解释，这么做是因为他也用同样的行为伤害了他的弟弟，他应该立即停止这种行为。可打了一个星期的手，米歇尔的行为也没有改善，那时我真的陷入绝望了。我真的羞于承认我当时的所作所为：我鼓足勇气，流着泪掐了一下米歇尔的脸。你们知道最糟糕的事是什么

> 吗？就是从那以后，我没办法控制住自己不去掐他或是抓他。有时不一定是在他的脸上，而是在他的手臂上掐上一把，或是抓上一下。还有些时候，我会使劲地抓着他的上臂把他拎过来，或粗暴地把他抱过来。我对我的行为感到非常抱歉。

总有人建议父母"掐回去，让孩子知道这么做会疼"。乍一看，这个建议可以说目的性很强，因为所有的家长都希望自己的孩子不会打人、咬人、掐人。我们希望我们的孩子能学会以和平的方式来表达他们的攻击性。我们假设孩子们还不知道他们这样做会给对方造成多大的伤害，可如果家长对他们做同样的事，难道他们就能理解了吗？这就是所谓的"以眼还眼，以牙还牙"。但经过对孩子们的大脑进行一番研究之后，我们可以肯定地说，掐回去或打回去这样的方法，根本就不能帮助孩子们理解是在以不当的方式表达自己的愤怒。因此，在这一章中，让我们对老一辈父母的这种肤浅观点进行深入研究。因为事实上，打回去或掐回去这种方法教给孩子的东西，与我们实际想教给他的东西截然相反。

两个月前，曼努埃拉的儿子米歇尔在2岁时和家中另一个新出生的小生命成了兄弟。在本书的第一章，我们已经尽可能详细地描述了他此时可能会有的一些感受。他可能会感到无意识的悲伤、受伤和愤怒，因为他的第一份大爱——爸爸和妈妈，已经有了另一个孩子。他的内心可能会充满攻击性，而这些攻击性则常常唆使他去攻击婴儿。每当攻击的冲动超出他的可控范围时，他就会在婴儿的脸上乱掐乱抓。可如果米歇尔能够设法抑制住自己的冲动，那么就真的万事大吉了，这也是小马特斯所迫切需要的。可在米歇尔这个年龄，这是不可能做到的。尽管此时儿童脑中前额皮层内相关的神经通路已经初具规模，但还没有训练到足以抑制冲动的程度。纯粹从生理学角度来看，此时的米歇尔还不可能做到不捏人或不抓人，主要是因为他在这方面的神经先决条件还没有完全形成。从另一个方面来讲，此时的米歇尔也真的不了解自己到底在做些什么，因为他也同样缺少这方面的先决条件。首先，一个两岁的孩子还无法感受到别人的痛苦。米歇尔实际上也不明白，当他在弟弟毫无防备的情况下一次次地抓他、掐他时，会给弟弟带来痛苦。所谓的以牙还牙派的理论来源，在于他们认为：家长必须在掐人或打人的孩子身上复制这一动作，让他们体会这种感觉。但他们忘了，这种认知的传递对幼儿的大脑来说还很难完成。在4岁之前，儿童还不能通过别人的眼睛来认识世界。他们还无法将成人施加给自己的痛苦与自己施加给婴儿的痛苦联系起来。最多只能期望，孩子们能够将大脑中与积极惩罚相关的"因果条件反射"与这种做法联系到一起。孩子们就像实验室中为了避免惩罚的小鼠，学会了不去表现出某种行为：

"如果我掐了马特斯，妈妈就会捏我。"但是，如果这种惩罚真能可靠地发挥作用，我们成年人就只需要经常使用这一方法，直到孩子能理解我们为什么会这样做。可对现在的孩子们来说，这一招显然并不奏效。虽然孩子们会立刻遭到惩罚，但他们还是会一次又一次地犯下同样的"罪行"，而且只会在隐藏自己的"罪行"方面更加轻车熟路。如果寄希望于这种传统的条件反射，希望通过这种方式使我们的孩子不再虐待他们的兄弟姐妹，肯定会无功而返。曼努埃拉在给我们的信中也这样说：即使经过两个月的围追堵截，米歇尔仍然没有"学会"不要将自己的攻击冲动发泄在弟弟身上；不仅如此，还发生了一些别的事情——曼努埃拉在控制自己的攻击冲动方面表现得越来越差。怎么会变成这样呢？

首先，这位母亲保护孩子的这种冲动，相信所有人都能理解。人类大脑的攻击系统不仅会在我们自己的身体出现疼痛时被触发，而且在我们观察到别人受到伤害时也会被触发，尤其当这个人和我们十分亲近，或这个人十分弱小而又很无助的时候，这种感觉会尤为强烈。我们大脑中的镜像神经元能够让我们对另一个人的痛苦产生共情。当我们的攻击系统以这种方式被触发时，我们就会做出愤怒的反应，并表现出攻击冲动。我们想保护正在遭受痛苦的婴儿，并摧毁敢于对他动手的人。通常情况下，我们大脑中已经训练有素的前额皮层会在此时评估愤怒冲动：脑中的控制回路会让我们判断，做出攻击性反应是否有意义，或者是否会对我们或对方造成过度伤害。这意味着我们不仅要考虑自己的安全，也要考虑对方的安全。如果对方是弱小的人，甚至是一个孩子，我们的攻击冲动就不会与威胁成正比。我们的攻击冲动受到影响的程度，取决于我们如何评估对自己和对方可能造成的伤害。我们打得狠或不那么狠，打得轻或根本不打，取决于是谁站在我们面前。在这种情况下，由于面前站着的是我们自己的孩子，因此我们脑中的控制回路不得不做出抑制冲动的决定，这样我们才不会去打人或掐人。起初，曼努埃拉也是这种情况。她对米歇尔愤怒至极，但一开始并没有做出攻击行为，她的前额皮层做出了正确的决定。而当她被她的朋友说服，打着为了两个孩子好的旗号而揪住愤怒的米歇尔时，这种内心的防线才明显地崩塌了。但这到底是为什么呢？

好吧，我们只能来猜一猜。曼努埃拉说，当她还是个孩子的时候，父母轻拍孩子的手和后脑勺还是一种能被社会所接受的行为。她是个野孩子，当她又跑得太远时，她的父母常常别无选择，只能偶尔拽她的耳朵或拍她的手。印象中这样会让她很不开心，但她也没法辩解。她的父母既慈爱又严格，她与父母的关系也非常好。和她的一些朋友不同，她从来没有像他们那样被父母殴打。我们通过对大脑的研究已经知道，童年的经历在神经细胞之间建立了某些联系，有好的也有坏的。随着联系的增强，脑中的这些"高速公路"也会变得更宽。越是有这种特定的经历的人，这个"高速公路"就越容易通畅。如果这些经历在某一时刻停止，这条公路也就不再被使用，会变得更弱，不容易被激活。几年后，这条公路就会被遗忘，被我们的大脑抛弃。这条"路"虽然永远不会完全消失，但它再被使用的可能性已经非常低了，因为现在有更好的、更容易通行的道路[14]。而且对这条道路来说，当然是越宽越好。但正如神经生物学家、医生和心理治疗师约阿希姆·鲍尔（Joachim Bauer）所说，我们的大脑有一种"攻击性记忆"。[15]曾被粗暴地对待的新生儿或幼儿，以后用同样的方式来对待自己后代的可能性会更大。因为他们负责触发攻击性的脑区区域会显示出更强的敏感性。[16]作为成年人，如果我们发现自己处于与童年经历相似的情况下，我们的大脑可能会兴奋地再次访问这条以前被遗忘的神经通路。它仿佛在感叹："我就知道我们还会再用上这条道路！"大脑迅速地为我们选择这条宽阔的旧通道。就这样，脑中一个新的行动轨迹被创造出来，即脑中又新连接了一条神经通路。每当我们陷入紧张的情况时，这条神经通路就会变得活跃：我们打人或掐人，手上的动作似乎比大脑的理智部分快得多。这也与曼努埃拉描述的完全相同。一旦你重新激活了攻击性记忆，激活了旧的通路，就很难再做出不同的反应，即使你已经意识到掐和打回去是没用的。旧的冲动和方案非常顽固，因此最好的办法是一开始就不要走这条路。不管有多少人建议你"掐回去，给孩子点颜色瞧瞧"，你都不要这样做。我们都不知道到底会有什么冲动蛰伏在我们的潜意识中，因为我们不记得我们童年的最初几年都有些什么样的记忆，我们不知道我们可能会被唤醒的到底是什么。

即使大脑中没有相关的童年记忆,我们能够以某种方式控制住这种"以牙还牙"的行为,但正如曼努埃拉向我们展示的那样:"以牙还牙"的方法其实根本就没有用。大孩子根本就没有办法从中学到同情与共情。由于孩子的年龄限制,他还不能学会这种观点的转换,他所学到的反而是我们绝对不想教的"联系"。事实上,在幼儿时期,我们的孩子会认为父母所做的一切都是好的、正确的。他们没有怀疑过我们。因此,如果我们不断使用"掐回来"或"打回来"这样的方式,孩子们就会了解到痛苦似乎是爱的一部分。在某些情况下,这种不愉快的联想甚至会保留一辈子,并反映在我们的孩子对伴侣的选择上,还会让孩子学会身体上更强大的一方可以对另一方越界:无论是幼儿掐婴儿,还是成人掐幼儿,性质都是一样的。这样我们教会孩子的是,强者可以利用其力量和优势来摆脱愤怒的冲动,从原则上讲,这与我们想教给他的完全相悖。

在本书的前几章中,我们已经讨论了如何更好地保护婴儿免受兄弟姐妹的伤害:通过父母谨慎的照料和积极的行动。因此,父母要一直保持观察的状态,在幼童动手去掐婴儿之前,尽早进行干预,并注意避免让幼童和婴儿单独相处,一直持续到孩子们克服新生儿引发的儿童情感危机为止。

现在的问题是,如何帮助像曼努埃拉这样的父母,找到摆脱这种不必要的循环攻击的方法。以体罚、精神伤害和其他有辱人格的形式对儿童施加暴力是绝对不可接受的,自2000年以来,以上这些行为也已经被全面禁止，我们也无须再强调了，而且曼努埃拉也是清楚这一点的。她在过去做了绝对错误的决定，这一点无可辩驳。但她这样做实际上只是出于对孩子的爱而已。现在她感到十分羞愧，想要停止自己的这种行为。当攻击性试图战胜她时，她努力工作以摆脱这种思想。谴责她的错误决定很容易，但这并不会使她和她孩子们的情况得到改善。下面让我们寻找一些方法来帮助她重新控制住愤怒的冲动。

走出困境

曼努埃拉在给我们的信中说，她正试图在下一次无意识做出这样的行为之前，努力寻求摆脱这种困境的方法。而为了摆脱"掐回去"的冲动，她可以寻找一种替代方式，这是一个很好的策略。由于这种冲动已经不幸地收到了来自她大脑中控制环的"开始"指令，所以她可以试着拍拍手，或者捏个塑料球，或者干脆与刚刚被兄弟姐妹虐待的婴儿拥抱在一起，这些都会起到帮助作用。有意识地吸气和呼气也能使她放松。她应该尝试多种方法，因为方法的有效程度因人而异。由于曼努埃拉觉得现在她的手比她的理智更快，所以除了走到一边之外，更重要的是让她学习一些别的技巧，即学会识别自己的愤怒信号、平复脑中的杏仁核，并专注于期望的行为。

识别自身的愤怒信号

在生气时,有的人会出现耳鸣,有的人会感觉很热,有的人会胃部不适,还有的人会汗毛竖起。耳朵发热、头晕目眩、心慌心悸、喉咙发紧以及呼吸急促,都是人在愤怒时可能产生的身体反应。如果你仔细观察一下自己,便可以发现自己在快要愤怒时,身体都会发出哪些信号。在仍有退路、尚能摆脱困境而不会导致冲突升级的时候,如果你能注意到自己发出的这些愤怒信号,就可以在转身离开之前以口头告知对方:"我觉得我的怒气现在马上就要爆发了,我要去厨房冷静一下。我会带着宝宝一起,过后再回来找你。"即使你一言不发地离开也没什么关系,因为这总比屈服于自身的冲动要好得多。

平复你的杏仁核

杏仁核是我们大脑中充当警铃或危险防御系统的部分。如果它将某物或某人视为威胁,就会在80毫秒内为身体做好逃离或战斗的准备。而我们大脑的理性部分要让我们意识到危险是假想的,则需要整整250毫秒的时间来做出评估。[17]现在,曼努埃拉的杏仁核已经把米歇尔视为"危险",并持续了一段时间,所以当米歇尔做出打或是掐弟弟这样的举动时,杏仁核的反应会异常激动,会直接劫持曼努埃拉大脑的理性部分。如果曼努埃拉意识到这一点，她就可以开始对杏仁核进行"重新编程"，最好是通过所谓的重新框定来进行。过去，曼努埃拉将米歇尔的掐人和抓人行为视为对小马特斯的攻击，一旦米歇尔出现类似的行为，便自然会触发曼努埃拉的杏仁核。因此，她应该尝试从不同的角度来看待米歇尔的行为，即"重新框定"他的行为。米歇尔试图与他的弟弟建立联系，试图用自己有限的手段，通过身体接触来与弟弟建立联系。此外，他还用自己的行动表明，他有些嫉妒弟弟，想从父母那里得到更多的关注。如果从这个角度来看，米歇尔掐人和抓人的行为便不具有威胁性，而是含有积极的意图。因此，斗争其实是毫无必要的。如果曼努埃拉每次都能像这样提醒自己，米歇尔的行为其实带有积极的意图，那么她就能想办法对她的杏仁核进行"重新编程"，这样一来，她也就不会重蹈覆辙了。

照亮期望的行为

我们的大脑是由经验塑造的，并且处在不断的变化当中。每当我们把注意力集中在某项行为上时，我们就会加强它在大脑中的神经元连接。曼努埃拉害怕在儿子下一次掐人时无法控制自己的冲动，她不断地想自己不应该掐人或打人。本来是想让这条神经通路彻底荒废，但实际上她这种不断的重复，反而强化了相关的神经元连接。例如，如果我们坐在一家高级餐厅里，带着恐惧思考"不要打翻玻璃杯,不要打翻玻璃杯……",那么接下来会发生什么?我们肯定会出于某种未知的原因不小心把玻璃杯打翻。尽管在过去20年里,这种情况从未在我们身上发生。所以,解决问题的诀窍就是将注意力集中在所需的行为上,以加强其神经元连接。也就是说,将头脑中的聚光灯从"我不想掐人"转到"我想小心地将米歇尔的手从马特斯的身上移开"这种想法上。曼努埃拉在平静时应该好好想一想,下一次出现类似紧张的状况时,她怎样才能头脑冷静、心平气和地做出回应。所做和所想,两者在我们大脑中并没有很大的区别,因为这两种活动都会激活大脑中相同的区域。因此,在处理这种问题时,想象你想要成为什么样的父母,也会有很大帮助,因为这种想法会在你的大脑中照亮那些有益的神经通路。[18]

在这些策略的帮助下,曼努埃拉应该就能够克制住自己对米歇尔的暴力冲动,重新建立与他的依恋关系。

04
在超市里发脾气

孩子们在公共场合"不听话",也是让父母倍感压力的情况之一。这是因为所有家庭成员的需求并不总是一致的,一个或多个成员不得不做出退让,或默默等待,或给自己找点事儿做。可能会发生这样的情况:父母对其中一个孩子发火,因为他们觉得压力总是来自那个孩子。他们会对自己眼中的"好孩子"心怀愧疚,因为这些好孩子总是不得不等待和退让。所以父母在内心深处,还是和他们站在一边。玛格达莱娜向我们讲述了她家出现的一个典型情况。

> 我觉得和家里排行中间的孩子在一起很累。雅各布今年两岁半了,总是会发脾气。我知道,这个年龄段的孩子会发脾气很正常,而且有时也不一定是我的问题,所以我

一般会选择坐视不理。但如果他在公共场合发脾气,而且还有家里的其他孩子在我身边时,我真的会不高兴。比方说,我们在商店里买东西,我想买完尿布和卫生纸赶紧走人,而雅各布非缠着我要巧克力。我只要说不行,他就立马在地上撒泼打滚。如果没有旁人在场,我就会等着他发完脾气再走。他也奈何不了我,我在这方面还是挺能忍耐的。但很多时候,我身边还带着5岁的阿莉恰和4个月大的伊加。小伊加总是趴在我胸前的育儿背巾里贴着我睡觉。她一醒来就要喝牛奶,如果没吃喝到,她就会开始哭。还有比这更恐怖的!阿莉恰在一边感觉无聊了,就想离开商店。我也热得不行,想赶快逃离这里。在这样的时刻,我真的对我的儿子非常、非常生气。因为我们所有人都在等他,因为他想用自己的方式让我屈服,而他的姐妹们不得不忍让他。她们是好孩子。每次当我站在挑衅的孩子这边,我就想:这真是不公平啊!其他宝贝总是要克制自己的需求,而他却总能得到关注。难道不应该反过来吗?我的脑海中经常会冒出一些恶毒的想法,比如我想给我的女儿们每人额外多买一块巧克力,因为她们两个不会这么让我烦心。我想借此来教育一下雅各布,但这样一来,他的目的就得逞了。我知道这样做是搬起石头砸自己的脚。可这样才更公平嘛!

令人惊讶的是，大家仍然普遍认为，儿童在超市或其他公共场合发脾气，其实是想宣扬自己的意志，或测试父母的底线。如果父母从这个角度来看，当然是绝对无法接受这种发脾气的行为的，所以也难怪父母或其他成年人坚持要求孩子立即停止这样做。孩子如果不立即停止，就可能会成为父母眼中那个羞辱父母、让父母丢人现眼的"坏、不听话"的孩子。此时静静地站在一旁的其他孩子，就会被自动归类为"可爱、值得疼爱"的人。直到最近，一些教育专家还表示，好的行为应该得到奖励，而坏的行为应该受到惩罚，这样才会给儿童的行为一个明确的指导。然而，由于我们成年人也是这么长大的，所以我们常常会对那些在这种情况下不得不退让、等待或自己找事做的孩子们感到愧疚。我们认为，如果他们必须等到他们的兄弟姐妹平静下来，会感到很麻烦，或者很恼火。这就是为什么我们要让"吵闹"的孩子尽快"回归正轨"。他应该"停止叛逆""停止哭泣""停止不择手段也要达到目的这种行为"。我们常常对发脾气的孩子轻言细语，试图给他们讲道理。一些家长会抱起发脾气的孩子，把他带离商店或超市，以免他打扰到其他购物者。到目前为止，一些育儿指南都是这样建议的，这也都可以理解。但这样其实并没有起到真正的帮助作用。换言之，你曾经告诉过发脾气的孩子，要让他或她控制自己的情绪吗？你有试过用这样的办法使他平静下来吗？没有吗？我们也没有试过。

自责

这种关于孩子为什么会在公共场合"发脾气"的传统观点,其实有两种错误观点。一种观点认为,孩子"挑衅"其实只是试图将自己的意愿强加在别人身上。如今,这种观点已经被教育专家完全摒弃了。相反,神经学的最新研究结果倾向于表明,孩子在发脾气时,其大脑其实处于危机中。也就是说,孩子只是被其强烈的情感所支配。大脑的情感部分,即边缘系统,仍然强烈地支配着婴儿和幼儿脑中的认知部分。边缘系统有一个相对初级的结构,其神经元对环境的刺激会做出非常直接的反应,这使得婴幼儿能够凭直觉自发地做出决定。但这样的结构也会导致他们的反应非常情绪化,不够理性。想要控制我们的情绪,就需要前额皮层的帮助。前额皮层使我们能够保持理性,是我们大脑中一个重要的控制中心。比如,在它的帮助下,我们在恼怒时可以控制自己想要打人的冲动。虽然这一区域在婴幼儿的脑中已经存在,但它的神经元通路必须要先通过大量的练习才能发挥作用。这需要一定的时间!

让我们回到超市的这个情境。如果像雅各布这样的小孩子,被禁止在超市做些什么,或者要求没有获得满足,那么就相当于触发一个压力触发器,让他大脑的情感部分开始运作。情感部分是我们大脑中较为古老的一个部分,主要负责不断扫描环境中的危险,并在紧急情况下发出警报。在这种功能中,情绪大脑实际上可以控制理性大脑，接管大脑的领导权。从进化的角度来看，这样的确没错，因为在战斗或逃跑时，理性和语言是无足轻重的。然而在超市里，这个古老的应急方案却给我们带来了一个难题。理性大脑负责语言、逻辑和计划，但由于它刚刚被关闭，所以在这样的时刻，幼儿既不能用语言去表达，也不能遵循逻辑论证，或识别对自己有利的建议。雅各布也好，其他孩子也罢，他们可以在发脾气时听到父母的话语，但无法处理这些话语，因为情绪大脑刚刚将处理话语的功能关闭了。当孩子的大脑处于危机时，他们根本听不进去任何话、学不进去任何事。哪怕是成年人也会如此。只要大脑的理性部分被封锁，我们就不能做出理性的反应，或"从中学习"。这意味着想通过威胁来让愤怒的幼儿停止发脾气的策略是行不通的。虽然如今仍有成年人使用这一策略，但它的的确确已经过时了，就像认为哭闹的幼儿总是想把自己的意志强加在他人身上一样，已经过时了。这便是关于"发脾气"的第二种错误观点。雅各布想要巧克力棒，但此时，他只是被自己得不到巧克力的悲伤情绪所支配。他并不想通过尖叫来改变任何人的想法，他只想表达没有得到想要的东西是多么悲伤和沮丧。如果成人像雅各布那样陷入情感危机，脑中就会开始一个被称为压力调节的过程。虽然儿童天生就有一套容忍和调节情绪（如吸吮拇指）的基本技能，但一些压力会使婴儿的调节系统不堪重负。一旦感情压垮了这种调节系统，孩子就不能自己平静下来。在那一刻，孩子们需要一个成年人来帮着他们一起调节！因此，成年人不要说"让他哭吧、不用理他，让他知道这样做也没戏"这样的话，因为这不是孩子们哭泣的真正原因。与以前的那些心理咨询师的观念相反，我们应该以爱来对待孩子，在他悲伤时陪他悲伤。可这并不意味着我们应该给他买他想要的东西，我们仍然有权说"不"。但我们也要以友好和关怀的方式行事，不必对孩子生气，因为他或她想操纵我们的这种假设根本不成立。

学习时刻

现在让我们来谈一谈孩子们。玛格达莱娜家的问题其实不在于她儿子的脾气如何，而是在于她的两个女儿总是要等待这个在家中排行中间的孩子。尽管如她所说，这两个女儿"很乖"，但实际上这是不公正的。在她眼里，她们因为有一个在公共场合总是发脾气的兄弟而受了委屈。但其实，兄弟姐妹起初通常不会对等待的情况有所异议。除非他们过去从成年人那里听说，要一再等待他们的兄弟姐妹是件多么糟糕的事情，否则等待对他们来说其实也不是什么问题。通常情况下，当兄弟姐妹发脾气时，他们自己的情绪并不高涨，但通常没过几分钟，他们就能在附近找到有趣的东西来玩耍，或者只是观察周围的人。有些孩子可能会因为无聊而催促，但如果你向他们解释，他们愤怒的兄弟姐妹此刻身体不适，需要优先得到照顾时，他们也会尽可能地给予理解。通常只有当成人发出信号，认为整体状况（发脾气和等待）令人不快时，其他孩子才会觉得这是个问题。当父母因为3岁的排行中间的孩子又躺在某个地方哭而叹气、翻白眼时，其他孩子很快也会这样做。家庭研究员哈特穆特·卡斯滕（Hartmut Karsten）发现，孩子们会采纳父母对他们兄弟姐妹的看法。例如，如果父母认为某个孩子爱偷懒、情绪化或难相处，那么其他孩子在他们的一生中，也会这样看待这个孩子。给孩子贴上这个标签的父母，在未来的某个时刻或许已经不在了，但兄弟姐妹仍然还带着幼年时期形成的一些认知活着。[19]因此，对于兄弟姐妹的关系来说，重要的是不要把负面的性格特征以静态的方式来传达。儿童总是在不断地成长，会一点一点变得更有能力。父母应该牢记这一点，也应该向其他孩子解释这一点。社会学家安妮特·普雷恩（Annette Prehn）在她的书《脑细胞喜欢捉迷藏——针对儿童的大脑研究》中写道："当我们谈论'从不'和'总是'时，这是一个概括性语言的例子，它被用来描述从不（或总是）如此这般的事物。环境、事实、情况可以被描述为暂时的（往往是作为一个阶段、一种暂时的状态）或永久的（不可避免地从属于某个人的身份或某种情况）。"[20]父母是否有时会说："如果不顺着他的心意，雅各布就永远都不会满意！"或者"现在雅各布还做不到因为没有得到巧克力棒而不哭。但等他再大一点时，他就能做到了。在那之前，我们将会帮助他。"这两者之间有着天壤之别。第一句话意指缺乏能力是儿童身份的一部分，第二句话说明这种能力的缺乏只是一种暂时的现象，可以通过一些简单的方法，等待一段时间来得到解决。

在这种情况下,父母其实可以做更多具体的事情。与其害怕这种等待的情况可能会让其他孩子感到厌烦,不如以积极的方式来改变它。玛格达莱娜可以给她的大女儿阿莉恰找点事做,可以请她帮忙找找购物清单上的东西,或者看看这里是否有儿童游戏角。孩子们很喜欢帮忙,很喜欢这种成就感,仿佛做到了一些通常情况下成人才能做到的事情。婴儿如果醒来,当然会很不开心。但只要这个小婴儿不是一个爱哭的孩子,这种状况也是可以处理的。可以让其他孩子学一学如何给婴儿喂奶。这个办法是我生第三个孩子时一个朋友告诉我的,那时我忙于照顾约祖亚,有时就会让4岁的女儿帮我一些小忙,这个办法真的多次救我于水火之中。

一个人只要有一点点创造力和自发性,就能在任何情况下以关系为导向进行生存,这是一种自以为是的说法。当事情没有像这里所描述的那样顺利进行时,这种说法就会带来压力和愧疚感。因此,我们在此要再一次声明,有时就是会存在一些真的很糟糕的时刻,无论你怎么努力都无济于事。然后你就会像玛格达莱娜一样,怀里抱着一个喃喃自语的婴儿,旁边是一个过度劳累的5岁儿童,还有一个正发脾气的幼儿就这样一直哭啊哭啊……陌生人则摇着头漫步而过,药店经理则绞尽脑汁地想着如何尽快摆脱你。这一切都没有关系,因为人生中总会有不愉快的时刻存在,但它们只占据了其中的一部分。尽管会有不愉快存在，但也并不意味着我们就是不合格的父母。

现在让我们将目光再转回到其他孩子身上。他们的大脑现在并没有处于危机中。这也就意味着，与愤怒的孩子不同，此时他们的大脑已经准备好学习了。有人说，在这种情况下，"挑衅的孩子"必须学会振作起来，学会为他人着想。但我们已经在上文中解释过，此时这个"挑衅的孩子"根本不可能接收任何信息，并做出反馈，因为他的理性大脑已经被情绪劫持了。而他的兄弟姐妹就不同了，在这种情况下，他们刚好可以学到怎样体贴他人！要考虑到正在与自己的感受做斗争的孩子，考虑到陪伴发脾气孩子的父母，考虑到正在睡觉的婴儿，甚至还要考虑到站在周围的陌生人，因为不是任何地方都适合让这个愤怒的孩子表达他的感受。在某些地方，他人对环境的需求优先于儿童表达其感受的权利。在一些人流涌动、能让他人尽快离开噪声源的地方，比如超市、商店和购物中心，可以允许孩子大声哭闹；然而，在餐厅、咖啡馆、电影院、剧院或图书馆这样的场所，其他人有权利享受宁静平和，在这种地方，父母应该尽量先把哭闹的孩子抱出来，然后再陪伴他们发泄自己的情绪。我们在书中经常提到的需求平衡，不仅适用于自己的家庭，也适用于周围人。所有这些都可以，而且也应该由其他孩子在这些时刻来进行观察、吸收和内化，然后再进行模仿。

05
父母的焦虑和媒体的魔咒

——

电子产品的出现以及孩子们使用电子产品的方式，会引发父母的焦虑。我们的孩子眼睛都看直了，这还正常吗？他们总是在与手机交流，是不是已经沉迷于手机了？我们是不是应该再减少一些他们的游戏时间？而如果此时弟弟妹妹也想看大孩子看的节目，买和他们一样的游戏，那么父母的不良情绪就会变得非常强烈，干脆就想不处理这些问题了。因此，他们有时就会把不让小宝宝看有害内容的责任转嫁给哥哥姐姐。彼得拉在博客中讲述了这种关于电子产品的争吵是如何在她家发生的。

> 这么多年来，我们一直不让我们家的大女儿莉莉过早接触电视和手机。我们大人甚至看《犯罪现场》都不敢放出声音。在她吃奶和睡觉的时候，我们用毯子围出一道墙，

这样她就不会注意到我们在看些什么。而家里的老三不知从什么时候起，就开始和我们大人一起看电视了，大概是在她一岁的时候？但有些影片确实不适合年幼的孩子观看。比如，我们的大女儿莉莉喜欢看网上的房屋爆炸视频，这让她的小弟弟汤姆感到非常恐慌，因为在他的认知里，房屋是稳定的，不会随便倒塌。他拽住了我，说想离开这个家。如果我没有跟过去的话，他就要一个人走了，这孩子才3岁！这时就该轮到我发挥作用了——这并不是说，我认为什么年龄合适，或我对观影年龄有什么建议，这完全取决于个人——我会告诉莉莉不能和她弟弟一起看，她可以在自己的房间里看完。如果他们两个人要一起看，她就必须找到一个妥善的办法。要么关掉谁都别看，要么就看一些适合弟弟的东西。不过，结果不太理想。她对我们非常生气，对她弟弟也非常生气。所以即使弟弟在场，她还是看了视频，因为要把他送走太麻烦了。但最后以她被禁止使用手机而告终，因为除了这个，我想不到还有什么办法能保护她的弟弟。然而，这对姐弟的关系产生了相当不利的影响。她指责弟弟，说她的手机不见了。

如果你看看你的周围，大多数家庭的普遍做法可能是告诉大孩子，只有在弟弟妹妹不在场时，才能玩游戏或观看某些节目。我们认为这对兄弟姐妹间关系的发展没有好处。因为从原则上讲，这对大孩子来说相当于一种变相的惩罚。正如各位在彼得拉的例子中看到的那样，当大孩子想安静地观看视频或玩耍时，首先不得不甩掉自己的兄弟姐妹。一来二去，大孩子便会觉得非常心烦。因此他或她不得不花费更多的精力，以捍卫自己"想独处"的愿望，而不让小孩子知道。我们认为在这种情况下，父母应该进行干预。大孩子想放松一下，如果弟弟妹妹一直央求着要看手机，那大孩子就达不到放松的目的了；如果弟弟妹妹总要在一旁偷偷看他们玩手机或玩游戏，日积月累，大孩子难免会因此而对弟弟妹妹心生怨恨。难怪孩子会生气，不惜采取一切措施，也要把小弟弟、小妹妹赶出自己的房间。我们在"不要强加责任"一节中也解释过，重要的是不要让大孩子对弟弟妹妹负责。防止低龄儿童看不适合其年龄的电影或玩电子游戏，显然是成年人的责任，因为我们要对孩子的健康负责。如果我们把这个责任交给大孩子，我们就得接受年龄较小的孩子会受到伤害这样的事实，因为大孩子不想或无力与小孩子争辩要不要遵守规则。然而，在彼得拉的例子中，将家庭和谐的责任转移到大孩子身上是问题关键所在。彼得拉告诉莉莉，只要汤姆在她看视频时出现，她就要找到一个妥善的办法。母亲担心汤姆因为不能和姐姐一起看视频而哭闹。如果汤姆每次在莉莉看她的视频时都哭个没完，或发火闹脾气，彼得拉就会有很大的压力。而且，说句心里话，她其实并不希望莉莉看那么多视频,所以当她不得不陪着发脾气的儿子时,就会加倍恼火。从彼得拉的角度来看,告诉莉莉只在小家伙睡着或不注意的时候看,也不是什么坏主意。这样一来就一举两得了:莉莉不能一直看视频,而汤姆也不会注意到莉莉在看视频,也就不会再害怕了。

但为什么偏偏是莉莉要找到一个妥善的办法呢?她在自己的自由时间内,在自己的设备上,看她喜欢的东西是她的权利。是的,即使她在家庭电脑或家庭的平板电脑上看视频,也没有必要与她的弟弟分享,除非是全家人都在一起的时候。在有些情况下,父母应该允许儿童展示他们的底线或欲望,即使成年人为此要做更多的工作。为了维持和平而不断让步,这不是孩子的任务。也不应该因为其他孩子的哭闹,就责怪孩子坚持自己的界限或愿望是自私的。当然,我们认为这一点大家都很清楚,即我们的大孩子也应该为小孩子考虑。他们是应该要这样做的!然而,在日常生活中,他们往往都是孤身一人:他们等待,是因为兄弟姐妹或父母的需求更重要;他们戴着耳机听音乐,是因为一个家庭成员还想睡觉;他们放弃早餐桌上的最后一个羊角面包,只是因为他们的母亲非常喜欢……这样的事情还有很多很多。考虑周到固然很好,也很重要,但学会坚持自己的意愿也同样重要。

不难看出,彼得拉在潜意识中对女儿使用电子产品的担心,使得她无法再站在公平的角度来介入孩子们之间的争吵了。她对莉莉生气,是因为莉莉不仅想一直看视频,而且还不能做到偷偷地去看，不让汤姆发现，避免与汤姆发生争吵。当大脑中的恐惧中心被激活时，我们有时会做出一些不理性的、奇怪的事情。心理学家、育儿博主帕特里夏·卡马拉塔（Patricia Cammarata）在《只要三十分钟，一切都搞定！借助媒体让儿童深度放松》一书中，为这个几乎所有父母都会涉及的话题提供了很多帮助，提出了很多见解。

我们只能说，对汤姆的健康负责任的人应该是彼得拉和她的丈夫。原则上，每个人都有责任保护自己。如无必要，就不去看或不去玩对自己有害的东西。如果孩子们因为年龄大小、理解力有限而不能做到这一点，父母就必须采取行动。他们可以先去看电影或玩游戏，如果父母判定这对年幼的孩子无害，尽管与电影或游戏的建议年龄不太相符，还是会允许孩子看某个电影或玩某个游戏。而这正是彼得拉最初的做法。直到意识到自己对儿子的敏感性的评估是错误的，或者判定某个东西有害时，她改变了自己的做法。随后，她的做法就变成了让小的那个孩子远离大孩子，陪伴可能会发脾气的那个孩子，将其注意力转到另一个游戏或一本好书上。对成年人来说这种明确的责任分配很累，但至少能够改善兄弟姐妹间的关系。

06
世界上最好的兄弟姐妹

虽然有各种争吵,虽然有各种困难,但作为父母,总有一些事会让我们心潮澎湃。克里斯汀谈到了她的两个孩子——

> 我儿子9岁的时候,第一次被允许在放学后去小卖部。我们所有人都觉得这是一件好事:拿着零花钱,选择花在什么地方,之后和朋友一起玩。听起来就激动人心!我和他的小妹妹一起在家里等着,我比自己想象的还要紧张。突然,门铃响了,而这比预期的要早得多。我儿子满心欢喜地跑进屋子,背后似乎藏着什么东西,直直地朝他妹妹走去。"你知道吗?我给你带了好东西!"得意的神情全都写在他脸上了,再不把礼物展示出来,可就真的绷不住了。而他的妹妹则满脸笑容,小拳头因为期待而紧紧握起,搭在

> 轮椅的刹车上。"这里！这就是你想要的！"一个粉紫相间的独角兽玩偶，被他从身后拿了出来，身上的鬃毛在阳光下闪闪发光。"天哪，这很贵吧！你应该给自己买点东西的。"我突然说道。而我儿子吓了一跳，热泪立刻蓄满了他的眼睛，让我觉得自己此刻就像魔鬼的化身。"我本来想买一个蓝精灵，但我可以自己走到店里看。可妹妹做不到呀！所以我就买回来让她看。"就这样，还有人要说什么反对手足之爱、摒弃同情心和宽广胸怀之类的话吗？我觉得，除了问"圣代要巧克力的还是香草的"以外，我实在想不出还能再说些什么。

我们都希望自己的孩子能像克里斯汀家的兄妹一样相处得很好。以爱的方式陪伴他们，同时以坚强的精神支持他们，这就是作为父母的我们，每天要面临的挑战。事实上，"兄弟姐妹"对读者来说是一个迫切的问题，我们每天都会收到大量相关的信件，每次讲座后的问答环节中，也会涉及这一话题。我们真心希望我们的书能够帮助各位读者解决自己的关切和需求。对我们来说，重要的是为各位家长提供实用的方法，以及对一些复杂关系的通俗解释，以便各位能够借助以关系和需求为导向的育儿方式，来陪伴自己的孩子以及他们的兄弟姐妹。各位和孩子们的旅程，以及孩子们之间的大小纠纷，将永远被满满的新鲜感与乐趣围绕。虽然偶尔会有挫折存在，但仍然不影响旅途的精彩。我们的目标始终是确保家庭中所有成员都过得幸福，让每个人的基本需求都得到满足。这种平衡没有一个硬性的规定，它需要的是家庭中每个人的给予与接受、倾听与讲述、亲近及独处的时间。简而言之，它需要处于一种关系中。

我们也希望这本书能让各位明白，兄弟姐妹之间的争吵，本身并不是一件坏事。有些类型的争吵甚至能够帮助我们的孩子，在社会情感上得到成长，帮助孩子们形成他们自己的个性和喜好，让他们变得与众不同。有时，这样的情绪风暴只是虚惊一场。但是，某些类型的兄弟姐妹争吵，必须受到父母的重视。父母必须对争吵各方进行密切监视，以免争吵最后发展成欺凌行为。为了帮助各位家长决定何时介入纠纷、何时不介入，我们努力在本书中列举了一些可行的方法。可当你在一天之内"第一百次"目睹兄弟姐妹们争吵时，这也并不能完全保证你不会暴跳如雷。也许那时你就可以戴上你的降噪耳机，试着像作家帕特里夏·卡玛拉塔那样发推特。她在推特上开玩笑地写道：

> 只要孩子们不使用武器，这就不能称之为打架。重新框定很重要，这样我的孩子们就不会争吵了。

后记

你们真的知道我们有多爱你们吗？

卡洛塔："妈妈，你最爱谁呀？"

妈妈："嗯……我该怎么向你解释呢？看，是这样的。在我的心中，为每个我爱的人都准备了房间。起初只有三个房间：我哥哥的、我妈妈的和我爸爸的。后来，当我爱上了一个人之后，就有一个新的房间出现了。可其他三个房间的爱并没有因此而减少！爱是足够多、无限量的，不需要被分割开来。当你爱上不同的人时，每个人都会得到自己的房间，每个房间都充满了爱。你出生时也是这样的。当你来到这个世界上时，我的心中打开了一个专属于卡洛塔的房间，房间里面充满了你能想象到的最伟大的母爱。这是一种温暖、耀眼、无条件的爱。这种爱没有从外公和

后记　你们真的知道我们有多爱你们吗？

外婆的房间，从舅舅或爸爸那里带走任何东西。当海伦娜和约祖亚出生时，我的心中就又有两个房间打开了。这两个房间，也被妈妈用最伟大的爱填满了。我不能告诉你我'更'爱谁，因为我对你们的爱都没有尽头，根本没办法计算。我不是因为得到什么事物而爱你们，这根本没办法衡量；不是因为你们谁更像我，我就更爱谁；也不是因为你们谁像我一样喜欢编故事，我就喜欢谁。我爱你们，因为你们就是你们自己，你们的一切我都爱。当我们吵架，我对你发火时，我也不会少爱你一分；当你帮我打扫卫生时，我也不会多爱你一点。我不是因为你说的或做的事情而爱你，我爱你是因为你是你自己。我不知道这对你来说是否可以理解。爱是一种连成年人都无法真正理解的东西。我所能告诉你们的是，我的心房就像宇宙一样无限大，大到你们无法衡量。因为它每天都会比昨天更大一点，你们也无法衡量或比较我对你们每个人的爱。"

卡洛塔："我也爱你们，但我还是要说我更爱谁！我最爱的是你，你在我心中的'房子'比别人的大。"

妈妈："是啊，我记得小时候我也有类似的感觉。我也有一个特别喜欢的人。也许当你长大后，这种情况会有所改变，我不知道。要不是你刚才问起，我已经很久没有思考过爱了。"

卡洛塔："所以你也是无限地爱我吗？"

妈妈："是呀，我无限地爱你。我和你在一起时，你能感觉到吗？"

323

卡洛塔:"不能说一直能感受到,只能说经常吧。我也知道这一点。但有时我心里也有一些需求,当你因为要写东西或照顾约祖亚或海伦娜,而不能陪在我身边的时候,我就会感到十分害怕。"

妈妈:"是害怕我对你的爱减少吗?"

卡洛塔:"是的。"

妈妈:"然后你就想少要一点爱。所以等我去找你的时候,你就退缩、拒绝我?"

卡洛塔:"是的。"

妈妈:"如果我再气冲冲地走开,也没有什么用对吧?"

卡洛塔:"嗯嗯。"

妈妈:"好的。所以现在我知道,我必须更加小心……以确保你也得到我的爱。还有,我不应该一气之下做出强烈的反应。谢谢你跟我谈心,卡洛塔。"

卡洛塔:"我爱你,妈妈。"

妈妈:"我也爱你,我的孩子。"

注释

第一次心碎

1. 参阅 Faber, Mazlish, 2012, S.33.
2. Dreikurs, 2009, S.47.
3. Dreikurs, 2009, S.47.
4. Insel/Fernald, 2004, S.697.
5. 参阅 Bauer, 2008, S.63f.
6. Prekop, 2002, S.108.
7. 参阅 Faber, Mazlish, 2012, S.33.
8. 参阅 Leary et al., 2006, S.11-132.
9. 参阅 Bauer, S.61.
10. Bauer, S.64.
11. 参阅 Solter, S.157f.
12. Solter, 2013, S.45f.
13. Solter, 2013, S.88f.
14. 参阅 Prekop, 2002, S.103f.
15. 参阅 Dreikurs, 2003, S.47.
16. Solter, 2013, S.156

从长子入手

1. Moles et al., 1986.
2. Graf, Seide, 2018, S.75 ff.
3. Solter, 2013, S.27f.
4. Axline, 2002; Rogers, 1951.
5. Debiec et al., 2006, S.521-524.
6. Solter, 2013, S.228f.
7. Jacob et al., 2005, S.2498-2548.
8. Solter, 2013, S.30.
9. Fraiberg, 1998.
10. Solter, 2013, S.32.
11. Solter, 2013, S.163f.
12. Solter, 2013, S.38.
13. Solter, 2013, S.49.
14. 参阅 Gordon, 1972, S. 309. 之后所有提到 Gordon 的地方均指此书。

建立手足之情

1. 参阅 Brisch, 2010, S.21f.
2. 参阅 Brisch, 2010, S.23f.
3. 参阅 Brisch, 2010, S.24.
4. Klagsbrun, 1992, S.329.
5. Klagsbrun, 1992, S.330.
6. 参阅 Sitzler, 2017 ,S.20.
7. 参阅 Sitzler, 2017, S.204f.
8. 参阅 Sitzler, 2017, S.341.
9. 参阅 Kasten, 2003, S.161.
10. Starke et al., 2015, S.274.

维护手足之情

1. 参阅 Kohn, 2011, S.18.
2. Juul, 2017, S.103.
3. Jenkins et al., 2013, S.1594-1615.
4. Sitzler, 2017, S.247.
5. 参阅 Seligmann, 2016, S.52.
6. 这张海报的灵感来自 Craig Froehle 和 Angus Maguire。
7. Jenkins et al., 2013, S.1594-1615.
8. Abramovitch,1986, S.217-229 sowie Felson, 1988, S.11-18.
9. 参阅 Sohni, 2004, S.57.
10. 参阅 Kanika-Urban, Lex-Kachel, 2005,

325

S.74.
11. 参阅 Lempp, 2000, S.220ff.
12. 参阅 Chabris, Simons, 2010, S.17f.
13. 参阅 Sitzler, 2017, S.65.
14. 参阅 Sitzler, 2017, S.67f.
15. 参阅 Peukert, 未发表的专著, Kurzform und Inhalt unter https://geschwister netzwerk.de/wissen/forschung/ geschwister-monographie
16. 参阅 Hauschild, 2019, S.103f.
17. Hauschild, 2019, S.49.
18. Knecht, 2018, S.217.
19. 参阅 Hauschild, 2019, S.126.
20. 参阅 Bull, 2015.
21. 参阅 Hauschild, 2019, S.99f.
22. Zum Mental Load der Erwachsenen empfehlen wir Cammarata, 2020.
23. Balen, 2019, S.21.
24. https://siblingsaustralia.org.au/

用爱处理兄弟姐妹间的争吵
1. Klagsbrun, 1992, S.290.
2. Flitner, 1985, S.701-717.
3. 参阅 Faber, Mazlish, 2016, S.147.
4. 参阅 Frick, 2014, S.18.
5. 参阅 Sitzler, 2017, S.21.
6. Bauer, 2006, S.36ff.
7. 参阅 Wood, 1996.
8. 参阅 Wood, 1995.

化解兄弟姐妹间的仇恨
1. 参阅 Omer, von Schlippe, 2017, S.140.
2. Kramer, Conger, 2009, S.1-12.
3. Jenkins Tucker, 2013.
4. 参阅 Teuschel, 2016, S.111.

5. 参阅 Teuschel, 2016, S.42f.
6. Sitzler, 2017, S.244.
7. 参阅 Sitzler, 2017, S.238 ff.
8. Klagsbrun, 1993, S.197.
9. 参阅 Frick, 2009, S.174.
10. Teuschel, 2016, S.111.
11. https://if-weinheim.de/aus-bildungen/systemisches-eltern-coaching-und-professionelle-praesenz
12. 参阅 Omer, 2019, S.109.
13. 参阅 Omer, von Schlippe, 2016, S.43.
14. 参阅 Lammers, 2016, S.214.

争端中很难做到公平
1. Dickens, 1861, zitiert nach Fran J. Sulloway, 1997, S.109.
2. Klagsbrunn, 1993, S.179.
3. 参阅 Sitzler, 2017, S.246.
4. Teuschel, 2016, S.22.
5. 参阅 Hofer et al., 2002, S.198.
6. Teuschel, 2016, S.175f.
7. Teuschel, 2016, S.39
8. 参阅 Bauer, 2013, S.51 ff.
9. 参阅 Vygotsky, 1978.
10. Wood et al, 1968, S.89-100.
11. 参阅 Grey, 2015, S.159.
12. 参阅 Kasten, 1995, S.97.
13. 参阅 Bauer, 2015, S.56f.
14. Prehn, 2017, S.23.
15. Bauer, 2011, S.79.
16. 参阅 Maestripiti, 2005, S.9726-9729.
17. 参阅 Prehn, 2017, S.73 ff.
18. 参阅 Prehn, 2017, S.95.
19. 参阅 Sitzler, 2017, S.130.
20. Prehn, 2017, S.158.

[1] Abramovitch, R., Corter, C., Pepler, D.J., &Stanhope, L. (1986): Sibling and peer interaction. A final follow-up and a comparison. Child Development, 57, S.217-229

[2] Adam-Lauterbach, D.: Geschwisterbeziehung und seelische Erkrankung. Stuttgart: Klett-Cotta, 2013

[3] Axline, V. M.: Kinderspieltherapie im nicht direktiven Verfahren. München und Basel: Ernst Reinhardt Verlag, 1980

[4] Balen, K.: Mein Bruder und ich und das ganze Universum. Hamburg: Carlsen, 2019

[5] Bank, S., P., Kahn, M.D.: Geschwister-Bindung. München: Deutscher Taschenbuch Verlag, 1994

[6] Bauer, J.: Warum ich fühle, was du fühlst. Intuitive Kommunikation und das Geheimnis der Spiegelneuronen. München: Heyne, 2006

[7] Bauer, J.: Prinzip Menschlichkeit. Warum wir von Natur aus kooperieren. München: Heyne, 2008

[8] Bauer, J: Schmerzgrenze. Vom Ursprung alltäglicher und globaler Gewalt. München: Blessing, 2011

[9] Bauer, J.: Selbststeuerung. München: Blessing, 2015

[10] Bauer, T.: Die Vereindeutigung der Welt. Über den Verlust an Mehrdeutigkeit und Vielfalt. Ditzingen: Reclam, 2018

[11] Blöchinger, B.: Lob des Einzelkindes. Das Ende aller Vorurteile. Frankfurt: Krüger, 2008

[12] Brisch, K.-H.: SAFE. Sichere Ausbildung für Eltern. Stuttgart: Klett-Cotta, 2010

[13] Bull, N.: Zuhören, informieren, einbeziehen. Köln: Psychiatrie Verlag, 2015 Cammarata, P.: Dreißig Minuten, dann ist aber Schluss! Mit Kindern tiefenentspannt durch den Mediendschungel. Frankfurt: Eichborn, 2020

[14] Cammarata, P.: Raus aus der Mental Load Falle. Wie gerechte Arbeitsteilung in der Familie gelingt. Weinheim und Basel: Beltz, 2020

[15] Chabris, C., Simons, D.: Der unsichtbare Gorilla. Wie unser Gehirn sich täuschen lässt. München: Piper, 2010

[16] Covey, S.R.: Die 7 Wege zur Effektivität für Familien. Prinzipien für starke Familien. Offenbach: Gabal, 2016

[17] Crone, E.: Das pubertierende Gehirn. München: Droemer, 2011

[18] Debiec, J., LeDoux, J.E.: Noradrenergic signaling in the Amygdala contributes to the reconsolidation off ear Memory: Treatment implicationsfor PTSD, Annalsofthe New York Academy of Science 1071, 2006, S.521-524

[19] Dickens, C., 1861, zitiert nach Fran J. Sulloway: Der Rebell der Familie. Berlin: Siedler, 1997

[20] Dreikurs, R.: Psychologie im Klassenzimmer. Stuttgart: Klett-Cotta, 2009

[21] Faber, A., Mazlish, E.: Hilfe, meine Kinder streiten. Wie sie Geschwistern helfen, einander zu respektieren. München: Oberstebrink, 2012

[22] Felson, R.B., &Russo, N.J. (1988). Parental punishment and sibling aggression. Social Psychology Quarterly, 51, 11-18

[23] Flitner, E.H., Valtin, R.: Das sage ich nicht weiter. Zur Entwicklung des Geheimnisbegriffs bei Schulkindern. In: Zeitschrift für Pädagogik 31 (1985)

6, S.701-717

[24] Fraiberg, S.H.: Die magischen Jahre: Familiäre Beziehungen in der frühen Kindheit. Hamburg: Hoffmann und Campe, 1998

[25] Frick, J.: Ich mag dich-du nervst mich! Geschwister und ihre Bedeutung für das Leben. Bern: Hans Huber, 2014

[26] Friehs, B.: Patchwork-Traum (a). Wien: Verlagshaus der Ärzte, 2017

[27] Gordon, T.: Familienkonferenz. Die Lösung von Konflikten zwischen Eltern und Kind. Hamburg: Hoffmann und Campe, 1972

[28] Graf, D., Seide, K.: Das gewünschteste Wunschkind aller Zeiten treibt mich in den Wahnsinn. Der entspannte Weg durch Trotzphasen. Weinheim und Basel: Beltz, 2016

[29] Graf, D., Seide, K.: Das gewünschteste Wunschkind aller Zeiten treibt mich in den Wahnsinn. Gelassen durch die Jahre 5 bis 10. Weinheim und Basel: Beltz, 2018

[30] Graf, D., Seide, K.: Das gewünschteste Wunschkind aller Zeiten treibt mich in den Wahnsinn. Trotzsituationen entspannt begegnen. 60 Praxiskarten für Eltern. Weinheim und Basel: Beltz, 2021

[31] Graf, D. ,Seide, K.: Baby ist da. Pappbilderbuch. Weinheim und Basel: Beltz. 2020

[32] Graf, D., Seide, K: Alex, abgeholt! Pappbilderbuch. Weinheim und Basel: Beltz, 2021

[33] Gray, P.: Befreit lernen. Wie lernen in Freiheit spielend gelingt. Klein Jasedow: Drachen Verlag, 2015

[34] Gschwend, G.: Neurophysiologische Grundlagen der Hirnleistungsstörungen. Basel: Karger, 2000

[35] Hauschild, J.: Übersehene Geschwister. Das Leben als Bruder oder

Schwester psychisch Erkrankter. Weinheim und Basel: Beltz, 2019

[36] Haustein, L.: Tod eines Geschwisters. Norderstedt: BoD, 2017

[37] Hofer, M., Wild, E., Noack, P.: Lehrbuch Familienbeziehungen. Eltern und Kinder in der Entwicklung. Göttingen: Hogrefe, 2002

[38] Insel, T.R., Fernald, R. D.: How the brain processes social Information: Searching for the social brain. In: Annual Review of Neuroscience Vol.27: S.697-722 (Volume publication date 21 July 2004)

[39] Jenkins, J., et al. 2013, Multilevel Mediation: Cumulative Contextual Risk, Maternal Differential Treatment, and Children's Behavior Within Families. In: Child Development Vol 84, September 2013, S.1594-1615

[40] Jenkins Tucker, C., Finkelhor, D.,Turner, H., Shattuck, A.: Association of Sibling Aggression With Child and Adolescent Mental Health. Pediatrics, June 17, 2013

[41] Juul, J.: Liebende bleiben. Familie braucht Eltern, die mehr an sich denken. Weinheim und Basel: Beltz, 2017

[42] Juul, J: Aus Stiefeltern werden Bonuseltern. Chancen und Herausforderungen für Patchwork-Familien. Weinheim und Basel: Beltz, 2015

[43] Kanika-Urban, C., Lex-Kachel, A.: Wenn Geschwister streiten. Lösungswege, die funktionieren. München: Kösel, 2005

[44] Kasten, H.: Geschwister. Vorbilder, Rivalen, Vertraute. München: Ernst Reinhardt, 2018

[45] Kasten, H.: Einzelkinder. Aufwachsen ohne Geschwister. Berlin: Springer, 1995 Klagsbrun, F.: Der Geschwisterkomplex. Liebe und Hass, Rivalität und Zusammenhalt - ein Leben lang? München: Heyne, 1992

[46] Knecht, C.: Geschwister von chronisch kranken Kindern und Jugendlichen. Wiesbaden: Springer, 2018

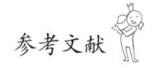

[47] Kohn, A.: Liebe und Eigenständigkeit. Die Kunst bedingungsloser Elternschaft, jenseits von Belohnung und Bestrafung. Freiburg: Arbor, 2011

[48] Konrad, S.: Das bleibt in der Familie. Von Liebe, Loyalität und uralten Lasten. München: Piper, 2014

[49] Kramer, L., and Conger, K. J. (2009): What we learn from our sisters and brothers: For better or for worse. New Directions for Child and Adolescent Development, 2009: S.1-12

[50] Lammers, M.: Emotionsbezogene Psychotherapie von Scham und Schuld. Das Praxishandbuch. Stuttgart: Schattauer, 2016

[51] Leary, M. R., Twenge, J. M., Quinlivan, E.: Interpersonal Rejection as a Determinant of Anger and Aggression.Personality and Social Psychology Review 10, S.11-132 (2006)

[52] Lempp, R.: Geschwisterbeziehung in der Forschung. In: Gunther Klosinski (Hrsg.): Verschwistert mit Leib und Seele. Tübingen: Attempto, 2000

[53] Maestripiti, D.: Early Experience Affects in the Intergenerational Transmission of Infant Abuse in Rhesus Monkeys. Proceeding of The National Academy of Science, USA PNAS 102: S.9726-9729, 2005

[54] Moles, A., D'Amato, E: Deficit in Attachment Behavior in Mice Lacking the m-Opioid Receptor Gene, in: Science Vol 304, Issue 5679, P.1983-1986

[55] Myschker, N.: Verhaltensstörungen bei Kindern und Jugendlichen. Erscheinungsformen-Ursachen-Hilfreiche Maβnahmen. Stuttgart: Kohlhammer, 2018

[56] Omer, H., Streit, P.: Neue Autorität: Das Geheimnis starker Eltern. Göttingen: Vandenhoeck&Ruprecht, 2019

[57] Omer, H.: Wachsame Sorge. Wie Eltern ihren Kindern ein guter Anker sind. Göttingen: Vandenhoeck&Ruprecht, 2016

[58] Omer, H., von Schlippe, A.: Autorität ohne Gewalt. Göttingen: Vandenhoeck &Ruprecht, 2017

[59] Omer, H., von Schlippe, A.: Autorität durch Beziehung. Die Praxis des gewaltlosen Widerstands in der Erziehung. Göttingen: Vandenhoeck& Ruprecht, 2016

[60] Omer, H., von Schlippe, A.: Stärke statt Macht. Neue Autorität in Familie, Schule und Gemeinde. Göttingen: Vandenhoeck&Ruprecht, 2017

[61] Peukert, R.: unveröffentlichte Monografie, Wie gehtes den Schwestern und Brüdern. Kurzform und Inhalt unter https://geschwisternetzwerk.de/wissen/ forschung/ geschwister-monographie

[62] Prehn, A.: Hirnzellen lieben Blinde Kuh. Was die Hirnforschung über starke Kinder wei β . Weinheim und Basel: Beltz, 2017

[63] Prekop, J.: Erstgeborene. Über eine besondere Geschwisterposition. München: Kösel, 2002

[64] Renz-Polster, H.: Kinder verstehen.Born to be wild: Wie die Evolution unsere Kinder prägt. München: Kösel, 2011

[65] Rogers, C.R.: Die klientenzentrierte Gesprächstherapie. Frankfurt: Fischer, 1951

[66] Seligman, M.E.P., Petermann. F.: Erlernte Hilflosigkeit. Weinheim und Basel: Beltz, 2016

[67] Sitzler, S: Geschwister. Die längste Beziehung des Lebens. Stuttgart: Klett-Cotta, 2017

[68] Sohni, H.: Geschwisterbeziehungen in Familien, Gruppen und in der Familientherapie. Göttingen: Vandenhoeck&Ruprecht, 2004

[69] Solter, A. J: Spielen schafft Nähe-Nähe löst Konflikte. München: Kösel, 2013

[70] Stahl, S., Tomuschat, J.: Nestwärme, die Flügel verleiht. München: Gräfe und Unzer, 2018

[71] Starke. C., Hess,T., Belviso, N.: Das Patchwork Buch. Weinheim und Basel: Beltz, 2015

[72] Teuschel, P.: Das schwarze Schaf. Benachteiligung und Ausgrenzung in der Familie. Stuttgart: Klett Cotta, 2018

[73] Tsabary, S.: Entdecke dich selbst durch dein Kind. München: mvg, 2018

[74] van Dieken, C., Rohrmann, T., Sommerfeld, V.: Richtig streiten lernen. Neue Wege in der Konfliktbewältigung unter Kindern. Freiburg: Lambertus, 2004

[75] von Hertel, A., Grrr.: Warum wir miteinander streiten und wie wir davon profitieren können. Frankfurt: Campus, 2006

[76] Watzlawik, M.: Sind Zwillinge wirklich anders? Geschwister in der Pubertät. Marburg: Tectum, 2008

[77] Wood, M. M., et al.: Developmental therapy in the classroom, Austin, TX: pro-ed, 1996

[78] Wood, M.M., Davis, K.R., Swindle F.L., Quirk, C.: Developmental Therapy -Developmental Teaching: Fostering Social-Emotional Competence in Troubled Children and Youth. Austin, TX: pro-ed, 1995

[79] Vygotsky, L.S., Interaction betweelearning and development. In: Cole, M., John-Steiner, V., Scribner, S., Souberman, E. (Hrsg.): Mind and society: The development of higher psychological processes. Cambridge, M.A: Harvard University Press, 1978